스포츠 멘탈 코칭 EFT

선수들이 현장에서 호소하는
부상, 통증, 입스, 슬럼프를 고치고
최상의 잠재력을 이끌어내기

스포츠 멘탈 코칭 EFT

김병준 · 최인원 지음

 몸맘얼

차례

EFT를
배워보자

PART 4

EFT가 선수들에게
어떤 도움이 되는가?

나는 왜
이 책을 썼나?
_김병준

　EFT로 선수들을 치유하겠다고 마음먹은 뒤로 안 가본 곳이 없을 정도로 나는 많은 현장을 돌아다녔다. 그러면서 부상과 심리적인 문제로 자신의 기량을 한껏 펼쳐보지도 못하고 그만두는 수많은 선수들을 보면서 정말 안타까운 마음이 들었다. 정말 그들에게 도움이 되고 싶은 마음에 이 책을 쓰게 되었다. 나는 억대 연봉 선수들의 진부한 성공신화가 아니라 아마추어, 엘리트, 세미, 프로 2군 등 각종 현장에서 모든 선수들이 늘 겪는 문제에 대해서 말하고 싶었다. 스무 살도 안 된 어린 선수들이 왜 제대로 꽃도 피우지 못하고 무너지는지, 또 과거의 상처가 현재에 어떤 영향을 끼치는지, 그것을 극복할 방법은 무엇인지 자세히 알려주고 싶었다. 그들에게는 단순히 정신력이 약하다는 비난이나 뻔한 위로보다 구체적인 해결 방법이 필요하기 때문이다.

　선수들의 컨디션 난조, 입스, 슬럼프 등에는 그 선수의 인생 전체가 다 녹아들어 있는 경우가 많다. 완벽해야 한다는 강박, 인정받고자 하는 집착, 폭력과 폭언의 상처, 시합·부상 트라우마, 유아기의 애정 결핍, 태아기 트라우마 등까지 다 들어 있다. EFT로 과거의 상처들이 하나씩 풀어지면 선수가 스스로 점차 긍정적으로 바뀐다. 그러다 보면 좋은 플레이와 성적은 자연스레 따라오기 마련이다. 선수들이 이 책으로 자신의 문제를 성찰하고 이를 통해 내적 치유와 성장의 기회를 얻기를 바란다.

선수 및 독자들에게 당부한다

무조건 연습이 정답이 아닐 때가 있다. 맹목적인 부지런함이 오히려 선수에게 치명적인 악영향을 줄 때도 있다. 마음은 부정적인 감정으로 가득 차 있는데, 이를 무시하고 기술과 훈련에만 치중하다가 부상과 감각 이상 증세로 슬럼프에 빠지는 선수들이 너무나도 많다. 그런 선수들의 마음을 EFT로 치유하다 보면 다음과 같은 이야기를 듣곤 한다.

"제가 저를 너무 버려두고 산 것 같아요. 내 몸과 마음은 비명을 지르는데, 그런 나를 버려두고 주변 시선만 신경 쓰면서 달려왔습니다. 이제는 나를 진심으로 사랑해줄 겁니다."

자신을 진심으로 믿고 사랑하는 순간 응어리진 많은 문제들이 눈 녹듯 사라지기 시작한다. 누군가에게 인정받을 필요도 눈치 볼 필요도 없기 때문이다. 그렇다고 EFT가 모든 문제를 해결해준다고 과신하기를 바라지는 않는다. 선수는 마음뿐만 아니라 충분한 휴식과 영양 공급, 올바른 트레이닝도 기본적으로 갖추어야 하기 때문이다. 당연히 몸과 마음이 유기적으로 어우러질 때 최고의 기량을 발휘할 수 있다. 그런 면에서 EFT는 심리적인 면이 다른 부분들과 잘 협응할 수 있도록 도와주는 최적의 도구라고 확신한다. 이 책을 통해 선수들이 EFT를 잘 알고 활용해서 좀 더 질 높은 훈련과 플레이를 하는 데 도움이 되기를 바란다.

마지막으로 개인적인 바람을 하나 더 말하자면, 이제는 더 이상 선수들이 플레이 하나 할 때마다 코치나 감독님의 눈치를 보지 않는 환경에서 운동했으면 좋겠다. 선수가 실수했을 때 혼나지 않는다는 확신이 생기면 그 선수의 창의력과 몰입 능력은 더욱더 잘 발휘된다. 상처받지 않는 환경에서 자신을 맘껏 뽐내며 운동할 수 있다면, 각 분야에서 지금보다 더 훌륭한 선수들이 나올 거라 믿어 의심치 않는다.

마지막으로 이분들에게 감사드린다.

먼저 EFT를 한국에 널리 알리고 심신의학에 대한 방대한 연구와 그 치료를 하고 계시는 최인원 원장님에게 깊이 감사드린다. 원장님 덕분에 이 길을 갈 수 있었고, 나와 함께 집필한 이 책이 조금이나마 더 나은 세상을 만들기를 간절히 소망한다.

또한 EFT를 통해 자신의 문제를 해결하고 성장해 나가고 있는 각 분야의 선수들, 트레이너, 코치들에게 감사드린다. 그들 덕분에 스포츠 분야에 EFT를 더욱더 잘 적용할 수 있었고, 이 책이 나올 수 있었다. 특히 부족한 저를 형처럼 믿고 따라주는 엘리트 체육 선수들에게 깊은 감사와 응원의 말을 전한다. 훗날 그들이 EFT를 통해 더욱 빛을 발하는 선수와 지도자가 되리라 믿는다. 마지막으로 제가 여기까지 올 수 있게 해주신 아버지, 정말 감사드리고 사랑합니다.

이 책은
어떻게 나오게 되었나?

_최인원

나는 2008년에 한국에서 최초로 EFT 전문서인《5분의 기적 EFT》를 펴내면서 EFT를 활용해 심리적 문제, 육체적 문제, 자기 계발 등의 각종 분야에서 많은 성과를 냈다. 나는 EFT로 우울증, 공황장애, 공포증 등의 각종 심리적 문제를 고쳐주었다. 또 EFT로 암, 각종 통증, 소화기 질환, 아토피 등의 각종 육체적 문제를 고쳐주었다. 또 EFT로 각종 시험, 경제적 문제, 학습, 창작 등의 능력 계발 및 능력 발휘와 관련된 문제에도 많은 도움을 주었다. 이런 성과는 그동안 내가 낸 7권의 책에 다 설명되어 있고, 또한 인터넷상에 올라오는 수많은 경험담에서도 잘 드러난다.

그중에는 물론 스포츠에 EFT를 활용해 큰 성과를 본 사례도 여러 건 있었지만, 스포츠가 우리 사회에서 차지하는 비중이 큰 만큼 일종의 '스포츠 전문 EFT' 도서가 필요하다는 생각을 늘 하고 있었다. 그러나 나는 스포츠에는 완전히 문외한인 데다 스포츠에 전념할 시간이 절대적으로 부족했다. 그러던 찰나에 김병준 코치가 EFT를 활용해 스포츠 분야에서 성과를 차츰차츰 내고 있음을 알게 되어, 함께 책을 내기로 의기투합한 지 1년 만에 드디어 이 책이 나오게 되었다.

나는 왜
이 책을 썼나?

   먼저 내가 책의 전체 구성을 기획했고, 그중에서 1·2·4부를 김병준 코치가 썼고, 3부와 5부는 내가 썼다. 독자들의 이해를 돕기 위해 먼저 이 점을 밝힌다. 3부는 EFT 하는 법을 설명하는 것이고 5부는 몰입에 관한 것인데, 결국 나는 이 책에서 몰입에 관해 말하고 싶었다. 나는 EFT를 알기 전부터 몰입이 행복과 성취의 가장 근본이라는 것을 깨달았고, 아주 오랫동안 이를 연구하고 실천해왔다. 그러다 EFT를 알게 되면서 몰입의 조건을 만들어주는 최상의 도구가 EFT라는 것을 또 깨닫게 되어서 다양한 분야에서 많은 성과를 냈다. 사실 나 자신이 몰입의 가장 큰 수혜자다. 이번 책이 나의 8번째 저서인데, 내가 몰입을 몰랐더라면 이렇게 책을 많이 쓰지도 못했을 것이다.

조지 레이스(Jorge Reyes)는 신입생 투수로 오리건 주립대학 대표팀으로 2007년 대학 월드시리즈에 나가서 무려 2승을 기록하고 MVP에 선정되었다. 그런 그가 이 중요한 경기에서 대기할 때마다 EFT를 하는 모습이 미국 전역에 텔레비전으로 생중계되어 많은 미국인에게 호기심을 불러일으켰다. 나중에 폭스TV에서 아나운서로부터 이에 관한 질문을 받고 그가 말했다. "처음에 코치에게 소개받고 일종의 미신 믿듯 그냥 두드렸는데, 효과가 좋아서 그 뒤로 자꾸 두드려요. 마음이 안정되고 몸의 에너지가 빨리 올라가요." 사진은 그가 대기 중에 코 밑, 턱, 쇄골 타점을 두드리는 모습이다.

미국에서는 EFT를 스포츠에 활용하는 법을 설명하는 책이 이미 여러 권 나와 있다. 골프와 관련된 책이 제일 많다.

EFT를 통한 몰입 상태를 잘 활용해 다양한 분야에 성과를 내면서, 나는 가장 큰 효과를 바로 확인할 수 있는 분야가 스포츠라고 생각했고, 여기에도 한번 도전해보고 싶었다. 그러나 앞서 말한 나의 조건상 제약 때문에 엄두도 못 내다가 마침내 김병준 코치와 협업하여 스포츠 분야에서 EFT를 통해 몰입하고 성과를 내는 방법에 대해 드디어 설명할 수 있게 되었다. 더 많은 사람들이 EFT로 몰입 상태에 들어가 무한한 잠재력을 발휘하기 바란다. 그런 의미로 이제 여기서 미리 귀띔해주고 싶다.

"EFT로 마음을 비워서 애쓰지 않고 하면 안 되는 것이 없으리라."

PART 1

나는 왜 어떻게
EFT 스포츠 코치가
되었나

Emotional

Freedom

Techniques

01

인생의 벼랑 끝까지 몰린
나를 살린 EFT

나는 1989년 부산 영도의 작은 동네에서 1남 2녀의 막내로 태어났다. 한국전쟁에 참전하셨던 할아버지는 고향인 완도로 돌아와 동네의 온갖 궂은 일을 하시며 생계를 꾸려 나갔다. 그러다가 전쟁에 참여하셨던 공으로 작은 학교에서 목수로 일하시게 되었다. 전후의 처참했던 상황에서 나름 안정적인 직장이었기 때문에 많은 사람이 할아버지를 부러워했다. 개중에는 질투하는 사람도 많았고, 이 일자리를 두고 사람들과 수시로 많은 갈등이 생겼다. 그러다 큰 몸싸움이 벌어졌고, 할아버지는 크게 다쳐서 결국 돌아가시고 말았다. 그때 겨우 11살이었던 아버지는 이 모든 것을 무기력하게 그저 지켜봐야만 했다.

그렇게 할아버지가 억울하게 일찍 돌아가시고 아버지는 할머니와 고향 완도를 떠나 먼 부산까지 왔다. 아버지는 작은 단칸 셋방에서 살았고, 고등학교를 겨우 졸업하자마자 먹고살기 위해서 전화선을 설치하는 일을 했다. 돈 한 푼 제대로 쓰지 못하고 오로지 가족들을 위해 일하셨다. 버스비가 아까워 먼 거리도 걸어 다니셨고, 옷 한 벌 제대로 사 입지도 못했다. 하루 종일 하수구 같은 좁아터진 곳에서 몸을 숙여 전선을 설치하다 허리디스크가 생겨 결국 두 차례나 수술을 받아야만 했다.

이런 우리 가족에게 가난과 결핍은 너무나 당연했다. 아버지는 늘 가족을 위해 희생하고 열심히 일하셨지만, 반면에 자주 불같이 화를 내셨다. 나는 아침마다 아버지의 화내는 소리에 잠을 깼고, 그 분노의 불똥이 나에게 튈까 봐 조마조마해하며 자는 척했다. 아침을 먹을 때도 집에 돌아오시는 퇴근 시간에도 잠을 주무실 때도 난 항상 아버지가 화를 내실까 불안에 떨며 어린 시절을 보냈다. 모든 것을 빨리 해야만 했고, 내가 꾸물거려서 아버지가 소리를 지르기 시작하면 나는 가슴이 철렁 내려앉고 공포에 떨며 몸이 완전히 경직된 채로 있어야만 했다. 그렇게 공포와 불안은 내 마음속에 자꾸 커졌다.

지금 생각해보면 할아버지의 억울한 죽음과 그에 따른 온갖 고생으로 생긴 트라우마가 아버지의 마음속에 쌓이고, 아버지는 자신도 모르게 그 상처를 가족들에게 폭발시켰던 것 같다. 아버지는 사랑받지 못하고 컸으니 당연히 사랑을 표현하는 방법을 몰랐다. 또 미래가 어떻게 될지 모른다는 불안을 느끼면서 낯선 환경에서 가족을 지켜야만 했다. 간신히 생계를 잇기도 힘든 적은 월급으로 여섯 식구를 책임져야 했고, 작은 일에도 크게 불안해했다. 아버지의 그런 스트레스와 부정적 감정은 자연스레 엄마와 자식들에게 터졌다. 특히 가장 어린 나에게는 도저히 감당할 수 없는 수준이었다.

아버지는 하나밖에 없는 아들이라고 나를 끔찍이도 아꼈고, 나는 누나들에게 너무 미안하기도 했다. 나는 아버지의 상반된 두 모습이 너무나도 힘들었다. 한편으로는 아버지가 갑자기 벌컥벌컥 화를 내는 것이 죽도록 무서웠고, 다른 한편으로는 언제 아버지의 사랑을 잃고 버려질지도 모른다는 생각에 늘 두려웠다. 날마다 터지는 아버지의 분노와 고함 소리에 엄마는 늘 전전긍긍하며 불안해했고, 나는 또 그런 엄마 뒤에 두려워서 숨곤 했다. 엄마의 두려워서 벌벌 떠는 모습이 곧 내 모습이 되었다.

나는 커가면서 두 분의 모습을 꼭 닮아갔다. 내 마음의 반쪽은 분노였고, 다른 반쪽은 두려움이었다. 늘 끓어오르는 분노를 어떻게 처리해야 할지 몰랐고, 누군가와 대화할 땐 분노와 두려움이 내 마음속에 뒤죽박죽 섞여 요동쳤다. 항상 누군가의 사랑을 받으려고 집착했고, 그것이 사라졌다는 느낌이 들면 버려졌다는 두려움에 위축되고 무서워했다. 학교와 학원에서 돌아오면 나는 텅 빈 집에서 외로이 엄마가 돌아오기만을 기다렸다. 나는 늘 외로웠다.

이런 심리 상태와는 반대로 나의 육체적 성장 상태는 아주 좋았다. 운동을 잘하는 엄마의 유전자를 물려받았는지 어렸을 때부터 나는 어떤 운동이든 자신이 있었다. 항상 운동회 이어달리기에선 맨 마지막 주자로 달리며 다른 반 친구들을 따라잡았다. 또한 축구, 농구, 야구, 태권도 등 어떤 종목이든 한번 하면 선수반 아이들을 훨씬 뛰어넘을 정도로 습득력도 좋았다. 하지만 늘 마음이 문제였다. 나는 조금만 위협적인 상황에 처해도 심하게 긴장하며 두려워했고, 몸은 움츠러들고 경직되곤 했다.

나는 초등학교에 들어가면서 태권도를 배웠다. 친구 따라 간 태권도장에서 발차기를 배우고 바로 형들이랑 겨루기를 할 정도로 태권도를 하는 게 너무 재밌었다. 도장이 학교 바로 근처에 있어서 나는 시간이 날 때마다 사부님과 형들을 졸졸 따라다니며 온갖 운동을 따라 했다. 품새나 발차기뿐만 아니라 낙법, 오래달리기, 멀리뛰기, 높이뛰기, 단거리 순발력 테스트 등 운동 능력을 향상시키기 위한 많은 운동을 했다. 그때 난 해야 한다는 의무감도 없이 형들을 따라잡는 재미로 하루 종일 그런 운동을 즐기며 자랐다. 당시에는 몰랐지만 그런 운동들은 내 신체 능력을 발

달시키는 데 엄청난 도움이 되었다. 초등학교 4학년 때부터는 본격적으로 각종 겨루기 대회에 나가며 상을 타기 시작했고, 여러 중학교에서 스카우트 제의도 들어올 만큼 좋은 성적도 냈다.

하지만 아무리 운동 능력이 좋아도 극심한 긴장감이 늘 문제였다. 충분히 이길 수 있는 상대와의 대결에서도 기 싸움에서 쉽게 밀렸고, 상대의 작은 동작에도 죽을 것 같은 공포감이 몰려와 제대로 실력 발휘도 못하고 지기 일쑤였다. 또한 코치와 선배들이 폭력과 폭언을 하면 아버지의 모습이 떠올라서 가슴이 미친 듯이 두근거렸다. 그러다 보니 당연히 계속되는 긴장과 불안으로 어린 나이임에도 피로가 극심해져서 더 이상 전문적으로 운동을 할 수가 없었다. 아무리 겉으론 대범한 척 애를 써도 미친 듯이 요동치는 두려움을 해결할 수 없었던 것이다.

마침내 중학교 3학년 때 태권도를 그만두고 본격적으로 공부를 시작했다. 고등학교에 올라와선 밤 11시까지 야간 자습을 했다. 어릴 때 책이라곤 제대로 읽어보지 않아서 무작정 의자에 앉아 공부했다. 밥 먹는 시간을 제외하곤 항상 영어 단어장을 들고 다녔고, 잠도 하루에 4시간만 자면서 정말 무대포로 밀어붙였다. 그때 나는 책상 앞에 앉아 있는 시간이 좋았다. 항상 긴장과 불안을 느끼다 처음으로 그렇게 공부에 재미를 붙이며 두려움을 잠시나마 잊을 수 있었기 때문이다. 성적도 조금씩 올라 2학년이 되어선 특별반에도 들어갈 수 있었고, 그렇게 점점 더 내 성적은 상향곡선을 그리기 시작했다.

하지만 그렇게 공부를 위안 수단으로 삼았어도 내 몸과 마음은 늘 괴로웠다. 천근만근 짓누르는 어깨를 풀어보려고 늘 손으로 주무르기 바빴고, 목이 아파서 고개를 제대로 돌리지도 못했다. 의자에 앉아 있으면 찌릿한 디스크 통증이 다리까지 전해져 괴로웠다. 뒤처지거나 못하면 곧

버려진다는 생각이 늘 마음속에 있었고, 항상 무언가에 쫓기는 듯 조급하고 불안했다. 고3이 되기 직전 2006년 크리스마스 겨울밤에 잠을 자려고 하는 순간 갑자기 세상에 나 혼자 버려진 듯한 쓸쓸함과 외로움이 밀려와 그날 밤을 뜬눈으로 지새웠고, 그 뒤로도 일주일 정도 통 잠을 자지 못했다.

미친 듯이 자고 싶어도 심장이 두근거리는 소리가 귀에 울려 밤에도 낮에도 잘 수가 없었다. 그렇게 잠을 못 자니 학교 가는 것이 너무 힘들었고, 극심한 안구건조증까지 생겨 눈을 뜰 수가 없어 공부도 제대로 하지 못했다. 간신히 잠이 들면 쫓기고 죽이는 악몽을 거듭 꾸었다. 너무 예민해져서 친구나 주변의 평범한 말 한마디가 가슴을 후벼 팠고, 기억력이 감퇴하면서 꿈과 현실이 구분이 잘 안 될 때도 있었다. 마침내 그렇게나 재미있었던 공부가 서서히 고행과 고문으로 바뀌어갔다.

그렇게 나는 고3 시절을 보냈고, 어쩔 수 없이 재수 또 삼수를 했다. 대인기피증이 생겨 혼자 독서실에 처박혀 있었던 삼수 시절의 쓸쓸함이 아직도 생생하다. 쉽게 긴장하고 불안해하는 습관 때문에 수능을 칠 때는 당연히 한숨도 못 잤다. 게다가 겉으로는 멀쩡하니까 이런 나를 아무도 이해해주지 못해 갈수록 답답해서 미칠 것 같았다. 재수하면서 스트레스가 누적되어 심한 폐결핵에 걸려 입원하기도 했다.

나는 삼수 끝에 22살에 대학교에 갔고, 2011년에 1학년을 마치고 입대했다. 그런데 고생은 여기서 끝이 아니었다. 채 2년도 안 되는 군 생활 동안 나는 죽음의 트라우마를 3번이나 경험했다. 가장 추운 1월에 훈련소의 마지막 숙영 훈련에서 소대 동기가 패혈증으로 갑자기 사망했고, 태어나서 처음으로 바로 옆 사람이 죽어가는 것을 본 나는 엄청난 충격을 받았다. 그 뒤에 나는 특전사에 특전병으로 차출되어 공수훈련을 받게 되었고, 동기 훈련병이 낙하산 줄이 꼬이면서 추락사하는 장면을 그대로 지켜보았다.

그 사고가 난 지 바로 며칠 뒤 나도 바로 그 자리에서 강하를 해야만 했고 정말 최악의 두려움을 느꼈다. 그 뒤로 나는 태어나서 처음으로 극심한 고소공포증을 앓게 되었고, 나중에 EFT로 그것을 고치기 전까지 꽤 오랫동안 고생했다. 또한 한번은 해상훈련을 하는데 밀물이 예상보다 빨리 밀려와서 갯벌을 건너다 거의 빠져 죽을 뻔했고, 그 뒤로는 또 극심한 물공포증까지 생겼다. 이러한 경험들을 통해 나는 언제 어떻게 죽을지 모른다는 두려움을 늘 느끼게 되었다.

나는 2013년에 제대하고 복학을 했고, 점차 공황장애 증상을 느끼기 시작했다. 사람들이 많은 곳에 가면 가슴이 답답하고 터질 것 같아서 대중교통을 이용할 수 없었고, 작은 일에도 심한 감정 기복을 느꼈다. 목과 어깨가 완전히 굳어버려 조금만 스트레스를 받아도 뒷골이 당겨 제대로 말도 할 수 없을 때도 많았다. 심한 안구건조증과 허리디스크 통증, 역류성 식도염, 장염 등을 앓고 있었고, 온몸이 긴장해서 딱딱하게 굳어 내 삶 자체가 다 망가지고 있었다. 한번은 역류성 식도염이 너무 심해서 수면내시경 검사를 받는데, 제발 며칠만 깨어나지 말고 이대로 자게 해 달라고 기도한 적도 있다. 이때 나는 20대 중반의 한창인 나이였고, 대학 조정 선수로 열심히 운동을 하고 있었는데, 그런 외면적인 모습과는 달리 나의 내면은 점차 썩어 들어가고 있었던 것이다.

하지만 그래도 나를 고치겠다는 노력을 포기하지 않았다. 고등학생 때부터 틈틈이 정신과 치료와 심리 상담을 계속 받아왔고, 수면제와 신경안정제를 복용하면서 두근거리는 가슴을 억지로나마 진정시켰다. 제발 하루만 푹 자는 것이 소원일 정도로 불면증이 심했던 적도 있었다. 나는 전국에 좋다고 소문난 병원과 한의원을 찾아다니며 온갖 치료를 받으며 간신히 버텨 나갔다. 군대에서는 여러 심리학 관련 책을 읽으면서 EFT라는 도구도 알게 되었고, EFT로 효과를 본 경우도 있었다. 하지만 얽힌 실타래처럼 복잡한 마음의 문제에 직면하면 금방 포기하고 다른 방법을 찾아 헤맸다.

자려고만 하면 누워 있는 내 모습이 계속 의식되고 가슴이 두근거렸고, 약을 먹을수록 효과는 반감되어서 더 많은 약에 의존하는 악순환이 되풀이되었다. 아무리 현재에 집중하고 긍정적인 생각을 하려고 해도 나는 뼛속 깊이 박혀 있는 불안을 도저히 떨쳐버릴 수가 없었다. 마음속 깊숙한 곳에 자리 잡은 두려움을 풀지 않으면 어떠한 치료법도 한계가 있을 수밖에 없다는 것을 느꼈다. 더구나 이런 두려움을 풀기 위해 심리 상담을 받고 싶어도 부모님이 반대하시고, 아르바이트로 모은 돈만으론 치료 비용을 대기도 힘들었다.

그렇게 원인도 치유법도 모르는 안개처럼 모호한 마음의 고통을 겪으며 날마다 피곤하고 무기력했다. 도대체 어디서부터 무엇이 잘못되었는지, 왜 내가 젊은 나이에 이런 고생을 하는지 몰라서 억울하고 답답했다. 그러다 3학년 때인 2014년 집의 책장에 박혀 있던 최인원 원장님의 《나는 왜 하는 일마다 잘 되지?》를 우연히 꺼내 보다 다음과 같은 문장을 읽게 되었다.

"내 문제를 해결할 방법은 이미 내 안에 있다."

그때 문득 내가 이미 알고 있었던 EFT라는 도구를 다시 제대로 사용해보자고 마음먹었다. 사실 나는 이미 군대에서 EFT의 효과를 톡톡히 본 적이 있었다. 나는 군대에서 우연히 최 원장님의 《EFT로 낫지 않는 통증은 없다》를 보고 EFT를 알게 되었다. 이 책은 마음이 얼마나 통증과 질병에 영향을 주는지 잘 설명해 놓았고, 책 속에서 나와 비슷한 증상을 겪고 있는 사람들을 보면서 읽자마자 공감이 가기 시작했다. 책을 보며 반신반의하면서도 시키는 대로 두드려봤더니 바로 그 자리에서 고질적인 쇄골 통증이 사라지는 게 아닌가.

당시에 나는 훈련받다가 쇄골을 심하게 다쳐 팔도 제대로 들지 못했다. 병원 치료도 제대로 받지 못해 손상된 부위가 연축되면서 좌우 어깨가 비대칭이 될 정도로 증상이 심했다. 그러나 EFT를 한다고 타점을 두드리며 '쇄골 통증'을 마음속으로 외치는 순간 무언가 탁 내려가는 느낌이 들면서 통증이 다 사라진 것이다. 게다가 거울을 보니 내 어깨가 완전히 바로잡혀서 나는 더욱 깜짝 놀랐다. 이후에도 타점을 계속 두드릴수록 나의 머릿속은 굉장히 맑아지고 눈까지 밝아졌다. 그러면서 EFT라는 도구가 정말 나에게는 실낱같은 희망이 될 수도 있겠다는 생각을 했다.

한번은 장비 검열을 하다가 심한 폐렴에 걸려 쓰러져 국군대전병원에 한 달간 입원했는데, 엑스레이로 폐를 찍어보니 염증 때문에 온통 하얗게 나와서 군의관이 깜짝 놀랄 정도였다. 게다가 아무리 해열제를 먹어도 40도가 넘는 열이 일주일 넘게 내려가지 않아 군의관이 며칠만 더 지켜보고 차도가 없으면 민간병원으로 나를 옮길 계획을 하고 있었다. 나는 원장님의 책을 보며 폐렴이 생기기 전에 심하게 받은 스트레스를 떠올리면서 EFT를 해보았다. "나는 비록 말도 안 듣는 후임들과 내 마음도 몰라주는 간부가 너무 밉고 화가 나지만, 마음속 깊이 나를 받아들이고 내려놓는다. 나는 그때 억울하게 후임들 대신 얼차려 받았던 생각만 하면 정말 죽도록 열이 받지만, 이런 나를 이해하고 사랑한다." 이렇게 속으로 간단히 문장을 되뇌며 타점을 두드렸는데, 그 순간 내 몸 안의 분노가 사르르 풀리며 열이 바로 내려가는 느낌이 들었다. 그때 장 쪽에서도 무언가가 바로잡히며 이완되는 느낌이 들었는데, 아직도 잊을 수 없을 만큼 생생하다. 이렇게 그토록 심하던 폐렴이 신기하게 나아버렸다.

그 뒤로 나는 EFT를 나의 모든 증상에 무작정 적용해보았다. 밤마다 악몽이 계속되고, 누군가를 끝없이 미워하면서 싸우고 화풀이를 해야 직성이 풀릴 것 같은 마음을 가라앉히기 위해 무작정 EFT를 했다. 하지만 내가 초기에 경험했던 기적적인 효과에 비해 시간이 갈수록 그 효과가 미미했다. 지우고 싶은 기억을 골라 아무리 두드려도 지워지지 않았고, 그렇게 실망과 의심만 커지다 결국 그만두게 되었다. 그러다 제대하고 복학한 뒤에 다른 방법을 찾아 헤매다가 더 이상 버틸 수 없는 지경에 이르러서야 다시금 EFT를 제대로 해보자는 생각을 하게 된 것이다.

그렇게 나는 최 원장님이 쓴 EFT 책들을 천천히 정독했다. 그리고 직접 원장님을 찾아가 상담받고 강의를 듣고, 유나방송 강의*도 하나씩 들었다. 그러면서 내가 실패한 이유를 깨달았다. 빨리 좋아져야 한다는 조급함이 가장 큰 원인이었다. 나는 우선 이런 조급한 마음을 풀기 위해 하나씩 EFT를 했다. "나는 빨리 좋아져야 한다는 조급함에 쉽게 좌절하고 포기하지만, 이런 나를 마음속 깊이 받아들이고 내려놓는다. 나는 빨리 많은 기억을 지워야만 내가 살 수 있다고 생각하지만, 이런 나를 마음속 깊이 받아들이고 있는 그대로의 나를 사랑한다."

조급함과 불안이 뼛속 깊이 박혀 있어서인지 나는 EFT를 천천히 하나씩 적용하는 게 너무 어려웠다. 무엇이든 빨리 하지 않으면 벌컥 화를 냈던 아버지가 나의 습관적인 조바심의 원인이었다. 그런 기억들을 EFT로

---

* 인터넷 마음공부 전문 방송(www.una.or.kr)에서 최인원이 '두드림의 선물 EFT'라는 이름으로 진행한 EFT 방송.

지워 나가다 보니 빨리 좋아져야 한다는 강박관념이 조금씩 줄고, EFT에 대한 확신이 생기기 시작했다. 나는 확실한 효과를 느낄 때까지 차분하게 EFT를 했다. 시간만 나면 나를 이렇게 만들었던 과거의 상처를 직면하고 마음속에서 푸는 작업을 꾸준히 했다.

화를 내는 아버지 앞에서 완전히 얼어 있는 모습, 두려워하는 엄마, 항상 돈 걱정하던 부모님 모습, 가난이 부끄러운 나를 놀리며 비웃었던 친구들, 불면증 때문에 죽기보다 싫었던 등교 시간, 재수·삼수할 때의 외로움, 군대에서 느낀 죽음의 공포 등. 이런 기억을 떠올리며 나는 상처받은 어린 나를 다시 만났고, 천천히 다가가 이 아이를 위로하고 보듬어주었다.

이런 과정이 순탄하지는 않았다. 그중에서 가장 풀기 어려웠던 것은 아버지에 대한 원망과 미안함이었다. 아버지에 대한 분노와 원망을 솔직하게 직면해서 풀고 싶어도 오로지 가족을 위해 희생하신 모습이 생각나 너무 미안하고 죄송해서 금방 EFT를 중단하기도 했다. 이렇게 감정을 들쑤셔 놓고 직면하지 못하고 제대로 풀지도 못해서 온갖 감정이 다 튀어나와 시험 때 백지를 제출하고 나온 적도 있다. 또 한번은 최 원장님과 상담하면서 300m 허공에서 떨어지는 듯한 두려움이 밀려와 의자에 제대로 앉아 있지도 못한 적도 있다. 나중에 다시 이 두려움의 원인을 찾아 들어가보니 추락 사고가 난 열기구에서 내가 뛰어내려야 할 때 느꼈던 무시무시한 공포가 바로 이 느낌이었다. 그래서 이와 관련된 기억을 떠올려보았다. 열기구가 하늘로 올라갈 때 느꼈던 적막감, 열기구에서 자유 낙하하던 순간의 아찔함, 추락사 장면을 목격하고 뒤로 돌아서라고 소리치는 교관들의 모습 등. 이 기억들을 생생하게 떠올려 영화관 기법(139쪽 참고)으로 지우니 그렇게 극심하던 고소공포증이 완전히 사라져버렸다.

이 과정에서 나는 때때로 처절하게 울기도 하고, 죽어라 소리도 질렀다. 또한 갑자기 쓸쓸함과 외로움이 마구 밀려와 나 홀로 버려진 듯한 기분도 들었고, 왜 나만 이런 나이에 이토록 고생을 하고 있는지 억울하기도 했다. 그러나 그런 내 마음을 알아가면서 내가 얼마나 내 마음을 외면하고 살았는지 절실히 깨달았다. 매주 EFT 실습 모임에 나갔고, 명상, NLP,* 에니어그램, 고전 철학 등 할 수 있는 범위 내에서 내 마음을 치유하고자 최선을 다했다. 시간 날 때마다 공책이나 휴대폰 메모장에 확언도 적어 나갔다. 특히 최 원장님의 유나방송 강의가 꿈에서까지 나올 만큼 수백 번 돌려 듣다 보니 내가 원장님과 하나가 된 듯한 기분을 느끼기도 했다.

그렇게 틈틈이 상담과 강의비를 마련하기 위해 아르바이트도 하면서 이 막막한 터널을 빠져나가길 기다렸다. '내가 할 수 있을까?' 하는 의심으로 수천수만 번 흔들리기도 했지만, 묵묵히 EFT를 하며 마음을 치유해 나갔다. 당시 나는 대학 졸업반으로 취업을 하고 사회에 나갈 시기이기도 해서 이런 끝없는 치유의 과정이 불안하기도 했지만, 내면을 먼저 치유하는 것이 맞다는 생각으로 마음공부에 정말 많은 열정을 쏟았다. 그러다 문득 나 자신에게 이렇게 말했다. "얼마나 힘들고 외로웠니? 정말 미안하고 사랑한다."

나는 그때까지 자신을 사랑하라는 말이 너무 유치하고 창피하다고까지 느꼈지만, 시간이 갈수록 나에 대한 사랑만큼 위대한 치유는 없다는

---

* Neurolinguistic Programming의 약자로 미국의 리처드 밴들러(Richard Bandler)와 존 그린더(John Grinder)가 발명한 심리 기법이다.

것을 점차 깨달았다. 주변의 작은 비난에도 크게 두렵고 긴장하는 마음을 따라가보니 내 마음속에 혼자 외롭고 쓸쓸하게 버려진 아이가 있었다. 나는 매일 그 아이를 찾아가 진심으로 위로하고 사랑해주었다. 그러면서 점차 부정적 감정과 각종 중독 증상들이 사라지기 시작했다. 여러 우여곡절을 겪으며 이런 치유의 시간이 2년 정도 흘렀다. 그러다 보니 점차 내 내면은 안정되어 갔고, 어느덧 엑셀 파일에 적어 놓은 수백 개의 상처받은 기억이 지워지기 시작했다. 나의 두렵고 쓸쓸하던 내면의 아이는 조금씩 웃는 모습으로 바뀌었고, 몸에도 하나씩 긍정적 반응이 나타났다.

마음이 치유되면서 몸으로 느낀 가장 큰 변화는 곳곳의 긴장된 근육이 풀리는 것이었다. 아무리 마사지를 받아도 풀리지 않던 목과 어깨의 경직과 피로가 물방울 터지듯 완전히 사라지기 시작했다. 한결 가벼워진 내 어깨를 만지며 주변 친구들이 깜짝 놀랐다. 자연스레 몸 곳곳의 압통점들도 사라졌고, 체형도 바로잡혔다. 나를 그렇게나 괴롭혔던 여러 만성 통증들이 다 사라진 것이다. 더불어 밤만 되면 요동치고 우울하던 기분도 많이 편안해지고 웃는 횟수도 많아졌다. 빛 번짐이 심했던 눈도 굉장히 맑아지고, 물만 먹어도 체할 것 같았던 소화기관이 몰라보게 편안해졌다. 또한 사람들을 만나면 늘 느끼던 부글부글 끓는 긴장과 답답함이 사라져 한결 편하게 대화할 수 있게 되었다. 이런 과정을 통해 나는 마음이 얼마나 몸에 영향을 많이 주는지 절실히 깨달았고, EFT가 마음과 몸을 고치는 가장 좋은 도구라는 것을 확신하게 되었다.

이제 약 2년간의 집중적인 EFT 치유로 내 몸과 마음과 인생이 어떻게 변화되었는지 간단히 정리하면서 이 장을 마치고자 한다.

첫째, 내 몸의 변화다. 나는 항상 분노와 두려움을 억압하다 보니 어릴 때부터 온몸이 경직되어 늘 피로했다. 중학교에 들어갈 때부터 짝에게 심하게 뭉친 어깨 좀 마사지해달라고 졸랐던 기억이 있을 만큼 심했다. 어릴 때부터 내 몸은 피로로 뭉쳐 있었고, 피로감은 성인이 될수록 심해졌다. 하지만 EFT를 하면 할수록 목과 어깨뿐만 아니라 몸 전체의 긴장과 피로가 기포가 터지듯 완전히 풀리기 시작했다. 어느 순간 말랑해진 목과 어깨, 허리, 그리고 정강이 근육까지 만져가며 한동안 신기해했던 적이 있다. 더불어 각종 통증들이 다 사라졌다. 나는 허리 통증이 정말 심했는데, 앉아 있기만 해도 발까지 저려오는 통증 때문에 정말 괴로웠다. 항상 달리기를 할 때면 허리가 아파서 그만두는 경우가 많았는데, 그런 통증이 다 사라진 것이다. 또한 발목, 손목, 무릎, 회전근개 등 곳곳에 크고 작은 통증과 결리는 느낌이 있었는데 그것들도 다 사라졌다.

나는 폐렴에 두 번 걸렸고, 잔기침을 달고 살았다. 물만 먹어도 체할 것 같은 기분이 들 정도로 항상 소화가 안 되었고, 역류성 식도염 때문에 위를 쥐어짜는 느낌을 자주 받았다. 장염으로 설사도 자주 하고, 갑자기 체중이 줄기도 했다. 게다가 가끔 토할 만큼 폭식을 하기도 했다. 하지만 EFT로 부정적 기억과 감정이 많이 사라지면서 소화기관이 몰라보게 좋아졌다. 나는 그 뒤로 소화기 증상을 겪은 적이 한 번도 없다. 또한 공허한 느낌이 채워지면서 폭식 같은 중독 증상도 사라졌다.

둘째, 마음의 변화다. EFT로 내가 얻은 가장 큰 수확은 바로 나쁜 기억에서 벗어난 것이다. 나는 항상 뭔가 불안하고 위험하다는 생각이 마음속에 깔려 있었고, 갑작스레 올라오는 분노를 억지로 눌러야만 했다. 겉으론 강한 척했지만 조그만 실패에도 쉽게 좌절하고 포기했다. 나는 항상 나 자신이 부끄럽다는 느낌을 받았고, 그러다 보니 어떤 일이든 100% 완벽하게 해야 한다는 강박이 심했다. 하지만 상처받은 내면의 아이와 트라우마 기억들을 하나씩 치유하면서 마음이 굉장히 편안해지고 여유가 생겼다. 또한 나를 사랑하게 될수록 자존감이 높아졌고, 더 이상 남 앞에 위축되거나 인정받기 위해 불필요한 시간과 돈을 쓰는 습관도 사라졌다. 가슴이 두근거리는 증상이 사라지다 보니 사람들과 이야기하는 것이 훨씬 편해졌다. EFT를 하면 할수록 성격도 긍정적으로 바뀌었고, 집착과 강박이 사라지고 마음이 무심하고 덤덤해졌다. 그리고 무엇보다도 아버지에 대한 부정적인 감정이 풀어지면서 아버지와의 관계도 대폭 개선되었다.

셋째, 내 인생의 변화다. 나는 항상 인정받으려는 욕구가 크다 보니 눈에 보이는 것만 좇고 살았다. 좋은 성적과 자격증과 남들에게 인정받는 좋은 회사에 들어가는 것이 대학 생활의 목표였다. 하지만 EFT를 하면 할수록 진정으로 내가 하고 싶은 일이 보였고, 나를 위한 일과 삶을 용기 있게 선택할 수 있게 되었다. 성격은 점점 더 긍정적으로 바뀌었고, 어떤 일이나 사물을 봐도 그것의 장점과 가능성을 보는 경우가 더 많아졌다. 몇 번 실패해도 빨리 일어서고, 포기하지 않는 끈기와 자신감으로 새로운 분야를 개척하는 도전 정신도 많이 생겼다. 심지어 세상에 도움이 되는 일을 하겠다는 사명감과 영적인 각성도 생겼다. 무엇보다도 나는 몸과 마음뿐만 아니라 인생의 어떠한 문제를 만나도 극복할 수 있는 나만의 해결책을 터득했다는 것이 가장 기쁘다.

02

나를 살린 EFT로
운동선수들을 살리다

　나는 내 몸과 마음의 변화를 통해 EFT에 더욱 확신을 가질 수 있었고, 마음과 관련된 다양한 책을 읽고 공부하면서 과거의 억압된 감정이 몸과 마음과 인생에 얼마나 큰 영향을 끼치는지 확실히 깨달을 수 있었다. 나는 마음을 치유하는 일에 점점 더 재미를 느꼈다. 자연스레 EFT를 주변에 소개하기도 하고, 힘든 친구들에게 직접 EFT를 해주기도 했다. 특히 운동할 때 EFT를 해서 종종 큰 효과를 보았다. 조정이라는 운동은 보트 위에서 팀원들이 하나되어 노를 저어야 하는 운동이다. 힘과 체력도 중요한 요소지만, 가장 중요한 것은 협동이다. 노를 저으면서 팀원들과 많은 갈등이 생기는데, 이런 짜증과 분노를 EFT로 풀었더니 협동이 훨씬 잘 되었다. 그리고 얼마 뒤 부산에서 열린 조정대회에서 1등을 했고, 이때 운동선수들에게 EFT가 정말 좋은 도구가 될 것이라는 생각을 했다.

　EFT에 푹 빠져 몸과 마음을 치유하다 보니 어느덧 28살이 되었고, 취업을 하든 공무원 시험을 보든 진로를 정해야만 했다. 이 무렵 EFT로 몸과 마음이 좋아지면서 주변 친구들이 왜 그렇게 많은 심리적인 문제를 겪는지 보이기 시작했다. 친구들은 수십 개의 포장된 자기소개서를 쓰고, 무수히 많은 면접 탈락을 경험했다. 그저 평범하게 회사 생활을 하기 위해서 자신의 비범함을 보여야 하는 역설적인 상황에서 다시금 내 마음은 요동쳤다. 이렇게 좋아하는 것을 억누르고 적성에 관계없이 먹고살기 위해서 일해야만 하는 것인가? 나는 한동안 심한 방황을 했고, 마지막 기말고사에 백지를 제출하고 집으로 가는 길에 유나방송을 들으면서 다짐했다. '굶어 죽더라도 그냥 내가 좋아하는 일을 하면서 살아보자.'

그때부터 나는 내가 좋아하는 일을 할 수 있는 직업을 찾았다. 어릴 때부터 운동에는 누구보다 자신 있었고, 여러 운동부에서 주장까지 해가며 팀원들을 트레이닝하는 것이 좋았다. 그래서 EFT와 이런 트레이닝을 결합해 사람들을 치유해보고 싶은 생각이 들었다. 이렇게 막연한 생각으로 시작한 것이 헬스장 트레이너였다. EFT로 통증을 치유해주고, 운동을 통해 더 건강한 삶을 사는 데 도움을 주고 싶었다. 하지만 첫 시작은 내가 생각했던 것과는 너무나도 달랐다. 직원들과 회원들은 몸을 두드리는 EFT를 이상하게 생각했고, 왜 통증을 고치는 데 마음을 치유해야 하냐며 많은 오해를 사기도 했다. 생각했던 것보다 EFT에 대한 반감이 컸다.

그렇게 3개월 정도 지난 어느 날, 무릎 십자인대가 전방 후방으로 두 번이나 끊어진 회원이 찾아왔다. 수술과 재활을 끝내고 근력운동으로 무릎 근육을 키우러 온 회원이었는데, 부상에 대한 두려움이 너무 커서 무릎의 가동 범위가 굉장히 제한되어 있었다. 나는 EFT가 드디어 효과를 발휘할 수 있겠구나 하는 직감이 들었고, 조심스레 EFT를 소개하고 적용해보았다.

인대가 끊어지는 순간의 '뚝' 하는 생생한 소리, 엄청난 통증으로 그 자리에서 주저앉았던 느낌, 두 번째 인대가 또 끊어졌을 때 느낀 엄청난 좌절감, 다시는 축구를 할 수 없다는 절망 등 통증과 관련된 여러 기억을 영화관 기법으로 하나씩 지웠다. 마침내 회원이 아무 생각이 안 난다고 할 때 공을 주면서 가볍게 차보라고 했다. 그 순간 그가 자신도 모르게 공을 있는 힘껏 차버려서 창문이 부서질 것 같은 소리가 나 직원들이 놀라 뛰어 들어왔다. 분명 EFT를 하기 전까진 공을 제대로 맞히지도 못할 만큼 무릎을 펴는 것을 너무 두려워했었다. 하지만 다쳤을 때의 생생한 기억을 EFT로 지우니 언제 그랬냐는 듯 공을 있는 힘껏 찰 수 있게 된 것이다. 본인도 깜짝 놀라면서 말했다. "이렇게 힘을 줘서 공을 찬 것이 다친 뒤 몇 년 만에 처음이에요. 미세하게 남아 있던 통증도 다 사라졌어요. 너무 감사합니다."

이때부터 통증과 통증의 두려움을 가진 회원들이 하나둘씩 나를 찾아오기 시작했다. 무릎이 아파서 20년 넘게 등산도 제대로 못 했던 회원, 습관성 발목 염좌에 대한 두려움으로 착지를 제대로 못하는 회원, 2년 전 억지로 역기를 들다 어깨를 다친 이후 운동에 상당한 방해를 받고 있었던 트레이너, 부상과 통증을 달고 사는 보디빌더, 실패의 경험으로 최대 중량을 갱신하지 못하는 역도 선수 등등. 그들이 EFT로 치유되는 모습이 너무나 재미있고 보람 있었다.

그해 여름에 나는 EFT에 대한 흥미와 열정만으로 무작정 미국으로 갔다. EFT Universe*에서 진행하는 워크숍과 로버트 딜츠^{Robert Dilts}가 운영하는 NLP 수업을 듣고 싶었기 때문이다. 미국에서 지낸 두 달 동안 나는 평생 잊기 힘든 경험을 했다. 전 세계 사람들이 EFT와 NLP를 통해 마음 공부를 하러 머나먼 미국까지 왔고, 그들의 전문 분야도 정말 다양했다. 의사와 심리상담사 같은 의료 분야, 교수와 교사 같은 교육 분야, 무역이

---

* EFT 전문가이자 베스트셀러 저자이자 연구자인 도슨 처치(Dawson Church)가 만든 EFT 교육 기관.

2016년 8월 26일 NLP 트레이너 과정을 마치고 로버트 딜츠와 함께. 딜츠는 NLP의 원리가 어떻게 사람들과의 말과 행동에 자연스럽게 드러나는지를 몸소 보여주었다. 편안한 표정과 몸짓, 말의 억양과 속도 때문에 조금만 이야기를 나눠도 바로 그에게 몰입이 된다.

나 보험회사 직원, 네덜란드 사이클 팀 코치 같은 스포츠 분야에 종사하는 사람들도 있었다. 심지어 이란에서 온 상담사는 이란에서도 EFT를 널리 사용하고 있다고 했다.

다들 자신의 심리적 문제를 해결하는 과정에서 EFT를 만나게 되었다는 말을 듣고 혼자 외롭게 이 길을 달려온 나는 큰 위안을 얻었다. 또한 외국에서는 EFT를 부정적 감정을 제거하는 데뿐만 아니라, 프레젠테이션이나 영업, 교육, 스포츠 등의 능력 계발 쪽에 적극적으로 활용하는 모습이 참 인상 깊었다. 당연히 트레이너를 하는 나는 스포츠 능력 향상 쪽에 관심이 갔고, 반드시 언젠가는 몸과 마음을 치유할 수 있는 트레이닝 센터를 짓겠다고 다짐했다.

그렇게 나는 부푼 꿈을 안고 한국에 돌아왔지만, 얼마 뒤 내가 일하던 헬스장은 문을 닫았고, 작게나마 EFT를 적용할 수 있었던 환경도 다 사라졌다. 그때부터 나는 프리랜서로 활동하기 시작했다. 그때 나는 월급도 받지 못하고 쫓겨난 어려운 형편이었고, 부모님을 포함한 주변 사람들 모두 극심하게 내게 반대했다. 정말 좋아했던 여자 친구마저도 나의 불안한 미래와 EFT에 대한 집안의 오해와 반대로 헤어졌다. 꿈 하나만으로 남들이 가지 않는 나만의 길을 간다는 것은 쉽지 않은 일이었다. 부모님은 매일 문자를 보내 내 생각을 바꾸려 했고, 평소 내가 믿고 의지했던 사람들조차 다들 당장 그만두고 취업부터 하라고 했다. "내가 네 입장이라면 너한테 상담받지 않을 것 같아. 넌 너무 어리잖아." "우선 취업하고 그런 상담 분야는 40대 이후에 생각해보는 게 어때?" "EFT가 뭔지도 잘 모르겠지만, 그걸로 먹고살 수 있겠어? 취업도 하늘에 별 따기인데, 몇 년 하다 실패해서 취업도 못 하면 어떻게 먹고살래?"

이때 정말 막막했다. 생활비도 거의 없었고 꿈을 어떻게 이룰지 방법도 몰랐지만, 다시 시험이나 취업 전선에 뛰어드는 것은 죽기보다 싫었다. 나는 정말 내 모든 것을 걸어야만 했다. 몸과 마음은 EFT로 많이 좋아졌지만, 그다음 관문은 내가 살아가야 할 길을 개척하는 것이었고, 오히려 나를 고치는 것보다 더 힘들고 막막했다. 이때 유일하게 내가 믿고 의지할 수 있었던 것은 최 원장님의 유나방송 강의였다.

"좋아하는 걸 찾으세요. 그리고 그걸 실천할 용기를 가지십시오."

"좋아하는 것을 해야 잘하게 되고, 그것이 결국엔 큰 보상으로 다가옵니다."

"죽을 때 가장 후회하는 것 중 하나는 '내가 생각한 대로 그냥 한번 해볼걸'입니다."

"주변에서 다 반대하는 것은 기를 쓰고 한번 해보십시오."

"노력은 절대 배신하지 않습니다. 그 결과가 늦게 나올 뿐이지."

강의 내용을 다 외울 만큼 자기 전까지 방송을 들었고, 서서히 원장님의 철학이 내 무의식 밑바탕에 강하게 자리 잡으며 용기가 조금씩 솟아났다. 그러면서 내가 할 수 있는 범위에서 운동선수들에게 EFT를 적용할 방법들을 찾기 시작했다. 2017년, 이제 막 29살이 되던 시기였다.

우선 국내에는 EFT를 일반 심리 상담에 쓰는 사람들은 많아도 운동선수에게 전문적으로 쓰는 사람은 없었다. 외국의 사례나 논문을 찾아봐도 우리나라 선수들에 맞게 EFT를 쓰고 적용할 정보는 한계가 있었다. 그래서 그때부터 그냥 맨땅에 헤딩하듯 부딪혔다. 지인이나 SNS를 통해 수소문하고, 각 스포츠 구단과 협회 홈페이지에 글도 올려보고, 체육고등학교의 운동부와 스포츠 기자들에게 메일을 보내 선수들을 만나게 해달라고 부탁했다. 이러는 와중에도 여러 오해와 편견에 부딪혔다. "그걸로 나을 수 있어요? 두드린다고 뭐가 달라져요?" "기존의 스포츠 심리 분야에서는 그런 방법을 쓰지 않아요. 이상한 걸로 선수들을 현혹하지 않았으면 좋겠어요." "나이도 어리신데 도대체 뭘 안다고 설쳐요?"

아무래도 EFT가 스포츠 관련 사람들에게는 너무나도 낯설어서 여러 오해가 있었다. 사이비 취급도 많이 받았고, 겨우 만나도 내가 너무 어리다는 이유로 무시와 괄시를 받기도 했다. 때론 입스yips에 걸린 50대 이상의 골프 아마추어 분들에게 몇 시간 동안 인생 강의도 들어야만 했다. 그래도 나는 이렇게 EFT와 확언을 꾸준히 해 나갔다. "나는 올해 안에 100명의 운동선수들을 만나 EFT로 치유한다."

작은 성공 사례라도 있으면 블로그에 올렸고, 심리적인 문제로 힘들어하는 선수들에게 문자나 메일을 무수히 많이 보냈다. 그렇게 시간이 지나면서 각 분야의 선수와 코치들로부터 조금씩 연락이 왔고, 나는 선수들을 만나기 위해 전국을 다녔다. 운동선수들에게 EFT를 알려주고 그 효과를 직접 보여줄 수만 있다면 언제 어디든 무조건 달려갔다. 택시비를 아끼려고 몇 시간 동안 사격장과 골프장을 걸어 올라간 적도 있었다. 그렇게 선수들을 만나는 시간이 나에게는 정말 소중한 기회였고, 그 시간을 헛되이 쓰지 않으려 최선을 다했다. 시합 전날 밤에는 전화로라도 최고 기량을 발휘할 수 있도록 마음을 풀어주었고, 경기장에 찾아가 선수들이 운동하는 모습을 직접 보면서 EFT를 해주었다.

이렇게 나는 점점 더 많은 선수들을 만났고, 그들이 겪는 문제를 보다 구체적으로 알 수 있었다. 나는 너무 많은 선수들이 부상 후유증과 입스 증상으로 말 못 할 엄청난 시련을 겪고 있다는 사실에 큰 충격을 받았다. 백스윙을 제대로 하지 못하는 골프 선수, 가까운 거리에 공을 던지지 못하는 야구 선수, 아무리 손가락에 힘을 주어도 격발이 안 되는 사격 선수, 활시위를 놓지 못하는 양궁 선수, 케이오 패 트라우마로 제대로 발차기를 하지 못하는 격투기 선수, 부상과 통증에 대한 두려움으로 제대로 관절 가동 범위를 발휘하지 못하는 역도 선수와 보디빌더 등 너무 많은 선수들이 만성 통증과 심리적인 문제로 자신의 실력을 제대로 펼치지도 못하고 억울하게 운동을 포기하고 있었다. 반면에 이런 문제를 이해해주는 지도자들은 극히 드물었고, 선수들 스스로도 방출이나 선발 탈락에 대한 두려움으로 속으로 숨기는 경우가 많았다.

선수들을 괴롭히는 여러 문제들의 원인을 찾아 들어가보니, 그 원인은 단순히 운동을 하면서 겪었던 상처뿐만이 아니었다. 어린 시절 가정에서 겪었던 상처와 더 나아가 태아기의 트라우마*까지도 커다란 영향을 발휘

---

* 자세한 내용은 최인원의 《5분의 기적 EFT》 390쪽을 참고하라. 태아기에 받은 상처가 평생의 심리 상태와 건강에 영향을 준다는 것을 설명하고 있다.

했다. 그런 문제들을 EFT로 풀어주었고, 선수들은 필드에서 엄청난 능력을 발휘하기 시작했다. 단 한 번의 상담으로 입스나 부상 트라우마가 사라진 경우도 많았고, 마음의 한 부분을 풀어주니 경기력이 눈에 띄게 좋아진 경우도 많았다. 시합에서 긴장하는 정도도 많이 줄고, 고질적인 통증도 좋아졌다. 이렇게 해서 발휘되는 선수들의 잠재력은 공상과학 만화에서나 볼 수 있을 만큼 놀라웠다.

우선 EFT는 부상과 통증에 아주 좋은 효과를 냈다. 팔꿈치 인대 접합 수술 후 통증과 팔꿈치 신전에 대한 불안으로 팔을 제대로 펴지 못하는 야구 선수들이 EFT를 통해 완전한 가동 범위와 힘을 발휘할 수 있었다. 억지로 팔을 펴는 재활을 하지 않아도 EFT로 충분히 가동 범위를 회복할 수 있었고, 통증의 강도도 훨씬 줄었다. 그러면서 구속이 눈에 띄게 빨라지고, 시합에서도 훨씬 더 몰입할 수 있었다. 또한 사격 선수들의 허리 통증, 골프 선수들의 손목과 발목 통증, 역도 선수와 보디빌더들의 다양한 부상 등에도 EFT는 좋은 효과를 냈다. 병원 검사로 잘 확인되지 않는 통증들이 EFT로 많이 좋아졌고, 특히 재활 후 필드에 복귀할 때 선수들이 느끼는 두려움에 EFT는 없어서는 안 될 좋은 도구였다. 언제 어디서든지 선수들 스스로 통증과 관련된 많은 문제를 해결할 수 있어서 운동에 더욱 집중하고 더 좋은 성적을 낼 수 있었다. 또한 EFT로 선수들이 자신의 몸을 학대하며 무리하지 않고 자신을 더욱 아끼고 감사하며 운동함으로써 EFT는 부상 예방에도 많은 도움이 되었다.

또한 EFT는 스포츠 능력 향상에 탁월하며, 심지어 때때로 기적적인 효과를 냈다. 결승전에서 홈런 맞은 기억을 지우니 제구와 구속이 눈에 띄게 좋아진 투수, 고3에 대한 부담감과 불안을 지우니 갑작스레 타율이 2할이나 뛴 선수, 시합 트라우마가 없어져 몇 년 동안 괴롭히던 입스가 완전히 사라진 골프 선수들, 심하게 못 쏜 기억을 EFT로 지우니 그다음 날 바로 자신의 최고 기록을 찍은 사격 선수 등. 선수들의 나쁜 기억과 부정적 감정을 지우니 기록이 급상승했다. 게다가 EFT로 선수들은 긍정적인 마음가짐과 성격, 끈기, 도전 의식이 생기고 운동 이외에도 부모님과의 관계가 좋아지는 등 여러 방면으로 성장하는 모습을 볼 수 있었다.

그렇게 EFT로 문제를 들어주고 하나씩 해결해 나가면서 나는 점차 선수들에게 친근한 형이자 멘토가 되었다. 선수들이 부모님이나 감독, 코치에게 말하지 못한 많은 이야기를 들어주고 위로해주면서, 때로는 같이 밥도 먹고 운동도 하면서 정말 친동생처럼 상담했고, 선수들이 겪는 많은 문제들이 상당히 고쳐졌다. 어려서 상담을 못 할 것이라는 주변의 걱정과 달리 젊음이 오히려 나의 가장 큰 장점이 된 것이다.

어느덧 되돌아보니 '나는 올해 안에 100명의 운동선수들을 만나 EFT로 치유한다'는 확언이 1년도 안 되어 나도 모르게 이루어져 있었다. 2017년 여름에는 부산시 사격연맹에서 2박 3일 동안 사격 EFT 강의를 한 적이 있는데, 부산에 있는 초등학교부터 국가대표까지 거의 모든 사격 선수들을 만날 수 있었고, 그 인원만 해도 100명이 충분히 넘었다. 이렇게 난 EFT 스포츠 코치가 되었고, 현재는 EFT스포츠심리센터를 운영하며 다양한 분야의 운동선수들을 치유하고 있다.

PART 2

무엇이 선수들을
힘들게 하는가?

E motional

F reedom

T echniques

나는 EFT 스포츠 코치를 하면서 정말 안 가본 곳이 없을 정도로 대한민국 곳곳을 다녔다. 선수들이 운동하고 시합하는 곳에 가서 선수들이 어떤 문제를 겪고 있는지 두 눈으로 직접 확인하고 싶었기 때문이다. 그래서 선수들이 겪는 말 못 할 다양한 괴로움을 생생하게 목격할 수 있었다.

01

부상, 통증, 재활 및
이와 관련된 스트레스

진단도 치료도 안 되는 각종 통증

먼저 병원 검사상 이상 없는 통증이나 잘 낫지 않는 증상으로 힘들어하는 선수들에 대해서 이야기하고 싶다. 많은 선수들이 부상과 통증을 호소하며 병원으로 향한다. CT나 MRI로 검사하지만 별다른 원인을 발견하지 못한다. 그래서 진통제나 물리치료를 받고 다시 현장에 복귀하지만 계속되는 통증으로 제대로 된 기량을 발휘하지 못한다. 몇몇 선수들은 재활 훈련을 통해 손상된 조직을 풀고 부족한 근력을 채우는 운동을 한다. 시간이 지나 복귀하지만 상당수는 재발하는 통증 때문에 심한 괴로움을 겪는다.

"아무 이상이 없다는데 공 던질 때마다 어깨가 아파서 너무 힘듭니다. 남들보다 그렇게 많이 던지지도 않는데 불쑥 찾아오는 끊어질 것 같은 통증 때문에 너무 괴로워요."

— 프로야구 선수

"허리가 너무 아파요. 병원에서 검사했는데 별 이상은 없었습니다. 물리치료 받고 충분히 쉬는데도 아픈 허리 때문에 시즌 중에 너무 고생해요."

- 골프 선수

"고관절이 항상 쑤시고 아픕니다. 병원에선 그냥 쉬라고만 하는데 마냥 그럴 수만은 없잖아요. 그래서 통증을 숙명이라 생각하고 참고 삽니다."

- 역도 선수

"항상 허리가 아프고 찢어질 듯한 통증으로 힘듭니다. 그런데 검사나 물리치료를 받아도 별 이상이 없대요. 그래서 그냥 약 먹어가며 아플 땐 쉬면서 하고 있습니다."

- 사격 선수

"이제는 진통제도 듣지 않습니다. 소용이 없어요. 그래서 여기저기 아파도 그냥 이 악물고 참고 합니다. 다들 그런걸요."   - 보디빌더

"무릎이 너무 아파요. 그래서 제대로 발돋움할 수 없어요. 병원에서 계속 주사 맞고 약 처방 받는데도 앞으로 다가올 시험만 생각하면 통증이 더 커지는 것 같아요."

- 체대 입시생

특히 내가 많이 만났던 야구 선수들의 통증에 대해서 한번 살펴보자. 점점 더 많은 야구 선수들이 토미 존 수술(팔꿈치 내측 측부 인대 재건술)을 받고 있다. 토미 존Thomas Edward John은 미국의 메이저리그에서 훌륭한 활약을 펼친 좌완 투수였다. 토미 존은 팔꿈치 안쪽의 심각한 통증으로 선수 생활의 위기를 맞았고, 당시 그런 팔꿈치의 부상은 선수 생명에 사망 선

고나 다름없었다. 그런데 소속 팀 다저스의 주치의 프랭크 조브^{Frank Jobe}가 다른 건강한 팔 부위의 힘줄을 떼내어 부상 부위에 옮겨 심는 수술을 제안했다. 그렇게 토미 존은 수술대에 올랐고, 재활을 거쳐 마운드에 복귀한 후 은퇴할 때까지 13년간 무려 160승 이상을 거둘 정도로 대활약을 했다. 이후에 이것은 토미 존 수술이라 불렸고, 많은 선수들이 이 수술로 선수 생명을 연장할 수 있었다. 최근에는 메이저리그 투수 중 25% 이상이 이 토미 존 수술을 받은 것으로 집계되었고, 그 연령도 점점 더 어려지고 있다. 우리나라도 마찬가지다. 온몸을 써야 하는 야구선수들은 이것뿐만 아니라 어깨, 손목, 허리 등에 각종 치료를 받으면서 간신히 선수 생명을 이어 나가고 있었다.

그런데 진짜 문제는 수술 이후다. 최근 토미 존 수술은 성공 확률이 95% 이상이며, 검사상으로도 수술은 매우 잘된 경우가 많다. 하지만 꽤 많은 선수가 운동장에 복귀해서도 관련 부위에 통증을 느끼고 힘들어하고 있다. 그런 선수들을 만나면 항상 이런 말을 한다.

"병원에서 검사하면 수술이 더할 나위 없이 성공적이랍니다. 충분히 재활하고 복귀했는데도 통증 때문에 제대로 던지지 못하겠어요."
– 대학교 투수

"아들이 항상 팔꿈치가 아리고 아프답니다. 팔꿈치 관련 수술을 두 번이나 했어요. 이제 더 이상 수술하면 선수 인생 끝날 것 같아서 아파도 참고 하라고 합니다."
– 고등학교 투수 아버지

"1년을 통으로 쉬었어요. 수술도 잘되고 재활도 성실하게 했습니다. 그런데 다시 복귀해서 던지려고 하니 팔꿈치가 계속 아프고 쓰라립니다."

- 고등학교 포수

이뿐만 아니라 나는 눈에 공을 맞아 심한 안와골절을 당한 야구 선수들을 많이 만났다. 그들은 수술과 충분한 휴식 기간을 보내고 다시 운동장에 돌아온다. 그런데 평소에는 괜찮다가 타석에 들어서거나 수비만 하면 공에 맞은 부위가 시리고 아려오는 통증이 느껴진다는 것이다.

"평소에는 괜찮아요. 그런데 방망이 들고 타석에 들어가서 투수를 바라보는 순간 마치 공에 맞은 그때처럼 수술한 부위가 부풀어 오르는 것처럼 아리고 후끈거립니다."

- 중학교 타자

"공이 땅볼로 와서 불규칙 바운드가 되려는 순간 공을 맞았던 부위가 불같이 타오르고 아프기 시작합니다. 그래서 이후에 제대로 수비를 못 해요."

- 고등학교 내야수

"실제 통증은 없어요. 그런데 맞은 부위가 계속 의식이 되고 마치 통증이 다시 생길 것처럼 느껴집니다. 그래서 너무 불안하고 수비도 제대로 못 하겠어요. 뜬공에 맞을까 봐 공을 끝까지 쳐다보지도 못합니다."

- 고등학교 외야수

또한 잘 낫지 않는 관절 부위의 통증으로 힘들어하는 선수들이 많다. 특히 손목, 손가락, 발목, 발가락 통증 등이 많다.

"그냥 쉬는 것밖에 답이 없대요. 그래서 충분히 쉬었어요. 그런데 채를 돌릴 때마다 손목이 아려서 제대로 임팩트*를 못 하겠습니다. 벌써 몇 년째 아픈데 그러려니 하고 운동하고 있어요." — 골프 선수

"예전에 공을 잡다가 손가락이 부러진 적이 있습니다. 뼈를 붙이 느라 정말 오래 깁스하고 쉬었어요. 평소에는 괜찮다가 춥거나 습기 가 많아지면 그 부위가 아리고 다시 아프기 시작합니다. 그래서 공 도 제대로 못 잡고 실수가 반복되니 결국엔 방출당하고 운동을 그만 두었어요." — 은퇴한 야구 선수

"고질적인 손목 통증 때문에 일본까지 가서 치료받고 있어요. 검 사해도 별 이상이 없습니다. 평소엔 괜찮다가도 시합 몇 번 뛰고 나 면 다시 아리고 끊어질 것 같아서 정말 미치겠습니다." — 고등학교 야구 선수

"손목과 어깨를 한 번 삐끗했는데 그게 벌써 몇 년 전이에요. 그 이후로 관련 부위가 아파서 밀어 올리는 운동을 제대로 할 수가 없 습니다. 온갖 치료를 다 해봐도 잘 안 나아요." — 피트니스 트레이너

"발목을 한 번 접질렸는데, 그 이후로 도통 낫질 않습니다. 그래서 스쿼을 제대로 못 해요." — 피트니스 트레이너

---

* 공이 채에 맞는 순간 또는 채로 공을 맞히는 것.

이렇게 나는 병원 소견상 별 이상이 없는데도 통증으로 힘들어하는 선수들을 현장에서 너무나도 많이 봤다. 물리치료, 약물치료, 수술 이후 재활 과정에서 많은 선수들이 원인도 모른 채 통증으로 힘들어하면서 제대로 된 기량을 발휘하지 못한다. 그래서 수많은 선수들이 중도 탈락한다. 제대로 관리를 받지 못하는 학생 엘리트 체육 현장은 그 정도가 더욱 심하다. 그런 선수들을 지도자들이 제대로 이해해주는 경우도 거의 없다. 그러다 보니 선수들은 어디에서도 큰 도움을 받지 못하고 무작정 참는 경우가 대부분이다.

아파도 쉬지 못하는 선수들

TV에 나오는 억대 연봉의 1군 프로 선수들은 구단 차원에서 몸 관리가 잘 이루어진다. 아프거나 컨디션에 이상이 오면 팀 닥터나 트레이너에게 진단받고 몸 상태가 되돌아올 때까지 치료와 휴식기를 가진다. 하지만 내가 주로 만나는 프로 2군, 3군이나 학생 선수들은 대부분 그러지 못했다. 조금이라도 좋은 모습을 보여줘야 하기에 작은 기회만 주어져도 몸을 바쳐 경기해야만 한다. 또한 선수 수급에 문제를 겪고 있는 학교에서는 아파도 눈치 보며 뛰어야만 하는 선수들이 너무나도 많다.

"대학교 졸업 후 프로에 들어가자마자 1군 전지훈련에 가게 되었습니다. 다들 제가 어떻게 플레이하나 유심히 관찰하고 있었어요. 좋은 모습을 보여줘야만 엔트리에 들어갈 수 있었습니다. 당시 어깨가 많이 안 좋았는데, 그런 통증을 신경 쓸 여력이 없었습니다. 무조건 공을 빠르고 세게 던졌고, 과감하게 슬라이딩도 하면서 최선을 다해 플레이했습니다. 그러면서 가까스로 1군에 데뷔했는데, 몇 경기도 못 뛰고 완전히 망가진 어깨 때문에 5년이 지난 지금까지도 재활과 복귀를 반복하고 있습니다. 또 어깨가 아프다 보니 송구 폼도 이상해졌어요. 이제는 입스로까지 발전된 것 같아 설상가상으로 너무 힘이 듭니다."

- 외야수, 프로 선수

"어깨가 너무 아프고 가만있어도 후끈거립니다. 회전근개가 많이 찢어져 병원에서는 무조건 휴식을 취하라고 합니다. 그런데 고3 성적이 그대로 대학 입시에 반영되니까 마냥 쉴 수만은 없어요. 아파도 시즌 끝날 때까지는 무조건 참고 해야 합니다."

- 고3 투수

"투수들이 다 다치고 재활 중이라 아파도 참고 던져야만 했어요. 그러다 보니 팔꿈치 인대가 남아나질 않습니다. 이제는 가만히 있을 때도 팔을 끝까지 못 펴겠어요."

- 고3 투수

"학교에서 중요한 대회는 에이스들을 위주로 경기를 내보냅니다. 성적을 내야 하니까요. 제가 나름 잘 던지다 보니 아파도 말도 못 하고 참고 던져야만 했어요. 그렇게 시즌이 끝나 검사해보니 인대의 80%가 끊어져 수술하라고 하네요."

- 고3 투수

"손목이 너무 아파요. 병원 가니 수술해야 한다고 합니다. 그런데 감독님이 시즌 끝날 때까지 조금만 참고 하라고 해서 억지로 뛰고 있습니다. 3학년에 포수가 저밖에 없거든요. 그렇게 아파도 무조건

참으면서 하다 보니 정말 이제는 손목을 제대로 쓸 수 없을 정도가
되어 선수 생활을 계속할 수 있을까 두렵습니다."   − 고3 포수

"팔이 아파서 정말 힘들었습니다. 그런데 저 아니면 제 포지션에
마땅히 뛸 선수가 없었어요. 제가 나름 잘하기도 했고. 그래서 전국
대회가 다가오면 밤 12시까지 이어지는 훈련을 따라가야 했습니다.
아프다고 말하면 정신력이 약해서 그런다고 오히려 코치님한테 혼
만 납니다. 그러다 공을 못 잡을 정도로 너무 아파서 병원 가서 검사
해보니 팔꿈치 인대가 다 끊어졌대요. 그래서 수술하고 어쩔 수 없
이 유급해야만 했습니다."   − 고3 포수

이렇게 많은 선수들이 제대로 휴식도 못 하고 훈련에만 매진하고 있었
다. 병원에서는 손상 부위가 악화될 것을 우려해 무조건적인 휴식을 권
고한다. 하지만 단기간에 성적을 내야 하는 학교와 프로 입단이나 대학
입시가 걸려 있는 선수들 입장에서는 마냥 그럴 수만은 없는 게 현실이
다. 특히 야구에서는 고3 성적이 입시에 결정적인 역할을 하기 때문에 2
학년 때까지 정말 잘했던 선수가 3학년에 올라와 단 1번의 부상으로 대
학과 프로가 모두 물거품이 되는 경우가 허다했다. 그래서 아파도 참고
해야 하는 경우가 대부분이다.

재활하는 동안 감정 조절이 안 되는 선수들

나날이 발전하는 의학 기술로 수술을 잘 받더라도 선수들은 기나긴 재

활 과정을 거치면서 심한 스트레스를 받는다. 야구 선수들은 토미 존 수술이나 어깨 수술 이후 재활 과정에서 심한 두려움을 느낀다. 축구나 배구, 농구, 격투기 등 각종 종목에서 인대 파열이나 골절 등을 겪는 선수들도 마찬가지다. 아무리 정신력이 강한 선수라도 약 1년간의 재활 과정에서 흔들리지 않는 경우는 거의 없다. 고질적 만성 통증 때문에 심한 감정 기복을 겪는 선수들도 많다.

"내가 다시 잘 던질 수 있을까 두려워서 잠도 잘 못 잡니다."

- 야구 선수

"어깨가 한번 빠지기 시작하면 계속 탈골된다는 주변의 말 때문에 너무 불안합니다."

- 야구 선수

"주변에 수술하고 제 기량을 회복하지 못해 결국 은퇴하는 선수들을 많이 봤습니다. 저도 그렇게 될까 봐 정말 무섭고 두렵습니다."

- 야구 선수

"아플 때마다 정말 다 때려치우고 싶을 만큼 감정 기복이 심합니다. 매번 참을 수도 없고, 통증도 점점 더 심해질 것 같아서 미칠 것 같아요."

- 야구 선수

"주변에 십자인대가 끊어지고 통증으로 고생하다 결국엔 운동을 그만둔 선수들이 많아요. 내가 과연 잘 해낼 수 있을까 싶어서 정말 힘듭니다."

- 축구 선수

"아플 때마다 정말 짜증나고 답답합니다. 정확히 조준을 해야 하는데 통증 때문에 집중이 안 됩니다. 아픈 건 둘째치고 감정 조절이 안 돼서 총을 제대로 쏠 수가 없어요."

- 사격 선수

"통증을 항상 참고 사니까 이제 슬슬 한계가 옵니다. 내가 어디까지 참아야 하나 가슴이 답답하고 숨도 제대로 안 쉬어질 때도 있어요."

- 레슬링 선수

"매번 여기저기가 아픕니다. 아파도 참고 해야 하는 게 운동선수의 숙명이잖아요. 짜증나고 답답해도 하는 수 없이 참고 합니다. 통증은 정말 진절머리가 나요. 점점 나이가 드니 이제는 통증을 참는데도 한계가 옵니다."

- 역도 선수

"운동을 하면서 제 정신력의 반 이상은 통증을 참는 데 쓰입니다."

- 보디빌더

거의 대부분의 운동선수들이 통증을 억지로 참는 데 엄청난 에너지를 쓴다. 재활 과정에서 복귀가 점점 다가오면서 불안과 두려움이 증폭되어 잠도 잘 못 자는 선수들도 많다. 그 과정에서 포기하고 은퇴하는 선수들도 수두룩하다. 물론 일정한 부위를 과다 사용하는 운동선수들에게 통증은 피할 수 없는 숙명이다. 하지만 이것 때문에 엄청난 감정 기복을 겪으며 운동에 제대로 집중을 못 하는 경우가 많다. 성격이 상당히 예민해지고, 선배인 경우 그 스트레스가 후배 팀원들에게 전이되는 경우도 많다. 또한 아픈 부위에 짜증을 내다가 자신을 원망하고 비난하는 것이 습관이 된 선수들도 상당수다. 그런 선수들이 은퇴하고 지도자가 되어 그 습관을 제자들에게 그대로 물려준다. 자신을 아끼고 사랑하는 법을 알려주지 않고 이렇게 윽박지른다. "아픈 건 정신력이 약해서 그래. 그냥 참으면서 해. 그 통증 때문에 포기해? 우리 땐 다 참으면서 했어. 나약해 빠져서 어떻게 성공할래?"

재발의 두려움과 부상 당시의 생생한 트라우마

물론 많은 선수들이 수술과 재활 훈련으로 완전히 치유되고 예전보다 더 나은 기량을 발휘한다. 심지어 토미 존 수술을 하면 구속이 오른다는 이야기가 나돌기도 한다. 하지만 통증 자체는 많이 줄어도 그 두려움은 잘 치유되지 못한다. 같은 부위에 또 부상을 당할까 봐 늘 두려워한다.

"토미 존 수술도 잘 되고 통증도 거의 없어요. 그런데 또 인대가 끊어지면 어떡하나 두렵고 무서워서 팔을 끝까지 못 펴겠어요."

– 투수

"팔이 한번 빠지기 시작하니까 이후에 또 빠질까 봐 제대로 슬라이딩을 못 하겠습니다."

– 야수

"안와골절되고 나아서 이제 통증은 없어요. 그런데 저도 모르게 타석에 들어서면 또 맞을까 봐 무의식적으로 발이 빠지고 밸런스가 무너집니다. 공이 너무 무서워요."

– 타자

"격투기 하면서 정강이뼈가 골절됐어요. 그 뒤로 또 그럴까 봐 무서워서 발차기를 제대로 못 합니다." - 격투기 선수

"전방 십자인대가 파열되고 10개월 동안 재활에만 매달렸어요. 이제 통증도 거의 사라졌습니다. 그래도 또 끊어지면 어떡하나 무서워 공을 제대로 힘을 주고 못 차겠어요." - 축구 선수

"무릎 부상 이후 점프가 너무 두렵습니다." - 농구 선수, 배구 선수

이렇게 선수들이 부상 이후 복귀할 때 두려움을 느끼는 가장 큰 이유는 바로 부상 당시의 생생한 기억 때문이다. 두려워서 제대로 플레이를 하지 못하는 선수들은 다음과 같이 대답했다.

"인대가 끊어질 당시의 '탕' 하는 소리를 잊을 수가 없어요. 그 자리에서 바로 주저앉았는데, 그 통증이 너무 생생합니다."

- 십자인대가 파열된 선수

"타이어가 끊어지는 듯한 그 소리를 정말 잊을 수 없습니다."

- 햄스트링이 파열된 선수

"또 끊어질 듯이 아플까 봐 저도 모르게 팔을 끝까지 못 뻗겠어요."

- 토미 존 수술 받은 선수

"공이 눈에 맞는 순간의 그 아찔함만 생각하면 자다가도 심장이

두근거립니다."
- 안와골절된 선수

"머리에 공을 맞고 응급실에 실려 갈 때 본 그 구급차 모습을 잊을 수가 없어요."
- 뇌진탕 겪은 선수

"제 정강이가 상대 무릎에 맞고 부러졌을 때의 그 통증은 평생 잊지 못합니다."
- 정강이뼈 골절 선수

"정신력이 약하다고 억지로 무게를 들 때 딱 하며 회전근개가 심하게 찢어졌던 당시 느낌이 너무 괴롭습니다."
- 회전근개 파열 선수

"발목이 몇 번 심하게 접질리니 제대로 착지를 못 하겠습니다."
- 습관성 발목 염좌 선수

"허리 다쳤을 때가 생생하게 기억나 두려워서 제대로 낙법을 못 해요."
- 레슬링 선수

"무릎 다쳤을 때가 너무 생생하게 떠올라 멀리뛰기 시험을 못 보겠어요."
- 체대 입시생

"선수들이 다쳤을 때의 기억 때문에 제대로 착지를 못 합니다. 어떻게 해야 할까요?"
- 체조 코치

이렇듯 부상으로 고생하는 많은 선수들이 부상 당시의 생생한 기억을 잊을 수 없다는 이야기를 많이 한다. 인대가 끊어지는 소리, 관절이 꺾이는 느낌, 얼굴에 공을 맞았을 때의 아찔함, 뼈가 부러지는 느낌 등. 당시의 아찔했던 순간이 너무나도 깊이 무의식에 각인되었고, 자기도 모르게 무의식적으로 몸이 반응했다. 그러다 보니 자신의 기량을 펼치지 못하고, 점점 도태되거나 심한 슬럼프를 겪는 선수들이 많았다. 물론 시간이 지나면서 자연스레 잊고 복귀하는 선수들도 있었지만, 비슷한 상황과 통증을 계속해서 겪었던 선수들은 그 두려움이 완전히 만성화되어 몸이 무의식적으로 반응하고 있었다. 이 선수들의 두려움은 지도자들도 치유할 수 없었고 약도 없다. 그래서 주변에서는 선수들 스스로가 이겨내야 한다고만 말한다. 선수들도 어떻게든 이런 증상들을 극복하려고 하지만, 몸이 말을 듣지 않아 정말 많은 괴로움을 호소하고 있었다.

02

각종 컨디션 난조 증상과
스포츠 트라우마와 기타 심리적 문제

각종 입스와 감각 이상 및 컨디션 난조 증상

"주위에서 저한테 하는 말의 의도는 잘 알고 있어요. 어떤 방향으로 마음을 먹어야 할지 저도 잘 알아요. '긍정적인 것에만 집중하고 부정적인 것은 털어버려라. 과거는 잊고 현재와 미래의 목표에만 집중해라. 호흡에 집중해라.' 그런데 마운드에만 올라가면 심장이 미친 듯이 두근거리고 몸이 내 맘대로 움직이지 않아요. 머리로는 수백 번 괜찮다고 외쳐도 손이 말려 들어가는 이 느낌은 어떻게 해야 되는지 도저히 모르겠습니다. 폭투했던 기억이나 트라우마가 계속 떠올라서 정말 괴롭고 힘들어요. 제발 구체적인 방법 좀 알려주세요. 뻔히 다 아는 소리만 하지 말고요!"

한 선수가 이렇게 절규했다. 선수들은 구체적인 도구가 필요하다. 단순히 명상하거나 호흡에 집중하거나 긍정적인 생각을 하는 것만으로는 입스 같은 감각 이상 증세를 극복하는 데 한계가 있다. 실제로 엘리트 체육을 하고 있는 어린 선수들뿐만 아니라 전문적인 프로 선수들도 부정적 감정을 풀어낼 구체적인 방법을 몰라 힘들어했다. 관련 지도자들은 선수들의 이런 문제를 이해해주지 못하는 경우도 많았고, 알아도 해결할 방법이 없어 지도하는 데 많은 스트레스를 받고 있었다. 그렇다면 이들은 구체적으로 어떤 문제를 겪고 있을까?

시합 긴장감

많은 선수들이 연습할 때의 실력을 실전에서 발휘하지 못한다. 가장 큰 원인은 바로 시합 긴장감이다. 실수에 대한 불안함으로 몸이 경직되고 둔해지면서 평소의 경기력을 제대로 발휘하지 못하는 것이다.

"연습 때는 공이 정말 잘 나갑니다. 그런데 마운드에만 올라가면 온몸이 떨리면서 경직돼요. 그래서 평소의 내 모습은 온데간데없고 이상한 공만 던지다가 내려옵니다."　　　　　　　　　－ 야구 선수

"하루 10시간이 넘게 연습해도 막상 시합만 하면 어이없는 실수를 연발하니 정말 좌절감이 들고 다 그만두고 싶습니다."　　　－ 야구 선수

"연습할 때는 스윙도 부드럽고 공도 잘 맞아요. 그런데 시합이 시작되는 순간부터 모든 게 무겁게 느껴지고 불안합니다. 그래서 어이없는 미스 샷으로 예선 탈락하기 일쑤예요."　　　　　　　－ 골프 선수

"시합만 하면 다리가 덜덜 떨려서 조준이 안 돼요."　　　　－ 사격 선수

"잘못 쏠 것 같은 불안 때문에 집중할 수가 없습니다." – 양궁 선수

"연습 게임엔 잘해요. 그런데 시합 휘슬이 울리는 순간부터 어떻게 공격하고 수비해야 하는지 모르겠고, 머릿속이 하얘지고 눈앞이 깜깜해집니다." – 전직 유도 선수

누구나 실전에서는 긴장하기 마련이다. 그래서 아무리 성실히 연습하고 노력해도 시합의 압박감을 이겨내지 못해 많은 선수들이 좌절감을 겪고 있다. 무엇보다 선수들은 그것을 어떻게 풀어내야 하는지 방법을 몰라 힘들어하고 있다.

입스가 심각하고 너무 많다

현장에서 선수들을 보면서 깜짝 놀란 사실이 있다. 그것은 바로 수많은 선수들이 자신의 의지와는 다르게 가장 많이 쓰는 부위(손, 손가락, 팔, 어깨, 다리 등)에서 이상 감각을 느낀다는 것이다. 이를 입스라고 한다. 입스는 대표적인 멘탈 스포츠인 골프에서 유래된 용어다. 선수가 스윙을 하기 전 실수할까 봐 불안해서 제대로 스윙하지 못하는 증상을 일컫는 말이다. 구체적으로 설명하면 가까운 거리의 퍼팅을 못할까 봐 공을 때리는 순간에 손 감각이 이상해진다. 또한 어프로치, 아이언, 드라이브를 할 때 백스윙이나 다운스윙의 느낌이 느껴지지 않아 제대로 채를 휘두르지 못한다. 이런 선수들은 '잘못 칠 것 같은' 마음이 가득했고, 이런 불안이 시간이 지날수록 서서히 손과 팔의 감각에 영향을 주고 있었다. 통계상 골프 선수 3~4명 중 1명 정도는 이런 입스 증상을 경험하는 것으로

알려져 있고, 선수들은 이런 입스 증상을 사실상 불치병으로 여긴다. 세계적인 선수들조차도 한동안 긴 슬럼프를 겪고, 온갖 방법을 다 동원해도 극복하지 못해 은퇴하는 경우도 많다.

실제로 현장에선 통증과 부상보다 이런 입스 또는 감각 이상 증세로 고생하고 있는 선수들이 더욱 많다는 사실에 나는 적잖이 충격을 받았다. 언론 기사나 책, 논문 등에 나오는 입스 관련 증상은 빙산의 일각이었다. TV에 나오는 유명 선수보다 엘리트 체육을 하고 있는 어린 아마추어나 프로 2군이나 3군 선수들에게서 그것은 더욱 다양하고 심각하게 나타났다. 자신의 잠재력을 제대로 발휘해보지도 못하고 이런 증상으로 억울하게 운동장을 떠나는 유망주들이 너무나도 많았다. 그들은 힘이나 체력, 기술 면에서 유명 선수들에 비해 전혀 뒤떨어지지도 않았다.

사실 입스는 기존에 연구된 자료도 별로 없고, 그 정의도 불분명했다. 선수들마다 증상과 정도가 너무나도 천차만별이기 때문이다. 그래서 나는 '입스에 걸렸다'는 표현보다는 각자의 심리적 문제가 운동할 때 주로 쓰는 부위에 감각 이상 증세로 나타난다고 말하고 싶다. 무엇이 입스인지 아닌지가 중요한 것이 아니라 선수의 무의식의 불안이 어떻게 신체와 경기력에 영향을 주는지, 제대로 된 치료법이 없어 선수들이 어떤 시련을 겪는지, 또한 그 실태가 스포츠 전반에서 얼마나 심각한지 말하고 싶다. 먼저 골프부터 살펴보자.

골프

내가 만난 여러 골프 선수들은 각자 나름의 심리적인 불안과 감각 이상 증세를 나타냈다. 드라이브에 대한 심한 불안 증세로 고생하고 있는 선수들은 다음과 같은 양상을 보였다.

"티박스(드라이브를 치는 공간)에서 내 차례를 기다리는 순간부터 머리가 하얘지고 가슴이 미친 듯이 뛰기 시작합니다."

"자세를 잡는 순간부터 드라이버를 어떻게 휘둘러야 할지 도저히 감이 오질 않습니다."

"드라이버가 무겁게 느껴지기도 하고, 마치 물에서 스윙을 하는 것처럼 맘대로 휘두를 수가 없어요."

"백스윙 탑(스윙하기 전에 몸통과 팔을 최대한 뒤로 젖혀 골프채를 잡는 동작)에서 헤드를 누가 잡고 있는 것처럼 느껴져서 도저히 밑으로 다운 스윙할 수가 없습니다."

"드라이브를 치고 난 다음에는 내가 도대체 어떻게 쳤나 기억이 나질 않습니다. 마치 빨리 감기를 해버린 것처럼 그 과정이 순간적으로 지워져버리는 것 같아요."

"첫 샷 드라이브부터 미스 샷이 나고 오비(플레이 금지 구역으로, 공이 여기에 들어가면 벌타를 받는다)가 나서 정말 미칠 것 같아요. 감정 조절도 안 돼서 경기 전체를 망친 적이 정말 많습니다."

"드라이브 입스를 3년 동안 앓고 있습니다. 이걸 고치려 온갖 짓을 다 해봤는데, 정말 나아지지도 않고 갈수록 스윙 감각이 무뎌집니다."

"이제는 경기 며칠 전부터 밥도 못 먹고 소화도 안 됩니다. 티박스에 어떻게 올라가야 하나, 말도 안 되는 샷에 갤러리(관중)들이 이상하게 쳐다보면 어떡하나 하는 걱정에 잠도 못 잘 만큼 경기 전날에는 악몽에 시달리면서 항상 피곤한 상태로 플레이를 합니다."

아이언이나 어프로치나 퍼팅의 문제를 겪고 있는 선수들도 비슷한 양상으로 힘들어했다. 특히 무의식적으로 일어나는 경련 증상이 많았다.

"퍼팅을 하려는 순간 저도 모르게 손과 팔, 어깨가 화들짝 놀라면서 제대로 스트로크를 할 수가 없습니다. 먼 거리는 괜찮은데 특히 가까운 거리가 그래요. 이것 때문에 지금 그만두기 직전입니다."

"퍼팅하는데 팔이 너무 무겁고 마비된 것처럼 잘 움직여지지가 않아요."

"손가락에 감각이 사라져서 힘 조절을 못 하겠어요. 연습 땐 괜찮은데 시합만 가면 그래요. 정말 미칠 것 같습니다."

"샷을 하는 순간 가슴이 철렁 내려앉으면서 심한 공포감이 옵니다. 어떤 때는 숨도 잘 안 쉬어져요."

"어프로치를 어떻게 쳐야 할지 도저히 감이 안 와요. 특히 맞는 순간 저도 모르게 근육이 깜짝 놀라면서 어이없는 샷을 합니다."

"아이언을 치는데 공이 계속 땅에 파묻혀 보여요. 그래서 정확하게 임팩트가 잘 안 됩니다."

"백스윙 탑에서 소리가 나거나 누가 놀랠 것 같아서 너무 두려워요."

"사람들이 나를 보고 있다는 생각이 들면 그때부터 내가 샷을 하는 모습이 의식되고 내 팔이 아닌 것처럼 느껴집니다."

이외에도 많은 골퍼들이 다양한 양상으로 불안, 감각 이상, 경기력 난조를 겪고 있었다. 손에 감각이 사라지니 채를 제대로 휘두를 수 없어 좋은 성적을 낼 수 없는 것이다.

야구

야구에서 입스 혹은 감각 이상 증세는 골프보다 훨씬 다양하게 나타난다. 처음에는 골프가 훨씬 더 마음의 영향을 많이 받는다고 생각했는데, 야구 선수들을 만나고 나니 그 생각이 완전히 깨지게 되었다. 야구야말로 선수들의 심리적 영향이 가장 큰 종목이었다. 야구에서는 흔히 이런 입스나 감각 이상 증세를 '스티브블래스 증후군' 혹은 선수들의 은어로 '쪼당'이라 부른다. 몇 년 전에 인기리에 방영된 TVN 드라마 〈슬기로운 감빵 생활〉에서도 이 증상이 언급될 만큼 선수 생명에 치명적인 영향을 준다.

이것은 투수가 제구력이 저하되고 스트라이크를 못 던지는 현상을 일컫는데, 그 유래는 다음과 같다. 미국 메이저리그에 자신의 팀 피츠버그를 월드시리즈 우승까지 올려놓은 촉망받는 투수 스티브 블래스^{Steve Blass}가 있었다. 1972년 19승 8패, ERA(평균자책점) 2.49를 기록할 만큼 좋은 성적을 내고 있는 와중에 그는 갑자기 스트라이크를 던지지 못하는 심한 제구력 난조 현상을 보였다. 거의 대부분의 공이 볼이나 말도 안 되는 궤적의 폭투였고, 그는 결국 팀에서 방출당하고 은퇴하게 되었다. 이 과정에서 그는 정신과 치료부터 각종 정밀 검사까지 다 받아보는 등 온갖 노력을 다했지만, 끝내 이것을 고치지 못했다. 그 뒤로 투수가 이런 현상을 보이면 스티브블래스 증후군이라고 부르게 되었다.

야구 역사상 가장 이상한 기록을 가진 선수 중 한 명인 릭 앤키엘^{Rick Ankiel}도 촉망받는 투수에서 스티브블래스 증후군을 겪으며 선수 생활을 그만둘 위기를 맞았다. 내셔널리그 디비전 시리즈 1차전에서 메이저리그 역사상 1이닝 최다 폭투(5개)를 던지며 강판당한 것이다. 이후로 릭 앤키엘은 심한 제구력 저하를 보였고, 부상까지 겹치며 결국 투수를 그만둘 수밖에 없었다. 후에 몇 년간의 슬럼프를 겪으며 타자로 전향해 큰 성공을 거두었지만, 메이저리그의 유망주 1순위로 지목될 만큼 뛰어난 실력을 보이던 그가 20대 초반의 창창하던 나이에 투수를 그만둘 수밖에 없었던 이유도 바로 이 스티브블래스 증후군 때문이었다.

우리나라의 많은 야구 선수들도 이 증상을 겪고 있다. 대표적으로 프로 1군에서 뛰어난 성적을 거두었던 홍성흔, 김재환, 조윤준, 유창식, 박민우, 정근우 등 수많은 선수들이 스티브블래스 증후군과 비슷한 송구 불안 문제를 겪었다. 그중 대부분이 제대로 고치지 못하고 포지션을 변경하거나 오랜 기간 힘든 슬럼프를 겪었다.

알려진 유명 선수들뿐만 아니라 1군에 올라오지 못한 2·3군 선수들, 프로에 들어오지 못한 독립리그 선수들, 그리고 엘리트 체육 현장의 수많은 중·고교 선수들은 이보다 훨씬 다양하고 심각한 불안 증세를 보이고 있었다. 한 논문*에 따르면, 고교 야구 선수 3명 중 2명이 이런 입스 증상을 겪었거나 현재 가지고 있다고 한다. 내가 보고 겪은 그들의 증상을 포지션별로 살펴보자. 우선 투수들의 불안 증세다.

"근 2년 동안 스트라이크를 던져본 적이 없어요. 어떻게 가운데로 던져야 할지 모르겠습니다."

"공이 손에서 빠지고 폭투가 난발합니다. 갑자기 제구력이 이렇게 되니 정말 미치겠네요."

"폭투나 데드볼이 한 번 나오기 시작하면 걷잡을 수 없이 제구력

---

* 최건용·채환국, 〈융복합을 활용한 고교 야구 선수의 입스 경험과 대처 방법에 대한 현상적 분석〉, 《디지털융복합연구》 제14권 제11호, 2016. 11.

이 무너져요. 손과 팔에 힘도 빠지고 호흡도 빨라지고 제대로 던질 수 없다는 두려움이 엄습합니다."

"실컷 잘 던지다가 주자가 차기 시작하면 손가락에 감각이 사라지고 팔이 안으로 말려 들어가는 느낌이 들어 정말 힘들어요. 갑자기 찾아오는 부담감과 압박감을 몸이 도저히 이겨낼 수가 없습니다."

"내 팔이 아닌 것처럼 느껴져서 너무 답답하고 불안합니다."

"1루에 견제구를 던지는 게 너무 어려워요. 특히 타자가 친 공을 잡고 가까운 거리로 던지는 게 너무 불안하고 아찔하게 느껴집니다."

"폼을 계속 지적받다 보니 제 폼이 사라졌어요. 던지는 내 모습이 계속 의식되고 어떻게 던져야 할지 막막합니다."

"고3에 갑자기 찾아온 제구력 저하 때문에 성적이 급락했어요. 프로는커녕 대학도 못 갈 것 같아서 그냥 그만두고 싶은 마음뿐입니다."

이번에는 포수들의 문제점을 살펴보자. 나는 개인적으로 포수들의 입스 증상을 접하면서 또 많은 충격을 받았다. 너무나도 당연한 송구를 못하는 포수들이 꽤 많았기 때문이다. 특히 투수에게 공을 제대로 돌려주지 못하는 포수들이 많았다.

"투수에게 공을 제대로 던질 수가 없어요."

"포수석에 앉아 투수가 보이는 배경을 보는 순간 공을 어떻게 던져야 할지 몰라 막막합니다."

"공을 잡는 순간 손가락이 다 붙어 있는 것처럼 감각이 사라집니다. 팔도 들지 못하겠고, 특히 공이 손에서 빠지는 순간 가슴이 철렁 내려앉으면서 심한 공포감이 듭니다."

"공을 돌려주면서 투수 키를 넘기거나 공을 땅에 패대기칠 때면 정말 다 그만두고 숨고 싶습니다. 선수가 이런 것도 제대로 못 하다니 정말 부끄럽고 수치스러워요."

"제 아들이 블로킹 능력도 좋고, 투수를 편안하게 리드하는 능력이 뛰어납니다. 어깨도 강해서 도루 저지율도 아주 좋아요. 거기다 공을 보는 동체시력도 좋아서 타율도 높고, 강한 힘과 유연성에서 나오는 장타도 일품입니다. 주변에서도 무조건 프로에 입단할 거라고 생각했는데, 드래프트 전에 갑자기 투수한테 공을 돌려주지 못하는 입스 증상이 찾아와서 모든 것이 물거품이 되었습니다. 10년 넘게 아들을 뒷바라지했는데, 이 증상으로 한순간에 야구를 그만둘 위기에 빠져서 힘들어하는 모습을 보니 마음이 너무 아픕니다."

예전에 KBS의 〈해피투게더〉란 티비 프로그램에 나온 전 두산 베어스 홍성흔 선수도 이런 말을 한 적이 있다. "어느 날 갑자기 투수한테 공을 어떻게 던져야 할지 몰라 크게 당황했습니다. 마치 밥을 숟가락에 떠서 입에 넣어야 하는데 어떻게 넣어야 하는지 모르는 것처럼, 너무 당연한 공을 못 던지니 더 이상 포수를 할 수 없어 결국 포지션을 변경했습니다. 그때 이 증상을 극복하려고 손에 피가 나도록 연습했는데, 오히려 그런 강박이 증상을 더욱 심화했습니다. 이게 스티브블래스 증후군이라는 것인데, 국내에 이 증상으로 고생하는 야구 선수들이 너무 많아요. 저도 그땐 정말 가족이 없었다면 버티지 못했을 거예요." 이런 증상을 겪는 포수들이 의외로 많다. 방출이나 탈락에 대한 두려움 때문에 혼자 숨기고 인내하는 경우도 많다.

이번에는 내·외야수들의 입스 증상을 살펴보자. 특히 공을 잡고 가까운 거리로 정확하게 송구해야 하는 포지션일수록 입스 증상을 앓는 비율이 높았고, 그것은 수비와 타격 등 다른 경기력에까지 악영향을 주었다.

"가까운 거리의 공을 제대로 던질 수가 없어요. 바로 앞에 있는 선수에게 어떻게 던져줘야 할지 모르겠습니다." — 유격수

"병살이 너무 힘들어요. 공이 계속 손에서 빠지고 잘못 던질 것 같아 너무 무섭습니다." — 유격수

"특히 런앤다운(상대팀 주자가 수비 사이에 완전히 걸렸을 때) 상황에서 공을 어떻게 살살 던져야 할지 감이 안 옵니다." — 2루수

"투수한테 받은 공을 다시 못 돌려주겠어요. 입스가 심해서 그나마 1루로 왔는데, 이제는 그마저도 불안합니다." — 1루수

"전국대회에서 뜬공을 놓친 뒤로 공이 떠서 오면 심장이 두근거리고 도저히 낙하 지점을 모르겠습니다." — 외야수

"내야 수비는 죽어도 못 하겠어요. 가까운 거리를 잘 못 던져서 주자가 다 뛰어 들어갈까 봐 제대로 손가락에 힘을 못 주겠습니다." — 외야수로 전향한 내야수

"몸을 풀려고 캐치볼 하는 순간부터 바로 앞에 있는 상대에게 어

떻게 공을 던져야 할지 너무 불안합니다. 팔이 계속 밑으로 떨어지고, 손가락에 감각이 사라져서 공을 손바닥으로 밀어 던집니다."

- 외야수

"아주 먼 거리는 그나마 괜찮아요. 그런데 중계 플레이나 가까운 거리를 던져야 하는 상황이 오면 저도 모르게 공을 땅에 패대기치거나 완전히 이상한 곳으로 던져버립니다. 팔이 안쪽으로 말려 들어가서 공이 휘어져 나가요."

- 외야수

"이런 송구 입스 때문에 정말 잠도 못 잘 만큼 스트레스가 심합니다. 그런데 이걸 아무도 이해를 안 해줘요. 코치님에게 말해도 저를 이상하게 쳐다보고 왜 너만 못 던지냐고 핀잔만 줍니다. 정말 괴롭고 힘들어요. 고치려고 손에 피가 나도록 던져도 더 심해지는 것 같아 너무 괴롭습니다. 이것 때문에 타격도 안 되고 감정 조절을 못 하겠습니다. 이제는 다 때려치우고 싶은 마음뿐입니다."

- 대학교 외야수

"프로 문턱까지 갔지만 입스 증세로 결국엔 뽑히지 못했습니다. 4년 동안 정말 잘했는데 4학년 마지막 시즌에 갑자기 송구가 불안해졌고, 온갖 방법을 다 쓰다가 결국 그만두고 입대하게 되었습니다. 그런데 전역한 지금까지도 야구 생각만 하면 정말 우울하고 힘드네요. 입스가 극복된다면 야구를 다시 하고 싶습니다."

- 대학교 외야수

"이 증상을 프로에서 은퇴할 때까지 못 고쳤습니다. 밤늦게까지 남아서 공을 그물망에 수백 개를 던지고 와도 안 고쳐지더라고요. 이런 증상이 있다고 하면 엔트리에서 빠질까 봐 말도 못 하고 혼자 극복하려 정말 애를 많이 썼습니다. 초반에는 그냥 공이 잘 안 가는 구나 생각했는데, 점점 심해지면서 도저히 공을 못 던질 정도가 되니 정말 막막하고 절망적이었습니다. 누구 하나 제대로 이해해주고 위로해주는 사람이 없어서 너무 힘들었어요. 프로인 제가 기본기나 자세가 잘못되어서 그런 것은 절대 아니었습니다. 경험한 사람 말고 는 그 고통을 절대 몰라요. 그러다 보니 점점 정신적으로 망가지기 시작했고, 부상까지 겹쳐서 정말 큰 슬럼프를 겪었습니다."

- 은퇴한 프로야구 선수

이렇게 투수, 포수, 야수에 상관없이 이런 감각 이상 증세는 야구 선수 들에게 엄청난 스트레스와 시련을 안겨주었고, 어쩔 수 없이 선수 생활을 그만두어야 하는 경우도 허다했다. 컨디션을 다 발휘해도 모자랄 판에, 손가락 감각이 사라져서 공을 제대로 못 던지는 야구 선수를 받아줄 팀 은 없기 때문이다. 그래서 선수들은 자신이 입스 증세가 있다는 것을 어 떻게든 숨기려고만 한다. 그러면서 그 증상은 점점 더 심해진다.

그리고 대부분의 야구 관계자들은 이 증상을 모르거나 알아도 주목하 지 않는다. 시중에 야구에서 특히 투수의 심리 상태가 중요한 이유를 나 열한 책이 많이 있지만, 정작 가장 중요한 이런 감각 이상 증세를 자세히 적어 놓고 해결책을 제시한 책은 거의 없다. 그래서 대다수 선수들이 이 런 증상을 어디서 위로받고 극복해야 하는지 모른다. 호흡에 집중하거나 긍정적인 생각만으로 이런 감각 이상 증세를 극복하기에는 무의식이 의 식을 압도하는 힘이 너무나도 크기 때문에 선수들에겐 구체적인 도구가 필요했다.

사격

이제 사격과 양궁 분야를 살펴보자. 위에서 살펴본 골프와 야구도 마음이 경기에 미치는 영향이 크지만, 이 두 분야야말로 선수들이 어디에도 말 못 할 심한 입스 때문에 긴 슬럼프를 겪거나 은퇴하는 경우가 압도적으로 많다. 분야도 워낙 좁은 데다가 이 선수들을 전문적으로 상담하고 치료하는 사람은 거의 없기에 많은 선수들이 심한 고통을 겪고 있었다.

먼저 사격 선수들을 살펴보자. 사격 선수들이 가장 고질적으로 힘들어하는 문제가 바로 '격발에 대한 두려움'이다. 군대를 다녀온 남자라면 잘 알 것이다. 방아쇠를 당기는 순간 사수의 미세한 떨림이나 호흡 같은 작은 움직임에도 총알은 크게 빗나간다. 이때 사수는 온몸을 고정하고 숨을 참으면서 자신이 방아쇠를 당긴 것도 모를 만큼 부드럽게 격발해야 점수가 나온다. 이때 사수가 빗나갈 것 같은 두려움이나 불안을 느낀다면 그런 부정적 감정은 손에 미세한 떨림을 일으키고, 그것은 곧바로 방아쇠에 전달된다. 점수가 그대로 자신의 성적과 실력이 되는 선수들에게는 이런 문제가 감각 이상 증세와 더불어 더욱 극명하게 나타난다. 격발 문제를 겪고 있는 사격 선수들의 말을 들어보자.

"못 쏠까 봐 무서워서 격발을 잘 못 하겠습니다." − 고교 권총 선수

"처음에 몇 번 격발이 안 되기 시작하다가 이제는 아무리 힘을 줘도 방아쇠를 못 당기겠습니다." − 고교 권총 선수

"손가락이 마비된 것처럼 격발이 안 돼서 정말 미치겠어요."

- 고교 소총 선수

"쏘는 순간에 손이 너무 떨리고 불안합니다. 그래서 낮은 점수를 쏘면 또 그게 불안해지면서 악순환이 반복됩니다." - 실업팀 소총 선수

"접시를 연속으로 두 개 맞혀야 하는데, 처음 초격에는 잘 되다가 두 번째 재격 할 때는 방아쇠가 잘 안 당겨지고 머뭇거리게 됩니다. 이게 무의식적으로 나와서 정말 스트레스를 받고 있어요."

- 실업팀 스키트* 선수

"쏘는 순간에 어깨가 움찔거리면서 조준이 틀어져서 격발에 상당한 방해가 되었습니다. 이 증상을 고치려고 전국을 다니며 온갖 치료를 다 해봤는데, 결국엔 극복하지 못하고 은퇴할 수밖에 없었습니다."

- 사격 실업팀 코치

사격 선수들은 격발의 두려움 말고도 조준에도 상당한 어려움을 겪고 있었다. 이런 스트레스들이 합쳐지면서 총을 어떻게 쏴야 하는지 완전히 잊어버리는 상태로까지 발전한 선수들도 많았다.

"가늠쇠를 보고 조준을 해야 하는데 계속 표적지에 시선을 뺏겨

---

* 클레이 사격 경기 중 하나로, 사수의 좌우에 있는 높고 낮은 두 곳에서 동시에 방출되는 하나 또는 두 개의 클레이 피전(clay pigeon)을 명중시키는 경기.

요. 이것 때문에 총을 제대로 못 쏠 만큼 너무 스트레스를 받고 있습니다."

- 고교 권총 선수

"저도 모르게 계속 노려요(표적지에 시선이 가는 행위). 빠질까 봐(낮은 점수를 쏠까 봐) 두려워서 표적지를 계속 보게 되고, 그게 이제는 완전히 무의식적으로 나와서 미쳐버리겠습니다."

- 실업팀 권총 선수

"총을 쏘는 방법을 이제 완전히 까먹었어요. 고등학교 올라올 때까지만 해도 정말 잘했는데, 점점 가면 갈수록 어떻게 좋은 점수를 맞혔는지 감이 안 옵니다."

- 고교 권총 선수

"점수가 계속 빠지면서 제대로 조준도 못 하겠고, 격발도 어렵고, 특히 총을 쏘는 나만의 동작법이 다 사라진 것 같아서 좌절감이 큽니다. 밥만 먹고 사격밖에 안 했는데 어떻게 가면 갈수록 실력이 안 좋아지는지 정말 답답하네요."

- 실업팀 권총 선수

그리고 정말 많은 사격 선수들이 총을 쏘는 동안 감정 조절을 잘 못 했고, 마음이 급하다 보니 금방 포기하고 좌절하는 경우도 많았다. 아무래도 1시간이 넘는 경기 시간 동안 집중력을 유지하려면 기술도 중요하지만 마음이 기본적으로 안정되어 있어야 하기 때문이다. 특히 자신의 성격과 맞물려 감정 기복을 더 크게 겪는 선수들이 입스로 발전하는 비율이 높았다.

"한 발씩 빠질 때마다 도저히 감정 조절을 할 수가 없습니다. 여태

울면서 이를 악물고서라도 쐈는데, 점점 시간이 지날수록 중간에 그냥 포기하고 대충 쏘고 나오는 날이 많아졌어요." — 대학 권총 선수

"쏘는 중간 중간에 불쑥 찾아오는 두려움과 답답함, 분노 등의 감정을 도저히 컨트롤할 수가 없어요. 그러다 보니 이제는 점점 그런 감정들에 압도되어서 손 감각이 조금씩 사라집니다." — 실업팀 소총 선수

"시합 전부터 못 쏠 것이라는 생각이 머릿속에 가득해요. 특히 첫 발이 가장 두렵습니다. 가끔 다리가 후들거려서 제대로 서 있지도 못해요." — 고교 권총 선수

또한 이런 선수들을 가르치는 지도자들의 고충도 컸다.

"전국대회에서 몇 관왕이나 했을 만큼 훌륭한 애인데, 가면 갈수록 정말 처참하게 무너져가는 모습을 보니 제 마음이 너무 아픕니다. 가르치는 입장에선 더 이상 기술적으로 건드릴 게 없어 지켜볼 수밖에 없어요." — 고교 사격부 코치

"결국은 멘탈이거든요. 사실 아이들은 1년만 제대로 연습하면 기술적으로 건드릴 게 딱히 없어요. 아이들이 가장 힘들어하는 부분이 바로 격발과 시합하는 동안의 감정 조절입니다. 사실 이 부분이 그 선수가 좋은 성적을 내느냐 못 내느냐를 결정하는 가장 큰 차이예요. 그런데 가르치는 입장에선 선수들한테 할 수 있는 말은 한정되

어 있어요. 똑같은 말만 반복하니 저도 지치고 선수들도 많은 스트레스를 받습니다."

- 고교 사격부 코치

"대표팀까지 갔다 올 만큼 출중한 애들인데, 몇 번 시합에서 크게 못 쏜 뒤로 도저히 자기 감정을 제어할 수 없는 모습을 보니 너무 안타깝습니다. 시합 마치고 달래주는 것도 한계가 있고, 스스로 이겨내야 하는 부분인데, 근육이 떨리거나 손 감각이 사라지는 증상은 어떻게 고쳐야 하는지 막막합니다."

- 실업팀 감독

"저도 선수 생활을 했지만, 제가 한 대로 애들을 가르치려고 하니 항상 한계에 부딪힙니다. 그래서 다른 코칭 방법을 공부하려고 해도 사격 분야는 워낙 자료가 없어요. 아이들한테 어떻게 심리적인 부분을 도와줘야 하는지 가르치는 입장에서도 정말 답답합니다."

- 대학 사격부 감독

양궁

이와 비슷한 문제를 겪는 양궁 선수들을 살펴보자. 격발에 대한 두려움은 양궁 선수들에게도 그대로 적용된다.

"활을 놓을까 말까 두려워서 몇 번 망설이다 보니 이제는 활이 저도 모르게 딸려 나와요. 정말 이것 때문에 미치겠습니다."
"활을 놓는 순간에 흔들리면서 발사하니 계속 몇 발씩 빠집니다 (낮은 점수를 쏩니다). 잘 쏘다가도 갑자기 이런 증상이 나오면 또 그럴까 봐 불안해서 제대로 쏘질 못해요."

"쏘는 와중에 불안함이 계속 느껴지니까 이제는 활을 부드럽게 놓지를 못하겠어요. 아무리 힘을 빼고 쏘려고 해도 몸 어디선가 계속 움찔거리는 것 같고 떨립니다."

양궁 선수들도 몇 시간 동안 이어지는 경기에서 여러 번 감정 기복을 겪으며 심한 방해를 받는다. 또한 자신의 자세가 의식되거나 낯설게 느껴지는 경우가 있다.

"이번 라운드에 정말 많이 뺐어요. 만회해야 하는데 또 그럴까 봐 불안하고 두려워서 제 플레이를 못 하겠습니다."

"어떤 때는 제 팔이 아닌 것처럼 느껴질 때가 있어요. 쏘는 자세가 어색하고 낯설게 느껴져서 어떻게 맞혀야 할지 머리가 하얘질 때가 있습니다."

"쏘는 와중에 감정 컨트롤을 못 하겠어요. 한번 크게 빠지기 시작하면 너무 화가 나고 답답해서 빨리 포기해버립니다."

"선수들한테 하는 이야기에는 한계가 있어요. 정말 잘했던 아이들이 시간이 갈수록 성적이 떨어지고 힘들어하는 모습을 보면 코치로서 정말 마음이 아픕니다. 스스로 감정 컨트롤할 수 있게 좀 도와주세요."

이렇게 사격과 양궁 선수들은 어떠한 스포츠보다 심리적인 영향을 많이 받았다. 특히 이 분야는 코칭에 대한 정보가 워낙 없다 보니 선수들만큼 지도자들도 심한 스트레스를 받고 있었다. 기술적인 문제보다는 심리적인 문제가 선수들의 성적에 훨씬 큰 영향을 주었고, 단순한 긴장이나 불안을 넘어 손의 감각이 마비되고 근육 경련이 생기는 현상까지 발전하는 경우도 많았다. 세밀하게 조준해야 하는 선수들에게 그런 증상은 경기력을 하락시키고 엄청난 스트레스를 준다.

기타 종목

위의 4종목 외에 다른 스포츠에서 나타나는 감각 이상 증세나 심리적인 문제들은 어떤 것들이 있는지 살펴보자.

"어느 순간부터 갑자기 손가락이 마비되고 관련 근육이 움찔거리면서 제대로 던질 수 없는 증상으로 심한 스트레스를 받고 있어요. 이거 어떻게 고쳐야 하나요?"
— 다트 선수

"포핸드 입스가 너무 심합니다. 거리 감각 조절도 안 되고, 근육이 깜짝 놀라는 것 같고, 특히 손 감각이 사라져요. 그래서 땅볼이나 홈런을 쳐버리는 경우도 많습니다. 이것 때문에 정말 스트레스 받고 있어요."
— 테니스 선수

"코너링할 때 무의식적으로 발을 과감하게 떼고 놓을 수가 없어요. 발이 제 마음대로 움직여지질 않아요."
— 쇼트트랙 선수

"당구채를 뒤로 빼고 과감하게 공을 쳐야 하는데, 손의 감각이 사라지고 계속 망설이게 됩니다."
— 당구 선수

"가볍게 올려주는 토스가 너무 어려워요. 팔과 손 감각이 굳고 마비되는 것 같습니다."

- 배구 선수

"자유투 할 때 가슴이 철렁 내려앉고 손가락 감각이 사라져요."

- 농구 선수

"코뼈가 부러진 다음에 헤딩을 어떻게 해야 할지 감각을 모르겠습니다."

- 축구 선수

"욕먹을까 봐 두려워서 공이 오면 저도 모르게 공을 피해 다녀요. 공을 잡으려고 해도 몸이 무의식적으로 상대 수비 뒤로 숨는 것 같습니다."

- 축구 선수

"연습 라운딩은 잘 되다가 돈 내기만 하면 퍼팅 입스 때문에 미치겠습니다. 퍼팅할 때 팔이 퍼터를 놓아주지 않아서 스트로크를 할 수가 없어요."

- 일반인 골퍼

"팔이 안쪽으로 휘어져 공이 이상한 데로 가니 정말 스트레스를 많이 받고 있습니다."

- 사회인 야구 선수

나는 이런 입스 증상을 전문 운동선수들뿐만 아니라 일반 아마추어들도 가지고 있다는 사실에 많이 놀랐다. 40~60대 골퍼들이 내기 골프를 치면서 팔의 감각이 사라지거나 무의식적인 근육 경련을 겪는 경우도 많았고, 테니스나 야구에서도 거리 감각을 잊어버리는 사람들도 많았다.

입스는 시간이 지나도 사라지지 않는다

이런 입스 증상을 겪는 선수들은 온갖 정신과 치료를 받고 약을 먹어가며 고치려 애를 쓴다. 그중에는 가까스로 치료된 경우도 있지만, 온갖 시도를 해도 결국엔 고치지 못해 그만두는 선수들도 많다. 사실 치료가 되었다는 선수들도 이야기를 들어보면 근본적으로 사라졌다기보다 마음 한구석에 잔상이 계속 남아 있는 경우가 많았다. 일각에서는 운동을 하지 않고 오랫동안 쉬다 보면 자연스럽게 치유된다고 말하는 경우가 있지만, 그렇지 않은 선수들도 많았다.

"일본 프로에서 뛰다가 7년 동안 입스를 심하게 앓으면서 결국 은퇴할 수밖에 없었습니다. 진짜 이것을 고치려고 마약이랑 살인 빼고 온갖 시도를 다 해봤습니다. 그런데 필드가 너무 그리워서 몇 년 만에 다시 채를 잡았는데 증상이 똑같이 나왔어요. 정말 미쳐버리겠습니다. 이거 어떻게 고쳐야 하나요?"

"10년 전에 입스 증상이 찾아와서 온갖 고생을 하다 대학교 졸업과 동시에 그만두게 되었습니다. 그러다 다른 일을 하면서 8년이나 지난 뒤에 사회인 야구를 하려고 공을 잡고 던지려는데 예전처럼 손가락에 감각이 사라지고 팔이 안쪽으로 말렸습니다. 그때 이런 입스 증상이 평생 낫지 않겠구나 하는 생각이 들어 크게 좌절했습니다."

실제 외국 사례*에서 선수 생활을 하면서 배팅 시 앓았던 어깨의 근육 경련이 은퇴 후 20년이 지난 뒤에도 그대로 나타났다는 보고가 있을 정

---

* Nakane Shunya, Yukio Ando, Hidenori Matsuo, "Yips preceding baseball-related dystonia".

도로 이런 입스 증상은 몸이 강력하게 기억하는 경우가 많다.

이런 선수들에게 연습·훈련·기술 부족 등은 절대로 원인이 아니었다. 밤늦은 시간까지 훈련해가며 누구보다 성실히 연습하는 선수들이었고, 성적도 상위권인 선수들의 비율이 높았다. 그리고 어려운 환경에서 간절하게 운동하는 선수들도 많았다. 하지만 이것을 이겨내려 하면 할수록 선수들은 더욱더 나락으로 떨어지고 회복 불능 상태까지 되어버리는 경우도 있었다.

스포츠 트라우마 및 기타 심리적 문제

여기서는 선수들이 겪게 되는 기타 문제점들을 살펴보자. 내가 가장 먼저 말하고 싶은 부분은 바로 지도자의 폭력과 폭언이다. 최근 언론 보도로 드러난 스포츠 미투 운동은 단연코 빙산의 일각에 불과할 것이다. 성폭력과 폭력 등의 눈에 보이는 폭행은 시간이 갈수록 점점 금기시되고 있지만, 심리적인 폭력이나 폭언으로 변형되어 대물림되어 수많은 선수들을 힘들게 하고 있다. 나는 아직도 부산의 옛 구덕체육관에서 태권도 시합이 열리는 날이면 코치들이 선수들의 뺨과 정강이를 마구 때리던 장면이 기억에 생생하다. 당시에는 시합에는 져도 되지만 코치 지시를 듣지 않으면 그야말로 죽도록 맞았다. 엎드려뻗쳐서 맞는 선수도 별로 없었다. 코치들은 반주먹을 쥐고 선수들의 뺨과 귀를 마구 때렸고, 그 뒤에는 선배들이 후배들을 때리는 이른바 '내리갈굼'이 있었다. 관중석에서 선수들의 부모님들이 보고 있어도 그런 폭력은 대놓고 자행되었다. 벌써 15년도 넘은 일이었지만 최근까지도 선수들로부터 이런 경험을 직접 들을 수 있었다.

"1학년 입학하자마자 숙소에서 형들이 코치님에게 맞는 장면을 봤어요. 뺨 맞고 쓰러지면서 죄송하다고 빌고 있는 모습이 너무 생생하고 두렵습니다."
- 고교 야구 선수

"중학교 입학 당시 제가 비염이 있었는데, 코를 훌쩍거릴 때마다 맞았습니다. 그 트라우마 때문에 틱 증상까지 생겼고, 눈치 보느라 공을 제대로 던질 수 없을 때도 있었어요."
- 고교 야구 선수

"배팅볼 훈련하면서 그것도 제대로 못 던지냐고 욕먹고 뺨 맞다 보니 이제는 그 쉬운 공을 어떻게 던져야 하는지 감각을 잃었습니다."
- 고교 야구 선수

"그때 나를 때린 형들만 생각하면 지금 당장이라도 찾아가서 죽여버리고 싶습니다."
- 고교 야구 선수

"초등학교 때부터 실수하면 쌍욕부터 날아왔어요. 그게 두려워서 공을 제대로 던지질 못하겠습니다."
- 중학교 야구 선수

"결승전에서 송구 실수하고 크게 혼난 뒤로, 공만 잡으면 심장이 두근거리고 손 감각이 사라집니다."
- 중학교 야구 선수

"6학년 때 시키는 것 잘 못 한다고 감독님한테 엄청 맞았어요. 그 뒤로 운동장에만 들어서면 숨이 안 쉬어지고 너무 힘들어요."

- 중학교 야구 선수

"대학 때 정말 죽도록 맞았지. 그때 맞으면서 허리를 삐끗했는데, 아프다고 말도 못 하고 운동하다가 쓰러져 병원에 실려 갔어. 그렇게 수술하고 몇 달 뒤에 다시 복귀했는데, 선수 생활 하는 내내 허리가 아팠어. 그러다 결국 그만둘 수밖에 없었지."

- 전직 고교 야구부 감독

"중학교 때 못 쏠 때마다 폭언 듣고 기합 받던 게 잊히지가 않아요."

- 고교 양궁 선수

"아버지가 운동선수였어요. 어릴 때부터 시합에서 질 때마다 집에 들어가면 1등과 점수 차이 나는 만큼 맞았어요. 그래서 한 발씩 빠질 때마다 가슴이 두근거리고 온몸이 떨려서 제대로 집중을 못 하겠습니다."

- 고교 사격 선수

"제가 못하고 싶어서 못한 것도 아닌데, 아버지는 왜 그것도 못하냐고 항상 쌍욕하고 집 안 물건을 부숩니다. 그래서 시합을 망칠 때면 집에 들어가는 시간이 제일 무서웠어요."

- 골프 선수

"시합 끝나고 집에 돌아가는 차 안에서 제일 무서웠습니다."

- 골프 선수

"실수를 하나씩 할 때마다 쌍욕 듣고 얼차려 받다 보니 이제 체육관만 들어가면 숨이 잘 안 쉬어져요."
- 고교 리듬체조 선수

"뒤처질 때마다 코치님에게 하키채로 맞았는데, 그 뒤로 조금만 뒤처지고 늦어지면 가슴이 철렁 내려앉고 공포스러워요."
- 초등 쇼트트랙 선수

구타의 비율이 의외로 초등학교나 중학교에 많아서 깜짝 놀랐는데, 한창 재미있게 운동해야 할 유소년 선수들이 이런 구타와 폭언으로 제 기량도 발휘하지 못하고 창의성까지 메말라버리는 모습을 보니 정말 안타까웠다. 또한 그런 행태는 선수들의 무의식에 큰 트라우마가 되어 서서히 선수들의 기량을 하락시켰다. 실제로 선수들의 입스 증상을 EFT로 고치다 보면 특히 운동선수 출신인 부모님이나 지도자들에게 폭행과 폭언을 겪은 것이 주원인인 경우가 거의 대부분이었다.

"초등학교 때 감독님이 그것도 제대로 못 던지냐고 욕을 심하게 하시고 때리셨는데, 그때 이후로 손 감각이 조금씩 마비되기 시작했어요."
- 고교 야구 선수

"공 하나 던질 때마다 항상 벤치 쪽 감독님을 살펴가면서 던졌어요. 그런데 프로에 들어와서는 그렇게 눈치 볼 사람이 없는데도 실수할까 봐 불안하고 두렵습니다. 눈치 보며 운동했던 습관이 사라지지 않네요."
- 프로야구 선수

"못 쏠 때마다 코치님이 어떤 말을 하실까 조마조마했던 두려움이 너무 생생해요."

- 고교 사격 선수

"강압적으로 맞으면서 운동했던 옛날을 생각하면 아버지가 너무 원망스러워요. 그런데 한편으로는 그렇게나 나를 지원해주신 것도 아버지이니 미안하고 죄송스럽습니다. 이 두 감정이 저를 항상 괴롭혀요."

- 골프 선수

나는 이렇게 폭력적인 분위기에서 운동했던 많은 선수들을 보면서, 그리고 그 선수들의 지도자들과 여러 이야기를 나누면서 이런 생각을 했다. '지도자들이 맞으면서 운동했던 자신의 과거에 대한 집착을 버리지 않는 한 아무리 때리지 말라고 해도 그것은 또 정서적인 학대로 바뀌어가는구나.'

실제로 한 코치가 말했다. "요즘 들어 점점 더 선수들의 쪼당(입스 증상)이 많아진 이유가 뭔지 알아? 옛날에는 그런 게 없었어. 때리고 맞으면 끝이었지. 몸이 아프긴 해도 마음에는 뒤끝이 없고 깔끔했어. 그런데 요즘에는 물리적인 체벌이 금지되니까 지도자들이 선수들을 말로 조지기 시작해. 그러면서 아이들이 점점 더 마음의 상처를 많이 받아. 그게 공을 던질 때 불안해지는 가장 큰 이유지."

나는 선수뿐만 아니라 지도자들도 자신의 나쁜 기억을 EFT로 지우고 마음을 치유하기를 바란다. 그렇게 된다면 선수들은 자신의 잠재력을 한층 더 발휘하고 훌륭한 선수로 자랄 것이라고 확신한다.

PART 3

EFT를
배워보자

E motional

F reedom

T echniques

01

EFT란
무엇인가?

EFT는 Emotional Freedom Techniques의 약자로 '감정을 풀어주는 기법'이라고 번역할 수 있다. 우선 EFT를 이해하기 쉽게 정의하자면 다음과 같이 말할 수 있다.

- 첫째, 침을 사용하지 않고 말을 사용하는 침술이다.
- 둘째, 마음을 치료하는 침술이다.
- 셋째, 몸을 치료하는 침술이다.

또 EFT를 이렇게 정의할 수도 있다.

EFT는 동양의 침술과 서양의 심리치료가 결합되어 몸과 마음에 모두 탁월한 치료 효과를 내는 기법이다.

이 모두를 다시 한마디로 종합해서 설명하면 이렇게 될 것이다.

EFT는 해결하고 싶은 증상을 말로 표현하면서 경락의 경혈점을 두드려 거의 대부분의 심리적 · 육체적 문제를 해결하는 기법이다.

미국의 EFT 공식 매뉴얼은 현재 200만 부 이상 배포되었고, 30개 이상의 언어로 번역되었다. 미국심리학회the American Psychological Association, APA에 따르면 EFT는 불안증, 우울증, 외상후 스트레스 장애PTSD 및 공포증에 효과가 있음이 입증되었고, EFT에 관한 100편 이상의 논문이 심리학 또는 의학 전문 학술지에 발표되었다. 이 중에는 하버드·퍼듀·스탠퍼드·애리조나 대학 같은 저명한 기관의 연구자들이 실시한 무작위 대조 실험randomized control test, RCT 논문을 포함한 다양한 논문 수십 편이 있다. 2015년에는 우리나라에서 강동경희대한방병원 김종우·정선용 교수팀이 EFT가 화병과 불면증에 탁월한 효과가 있음을 증명하는 논문 2편을 국제적으로 인정받는 SCI급 저널에 발표했다.*

현재 우리나라에서도 2008년에 한국 최초로 EFT 전문서《5분의 기적 EFT》가 출간된 이후 많은 의사, 한의사, 상담사 등이 EFT를 사용하고 있고, 심지어 EFT를 주요 기법으로 표방하는 의료인과 상담사도 갈수록 늘고 있다. 아주대병원 암센터와 강동경희대한방병원 암센터에서도 EFT를 암 치료에 활용하고 있고, 의사들과 한의사들의 정신과 학회에서도 교육되고 있다. 한국 EFT협회 홈페이지www.eftkorea.net에도 약 500건의 체험 사례가 올라와 있다.

---

* "한방 경락 치료요법 'EFT', 화병·불면증 개선에 효과 있어", 〈경향신문〉, 2015. 11. 26.

02

EFT는
어떻게 만들어졌나?

EFT의 기원은 일단 동양의 침술이라고 볼 수 있다. 동양에서는 수천 년 전부터 인체의 기가 흐르는 경락에 침을 놓아 많은 병을 고쳐왔다. 그런데 한 가지 주의할 것은 대대로 침술은 대체로 육체적인 문제를 치료하는 데 활용되었지, 심리적 문제를 치료하는 데는 크게 쓰이지 않았다는 점이다. 다시 말해서 전통 침술은 몸을 치료하는 수단이지 마음을 치료하는 수단은 아니었다.

1980년대 초반에 임상 심리학자인 로저 칼라한^{Roger Callahan}은 메리라는 40대 여성이 평생 갖고 있던 물공포증을 치료하고 있었다. 그녀의 물공포증은 너무 심각해서 물이 가득 찬 욕조에서 목욕을 할 수도 없었고, 비가 오는 날이면 어김없이 공포에 떨었으며, 수시로 물에 빠지는 악몽에 시달렸다. 그녀는 바다가 있는 캘리포니아에 살면서도 해변에 갈 엄두도 감히 낼 수 없었다.

칼라한은 메리에게 기존의 심리치료 기법을 사용해 1년 반이나 치료했지만 거의 진전이 없었다. 그의 갖은 노력에도 그녀는 겨우 수영장 가에 안절부절못하며 앉을 수 있는 정도로 좋아졌을 뿐이었다. 그마저도 수영장에서는 물을 바로 볼 수가 없었고, 매번 치료가 끝나면 치료의 압박감과 긴장감 때문에 머리가 깨질 것 같은 두통에 시달려야 했다.

그렇게 고통스러운 치료를 1년이나 이어가던 어느 날이었다. 그녀는 물공포증을 느낄 때마다 위장 부위에서 끔찍한 통증을 느끼고 있었고, 그날도 이 불편감을 호소했다. 칼라한은 평소에 기존 심리치료의 효과에 만족하지 못해 새로운 방법들을 꾸준히 찾고 있었고, 당시에 마침 침술을 연구하던 중이었다. 이에 그는 혹시나 하는 마음으로 위장 경락의 말단인 승읍혈(눈두덩 아래, EFT에서는 눈 밑 타점)을 두드려보라고 했다.

곧이어 몇 번 두드리자마자 메리가 외쳤다. "위장의 그 끔찍한 느낌이 완전히 사라졌어요." 그러고는 곧장 의자에서 일어나 수영장으로 달려가는 것이 아닌가! 칼라한이 수영을 못하는 메리가 걱정되어 따라갔더니 메리가 답했다. "나도 수영 못하는 줄 알아요." 메리는 수영장 가에서 편안하게 머무를 수 있었고, 이것으로 그녀의 물공포증은 완전히 사라져서 30년이 지난 현재까지도 재발하지 않았다.*

이 놀라운 첫 효과에 칼라한은 침술의 기본이 되는 경락과 경혈(경락은 기가 흐르는 선이고, 경혈은 그중의 침 놓는 점을 의미한다)이 부정적 감정을 지우는 효과가 있음을 인식하고, 경혈을 두드려 부정적 감정을 제거하는 법을 연구하기 시작한다. 모든 위대한 일이 그렇듯 다른 모든 내담자들이 메리처럼 몇 분 안에 낫지는 않았고, 당연히 온갖 어려움과 시행착오를 거쳤다.

마침내 10여 년이 지나 1990년경에 칼라한은 TFT^{Thought Field Therapy}라는 이름으로 그의 완성된 치료법을 공개했는데, 그는 이것으로 감히 상

---

* 이상의 내용은 로저 칼라한의 공식 홈페이지(www.rogercallahan.com)를 참고했다.

상할 수 없을 정도로 빠르게, 심지어 10분에서 며칠 만에, 기존에는 누구도 치료하지 못했던 공포증, 외상후 스트레스 장애 등을 치료하는 성과를 보였고, 〈오프라 윈프리 쇼〉나 CNN 등 미국의 주요 매체에 소개되기도 했다.

칼라한은 1990년경부터 TFT를 무려 10만 달러라는 거금을 받고서 가르쳐주었는데, 그의 첫 학생이 바로 개리 크레이그Gary Craig였다. 원래 개리는 성공한 사업가이자 상담가life coach로 평생 동안 마음의 문제로 시달리는 사람들에게 연민을 느꼈고, 이것을 해결할 수 있는 다양한 도구들을 섭렵해온 터였다. 그는 그전까지 몇 년간 NLP라는 기법을 써오다이 기법의 기적 같은 효과를 듣고서는 도저히 뿌리칠 수 없는 마음에 선뜻 거금을 들여 배우게 된 것이었다.

원래 TFT는 사람마다 증상마다 두드리는 경혈의 순서가 모두 다르고, 맨 처음 나름의 진단법에 따라 이 순서를 정하게 되는데, 때로는 이런 경혈의 순서가 무려 A4 몇 장을 넘는 내용이 되기도 했다. 그러다 보니 TFT는 너무 복잡하고 사용하기가 힘들었다. 개리는 몇 년 동안 TFT를 활용하면서 이런 복잡성에 회의를 느끼고 개선을 시도하다가, 마침내 모든 경락(14개의 경락이 있다)의 경혈점 14개를 모두 두드려도 TFT와 동일한 효과가 난다는 것을 알게 되었고, 이것을 'EFT'라고 이름 붙였다. 누구나 쉽게 몸과 마음을 고칠 수 있는 혁신적인 기법인 EFT가 이렇게 탄생하게 된 것이다.

03

EFT를 해보자

먼저 이것부터 알자

초보자로서 EFT를 처음 접하는 독자들은 다음 사항을 익히면 된다.
초등학생도 30분 정도면 읽고 따라 할 수 있으니 어렵지는 않을 것이다.

1. 먼저 전체적인 흐름을 익힌다.
2. 타점의 위치를 확인한다.
3. 손가락으로 두드리는 방법을 익힌다.
4. 다시 전체 과정을 꼼꼼히 이해하고 익힌다.
5. 자신의 실제 문제에 적용해본다.

이제 전체적인 흐름을 알자

다음은 전체 과정의 흐름을 보여주는 도표다. 사실 이것만 잘 익히면

EFT의 기초는 거의 다 이해한 셈이다.

문제 확인

치료하고 싶은 증상 확인(육체적 · 심리적 문제)
주관적 고통지수 측정: 0~10 사이로 고통지수 측정하기

☺ ━━━ ☹ ━━━ 😫
0 1 2 3 4 5 6 7 8 9 10

기본 과정

❶ 준비 단계

가슴압통점을 문지르거나 손날 두드리기를 하면서 수용확언을 3회 말하기

- 수용확언
  나는 비록 ＿＿＿＿＿＿＿＿하지만,
  깊게 완전히 나 자신을 받아들인다.

- 연상어구 ＿＿＿＿＿＿＿＿

❷ 연속 두드리기

연상어구를 반복해서 큰 소리로 말하면서 다음의 타점들을 5~7회 두드리기

눈썹 / 눈 옆 / 눈 밑 /
코 밑 / 입술 아래 /
쇄골 / 겨드랑이 아래 /
명치 옆 / 엄지 / 검지 /
중지 / 소지 / 손날

❸ 뇌조율 과정
손등점을 계속 두드리며 아래 동작을 순서대로 하기

❶ 눈을 감는다. ❷ 눈을 뜬다. ❸ 머리는 움직이지 말고 눈동자만 움직여서 최대한 빨리 오른쪽 아래를 본다. ❹ 머리는 움직이지 말고 눈동자만 움직여서 최대한 빨리 왼쪽 아래를 본다. ❺ 머리는 움직이지 말고 눈동자만 시계 방향으로 크게 돌린다. ❻ 머리는 움직이지 말고 눈동자만 시계 반대 방향으로 크게 돌린다. ❼ 밝은 노래를 약 2초간 허밍한다. ❽ 1부터 5까지 빨리 숫자를 센다. ❾ 다시 약 2초간 허밍한다.

❹ 연속 두드리기(반복)
연상어구를 반복하면서 다음의 타점들을 5~7회 두드리기

눈썹 / 눈 옆 / 눈 밑 / 코 밑 / 입술 아래 / 쇄골 / 겨드랑이 아래 / 명치 옆 / 엄지 / 검지 / 중지 / 소지 / 손날

조정 과정

효과 없음	부분적인 효과	완전 치유
고통지수에 변화가 없음 ⋮ 문제를 구체화하고 기본 과정 다시 시도하기	고통지수가 조금 감소함 ⋮ 수용확언을 "나는 비록 여전히 ____이 남아 있지만…"으로 변경 ⋮ 연상어구는 "여전히 조금 남은 ____"로 변경	고통지수가 0이 됨 ⋮ 치료 종료

타점의 위치를 알자

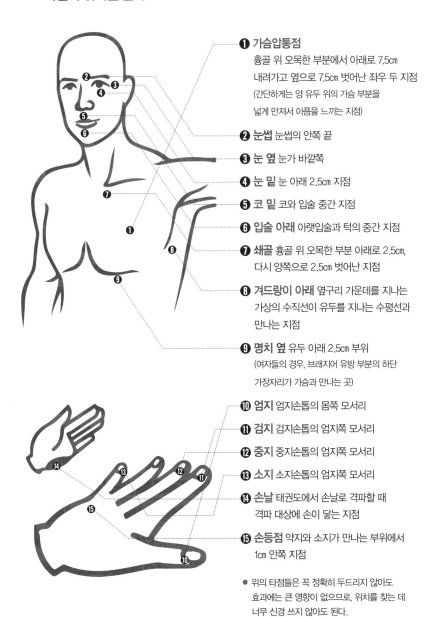

❶ 가슴압통점
흉골 위 오목한 부분에서 아래로 7.5cm
내려가고 옆으로 7.5cm 벗어난 좌우 두 지점
(간단하게는 양 유두 위의 가슴 부분을
넓게 만져서 아픔을 느끼는 지점)

❷ 눈썹 눈썹의 안쪽 끝

❸ 눈 옆 눈가 바깥쪽

❹ 눈 밑 눈 아래 2.5cm 지점

❺ 코 밑 코와 입술 중간 지점

❻ 입술 아래 아랫입술과 턱의 중간 지점

❼ 쇄골 흉골 위 오목한 부분 아래로 2.5cm,
다시 양쪽으로 2.5cm 벗어난 지점

❽ 겨드랑이 아래 옆구리 가운데를 지나는
가상의 수직선이 유두를 지나는 수평선과
만나는 지점

❾ 명치 옆 유두 아래 2.5cm 부위
(여자들의 경우, 브래지어 유방 부분의 하단
가장자리가 가슴과 만나는 곳)

❿ 엄지 엄지손톱의 몸쪽 모서리

⓫ 검지 검지손톱의 엄지쪽 모서리

⓬ 중지 중지손톱의 엄지쪽 모서리

⓭ 소지 소지손톱의 엄지쪽 모서리

⓮ 손날 태권도에서 손날로 격파할 때
격파 대상에 손이 닿는 지점

⓯ 손등점 약지와 소지가 만나는 부위에서
1cm 안쪽 지점

● 위의 타점들은 꼭 정확히 두드리지 않아도
효과에는 큰 영향이 없으므로, 위치를 찾는 데
너무 신경 쓰지 않아도 된다.

타점을 두드리는 방법을 익히자

이번에는 타점을 두드리는 방법을 알아보자.

1. 검지와 중지를 가지런히 나란하게 모 아서 두 손가락으로 두드린다.

2. 타점 중 일부는 대칭적으로 신체 좌 우에 위치하는데, 어느 쪽을 두드려 도 상관없다.

3. 양쪽을 다 두드려도 된다.

4. 가슴압통점은 두드리지 말고 양손 손 가락으로 넓게 문질러준다.

5. 두드리는 손은 좌우 어느 쪽이든 편 한 손으로 하면 된다.

이제 본격적으로 익혀보자

전체적인 흐름과 타점의 위치, 두드리는 방법을 익혔으니 좀 더 자세히 설명해보자. 들어가기 전에 전체 과정을 설명하는 도표(95~96쪽 참고)를 한 번 더 보도록 하자.

1. 문제 확인

내가 해결하고 싶은 증상이나 문제를 적절히 설정하고, 불편한 정도를 확인하는 과정이다.

① 치료하고 싶은 증상이나 문제를 확인하기

EFT를 사용해 치료하고 싶은 증상이나 해결하고 싶은 문제를 선택한다. 최대한 구체적으로 증상을 표현하라.

② 주관적 고통지수를 측정하기(0~10 사이에서 숫자 고르기)

증상이나 문제를 얼마나 고통스럽게 느끼는지를 자신의 판단에 따라 0에서 10 사이의 숫자를 선택해 등급을 매긴다. 예를 들어, 아무런 느낌이 없고 편안하면 0이 되고, 현재 도저히 감당하기 힘들 정도면 10이 된다. 이 수치를 기록해두고 EFT를 적용한 후에는 어떻게 바뀌는지를 확인해 보아야 한다.

2. 기본 과정

문제 확인을 마치면 이제 본격적으로 치유 또는 문제 해결에 들어간다. 그 핵심이 바로 기본 과정이다. 기본 과정은 준비 단계, 연속 두드리기, 뇌조율 과정, 연속 두드리기(반복)의 네 단계로 구성된다. 이 네 단계에 관해서 자세히 알아보자.

① 준비 단계

a. 수용확언

수용확언의 형식은 다음과 같다.

> "나는 비록 _____ 하지만, 깊게 완전히 나를 받아들인다."

여기서 빈 칸에는 앞의 문제 확인에서 선택한 증상이나 문제를 넣는다. 가슴압통점을 가볍게 문지르면서 수용확언을 3회 소리 내어 반복하면 된다. 또는 손날점을 두드리면서 수용확언을 3회 반복한다. 둘 중에서 자신에게 편한 방법을 하나 선택하면 된다.

b. 연상어구

수용확언에서 빈 칸에 넣었던 부분을 연상어구로 만든다. 다음은 수용확언과 연상어구에 대한 예들을 정리한 표다.

수용확언	연상어구
나는 비록 남편이 갑자기 잔소리를 해서 짜증나지만, 깊게 완전히 나를 받아들인다.	남편이 갑자기 잔소리를 해서 짜증난다.
나는 비록 그녀에게 벌컥 화를 내서 미안하지만, 깊게 완전히 나를 받아들인다.	그녀에게 벌컥 화를 내서 미안하다.
나는 비록 왼쪽 어깨가 빠질 듯이 아프지만, 깊게 완전히 나를 받아들인다.	왼쪽 어깨가 빠질 듯이 아프다.

② 연속 두드리기

연속 두드리기의 타점들은 다음과 같다.

눈썹, 눈 옆, 눈 밑, 코 밑, 입술 아래, 쇄골, 겨드랑이 아래, 명치 옆,
엄지, 검지, 중지, 소지, 손날

연속 두드리기는 앞에서 만든 연상어구를 말하면서 각 타점을 5~7회
두드려주는 과정이다. 자신에게 편한 손을 이용하여 검지와 중지 두 손
가락 끝을 가지런히 모아서 두드린다.

③ 뇌조율 과정

뇌조율 과정은 좌뇌와 우뇌가 서로 조화를 이루게 해준다. 이때 손등
점을 계속 두드리면서 아래의 과정을 실행한다.

😐 눈을 감는다.

😊 눈을 뜬다

😶 머리는 움직이지 말고 눈동자만 움직여서 최대한 빨리 오른쪽
아래를 본다.

😊 머리는 움직이지 말고 눈동자만 움직여서 최대한 빨리 왼쪽 아
래를 본다.

😊 머리는 움직이지 말고 눈동자만 시계 방향으로 크게 돌린다.

😊 머리는 움직이지 말고 눈동자만 시계 반대 방향으로 크게 돌린다.

♪ 약 2초 정도 〈생일 축하합니다〉를 허밍한다. 그 외에도 밝은 노
래라면 어느 것이든 좋다.

⑫⑤ 1부터 5까지 빨리 숫자를 센다.

♪ 다시 약 2초간 허밍한다.

④ 연속 두드리기(반복)

뇌조율 과정이 끝나면 앞에서 실시한 연속 두드리기를 반복한다.

이렇게 기본 과정은 '준비 단계 → 연속 두드리기 → 뇌조율 과정 → 연속 두드리기'의 순서로 진행된다.

3. 조정 과정

여기까지 따라 했다면 1회전을 끝마친 것이다. 1회전에 문제나 증상이 다 해결되는 경우도 있고, 아직 남아 있거나 별다른 효과가 없는 경우도 있다. 이렇게 1회전이 끝난 후에 문제나 증상을 다시 확인하고 평가하고 해결해가는 과정을 조정 과정이라고 한다. 1회전이 끝나면 다음 세 가지 중 하나에 해당하게 될 것이다.

① 효과가 없을 때

1회전이 끝난 상태에서 주관적 고통지수를 다시 측정해본다. 그리고 앞에서 측정한 고통지수와 비교해본다. 숫자의 변화가 없다면 좀 더 구체적으로 증상을 표현하는 수용확언을 만들어서 전 과정을 다시 반복한다. 또는 뒤에 나오는 심화 학습 부분을 잘 읽고 꼼꼼하게 다시 해본다.

② 부분적인 효과가 있을 때

고통지수가 작아졌지만 아직 0이 아니라면 수용확언을 다음과 같이 바꿔보라.

> "비록 나는 여전히(또는 아직도) ＿＿＿＿＿＿＿＿＿ 가 남아 있지만,
> 깊게 완전히 나 자신을 받아들인다."

또는

> "비록 나는 여전히(또는 아직도) ＿＿＿＿＿＿＿＿＿ 하지만, 깊게 완
> 전히 나 자신을 받아들인다."

이렇게 수용확언을 바꾸고, 연상어구도 "아직(여전히) 남아 있는
＿＿＿＿＿＿"나 "아직(여전히) ＿＿＿＿＿＿하다"로 바꾸어서 기본 과정
을 다시 실시한다.
예를 들어보자.

처음 수용확언	바꾼 수용확언	바꾼 연상어구
나는 비록 뒷목이 뻣뻣하지만, 깊게 완전히 나를 받아들인다.	나는 아직 뒷목의 뻣뻣함이 남아 있지만, 깊게 완전히 나를 받아들인다.	아직 남아 있는 뒷목의 뻣뻣함
	나는 비록 뒷목이 아직도 뻣뻣하지만, 깊게 완전히 나를 받아들인다.	아직 뒷목이 뻣뻣하다.
나는 비록 남편이 갑자기 술에 잔뜩 취해서 들어와서 너무 짜증나지만, 깊이 진심으로 나를 받아들인다.	나는 아직도 너무 짜증나지만, 깊이 진심으로 나를 받아들인다.	아직도 너무 짜증난다.
	나는 아직도 짜증이 남아 있지만, 깊이 진심으로 나를 받아들인다.	아직 남아 있는 짜증

③ 완전한 치유

주관적 고통지수가 0이 되는 경우다. 아주 기쁜 일이다. 다시 한 번 처음의 증상이나 문제를 확인해보고, 그래도 여전히 0이라면 이제 다른 문제나 증상에 EFT를 적용해보자.

실제 사례에 적용해보자

지금까지 설명한 내용이 처음 보는 독자들에게는 약간 당혹스러울 수도 있다. 하지만 그냥 따라 하다 보면 최소한 초보자의 50% 정도는 이것만으로도 효과를 볼 수가 있다. 이제 이해를 돕기 위해 실제 상황에 적용하는 예를 보자.

철수는 어젯밤 과음한 탓에 아침에 일어나기가 무척 힘들다. 머리가 지끈지끈 아프고, 속은 메스껍고, 목도 뻐근하다. 이 증상에 철수는 EFT를 하기로 했다. 그래서 제일 힘든 증상이 무엇인지 먼저 살펴보았다. '우선은 목이 너무 뻐근해서 움직이기가 힘들군!' 이에 철수는 목의 뻐근함을 EFT로 일단 고쳐보기로 했다. 그다음에 불편한 정도, 즉 주관적 고통지수를 측정해보니 8이었다.

동작	말하기
손날 두드리기 또는 가슴압통점 문지르기	나는 자고 일어나니 뒷목이 뻣뻣하게 굳어서 잘 돌아가지 않지만, 깊게 완전히 나를 받아들인다.
눈썹 7회 두드리기	뒷목이 뻣뻣하게 굳어서 잘 돌아가지 않는다.
눈 옆 7회 두드리기	뒷목이 뻣뻣하게 굳어서 잘 돌아가지 않는다.
눈 밑 7회 두드리기	뒷목이 뻣뻣하게 굳어서 잘 돌아가지 않는다.
코 밑 7회 두드리기	뒷목이 뻣뻣하게 굳어서 잘 돌아가지 않는다.
입술 아래 7회 두드리기	뒷목이 뻣뻣하게 굳어서 잘 돌아가지 않는다.

동작	말하기
쇄골 7회 두드리기	뒷목이 뻣뻣하게 굳어서 잘 돌아가지 않는다.
겨드랑이 아래 7회 두드리기	뒷목이 뻣뻣하게 굳어서 잘 돌아가지 않는다.
명치 옆 7회 두드리기	뒷목이 뻣뻣하게 굳어서 잘 돌아가지 않는다.
엄지 7회 두드리기	뒷목이 뻣뻣하게 굳어서 잘 돌아가지 않는다.
검지 7회 두드리기	뒷목이 뻣뻣하게 굳어서 잘 돌아가지 않는다.
중지 7회 두드리기	뒷목이 뻣뻣하게 굳어서 잘 돌아가지 않는다.
소지 7회 두드리기	뒷목이 뻣뻣하게 굳어서 잘 돌아가지 않는다.

동작 1	동작 2
눈 감기	
눈 뜨기	
오른쪽 아래 쳐다보기	
왼쪽 아래 쳐다보기	손등점 계속 두드리기
시계 방향으로 눈동자 돌리기	
시계 반대 방향으로 눈동자 돌리기	
2초간 허밍	
1~5까지 숫자 세기	
2초간 허밍	

동작	말하기
눈썹 7회 두드리기	뒷목이 뻣뻣하게 굳어서 잘 돌아가지 않는다.
눈 옆 7회 두드리기	뒷목이 뻣뻣하게 굳어서 잘 돌아가지 않는다.
눈 밑 7회 두드리기	뒷목이 뻣뻣하게 굳어서 잘 돌아가지 않는다.
코 밑 7회 두드리기	뒷목이 뻣뻣하게 굳어서 잘 돌아가지 않는다.
입술 아래 7회 두드리기	뒷목이 뻣뻣하게 굳어서 잘 돌아가지 않는다.
쇄골 7회 두드리기	뒷목이 뻣뻣하게 굳어서 잘 돌아가지 않는다.
겨드랑이 아래 7회 두드리기	뒷목이 뻣뻣하게 굳어서 잘 돌아가지 않는다.
명치 옆 7회 두드리기	뒷목이 뻣뻣하게 굳어서 잘 돌아가지 않는다.

동작	말하기
엄지 7회 두드리기	뒷목이 뻣뻣하게 굳어서 잘 돌아가지 않는다.
검지 7회 두드리기	뒷목이 뻣뻣하게 굳어서 잘 돌아가지 않는다.
중지 7회 두드리기	뒷목이 뻣뻣하게 굳어서 잘 돌아가지 않는다.
소지 7회 두드리기	뒷목이 뻣뻣하게 굳어서 잘 돌아가지 않는다.

　철수는 이 전체 과정, 곧 1회전을 끝내고 목의 통증이 어떤지 살펴본다. "음, 많이 편해졌네. 그래도 머리를 돌리기는 아직 힘들어. 고통지수는 4 정도네." 이에 철수는 수용확언을 "나는 비록 아직도 뒷목이 뻣뻣하게 굳어서 잘 돌아가지 않지만, 깊게 완전히 나를 받아들인다"로 바꾸었다. 그리고 다시 기본 과정을 반복한다. 이렇게 기본 과정을 바꾸어서 하는 것을 앞에서 조정 과정이라고 했음을 명심하자.

　2회전(조정 과정)을 도표로 정리하면 다음과 같다.

동작	말하기
손날 두드리기 또는 가슴압통점 문지르기	나는 비록 아직도 뒷목이 뻣뻣하게 굳어서 잘 돌아가지 않지만, 깊게 완전히 나를 받아들인다.(3회 반복)
눈썹 7회 두드리기	아직도 뒷목이 뻣뻣하게 굳어서 잘 돌아가지 않는다.
눈 옆 7회 두드리기	아직도 뒷목이 뻣뻣하게 굳어서 잘 돌아가지 않는다.
눈 밑 7회 두드리기	아직도 뒷목이 뻣뻣하게 굳어서 잘 돌아가지 않는다.
코 밑 7회 두드리기	아직도 뒷목이 뻣뻣하게 굳어서 잘 돌아가지 않는다.
입술 아래 7회 두드리기	아직도 뒷목이 뻣뻣하게 굳어서 잘 돌아가지 않는다.
쇄골 7회 두드리기	아직도 뒷목이 뻣뻣하게 굳어서 잘 돌아가지 않는다.
겨드랑이 아래 7회 두드리기	아직도 뒷목이 뻣뻣하게 굳어서 잘 돌아가지 않는다.

동작	말하기
명치 옆 7회 두드리기	아직도 뒷목이 뻣뻣하게 굳어서 잘 돌아가지 않는다.
엄지 7회 두드리기	아직도 뒷목이 뻣뻣하게 굳어서 잘 돌아가지 않는다.
검지 7회 두드리기	아직도 뒷목이 뻣뻣하게 굳어서 잘 돌아가지 않는다.
중지 7회 두드리기	아직도 뒷목이 뻣뻣하게 굳어서 잘 돌아가지 않는다.
소지 7회 두드리기	아직도 뒷목이 뻣뻣하게 굳어서 잘 돌아가지 않는다.

2회전, 곧 조정 과정을 할 때는 뇌조율 과정을 생략하는 경우가 많다. 다시 말해서 2회전을 할 때는 '준비 단계(바뀐 수용확언 말하기) → 연속 두드리기(바뀐 연상어구 말하기) → 연속 두드리기(바뀐 연상어구 말하기)'의 3단계로 해도 된다.

2회전이 끝난 후에 고통지수를 확인하고, 아직도 증상이 남아 있으면 완전히 사라질 때까지 조정 과정을 반복하면 된다. 이렇게 해서 철수는 목의 통증이 사라졌고, 두통과 메스꺼움에 대해서도 EFT를 하고 이 증상들도 사라져 편안한 기분으로 출근하게 되었다.

이상이 EFT의 핵심이자 기본이다. 설명이 길어졌지만, 실제로 하는 시간은 몇 분이 채 안 된다. 처음 보는 독자들은 이 과정 자체가 너무 특이하고 단순해서 약간의 당혹감이 생길 수도 있다. 하지만 일단 효과를 확인하고 나면 자연스럽게 두드리게 될 것이다. 우선은 무작정 위에서 제시한 방법대로 말하고 두드려보라. 초보자라 하더라도 50% 정도의 효과는 날 것이다.

EFT를 실제로 활용하는 데 필요한 기본 지식

여기에서는 앞서 배운 내용을 활용할 때 필요한 EFT 지식들을 담아보았다. 살펴보면 EFT를 활용하는 데 많은 도움이 된다.

주관적 고통지수 측정하기

EFT를 할 때 맨 처음에 고통스러운 정도를 수치로 측정하고 표현하게 한다. 이것을 주관적 고통지수sujective unit of distress라고 하는데, 초보자는 이 점수를 매기는 일이 익숙하지 않아서 힘들다고 하는 경우가 많다. 고통지수는 어차피 본인이 느끼는 대략적인 수치일 뿐이므로 꼭 정확하게 할 필요는 없다. 다만 처음 수치와 나중의 수치를 보고 변화가 생겼는지를 확인하는 것이 목적이다. 그래도 어렵다고 생각되면 다음의 기준에 따라 점수를 매겨보라.

- 지금 이 증상이나 문제가 내가 감당할 수 없을 정도로 심하면 10이다.
- 10은 아니지만 그래도 아주 심하게 느낀다면 7, 8, 9 중 하나다.
- 전혀 불편함이 없는 편안한 상태면 0이다.
- 심하지는 않지만 약간 불편하면 1, 2, 3 중에서 하나를 고르면 된다.
- 0과 10의 중간 정도라고 느끼면 4, 5, 6 중에서 하나를 고르면 된다.

이 기준을 이해하면 대략적인 수치가 마음속에서 떠오른다. 내 경험상 지적 수준이 높지 않은 아이와 노인들도 이렇게 설명하면 다들 수치를 잘 말했다.

구체적으로 콕 집어서 하라

처음에 EFT를 배운 초보자들이 가장 많이 하는 실수는 너무 두루뭉술하게 표현한다는 것이다. 내가 초보자들에게 EFT를 가르칠 때 가장 자주 하는 말이 있다. "모호하게 하면 모호하게 해결되고, 꼼꼼하게 하면 꼼꼼하게 해결된다." 자신의 생각과 감정을 아주 모호하게 표현하는 사람들이 많은데, 이런 사람들이 EFT를 하면 어떻게 될까? 아마도 이런 식이지 않을까?

- 사는 게 그저 그렇지만, 깊이 진심으로 나를 받아들인다.
- 그 사람 표정을 보니 기분이 그냥 그렇지만, 깊이 진심으로 나를 받아들인다.

- 오늘 마음이 그저 그렇지만, 깊이 진심으로 나를 받아들인다.

이렇게 한다고 안 되는 것은 아니지만, 성공 확률이 그다지 높지 않을 것이다. 이럴 때 나는 자주 이렇게 말한다. "내 생각과 감정을 육하원칙에 맞게 다시 꼼꼼하게 표현해보세요. 무엇이 왜 어떻게 불편하게 하나요?"

먼저 심리적 문제의 예를 들어보자. "나는 비록 늘 우울하지만 ____"이라고 해서 우울증을 치료해도 그닥 큰 효과가 없는 경우도 많다. 이럴 때는 자신을 우울하게 만든 이유나 사건들을 찾아보고 그것에 대해 EFT를 적용해야 한다. 앞의 경우에는 '혼자 자취를 하고 있어서', '여자 친구와 헤어져서', '시험에 떨어져서', '어머니가 돌아가셔서', '월급이 몇 달째 안 나와서' 등 여러 가지 구체적인 원인이나 상황이 있을 수 있다. 이런 개별 상황과 원인에 대해 EFT를 적용해야 효과가 커진다.

두루뭉술하게 할 때	꼼꼼하게 할 때
나는 비록 늘 우울하지만, 깊이 진심으로 나를 받아들인다.	• 나는 비록 혼자 자취하고 있어서 우울하지만 ____ • 나는 비록 한 달 전에 여자 친구와 헤어져서 우울하지만 ____ • 나는 일주일 전에 공무원 시험에 떨어져서 우울하지만 ____ • 나는 비록 이번 달 월급이 안 나와서 우울하지만 ____

이번에는 육체적 문제의 예를 들어보자. 신체 증상을 고치고자 할 때도 증상을 꼼꼼하게 구체적으로 표현하는 게 좋다. 예를 들어 "나는 비록

뒷목이 뻣뻣하지만"으로 해도 되지만, 좀 더 구체적으로 표현할수록 더 효과가 난다. 그럼 신체 증상을 구체적으로 표현하는 요령은 무엇인가? 일단 다음 질문에 맞게 신체 증상을 표현해보면 된다.

"어디가 어떻게 할 때 어떤 상황에서 어떤 느낌으로 얼마나 아픈가?"

이에 대한 구체적인 예를 표로 만들어보았다.

어디가	어떻게 할 때	어떤 상황에서	어떤 느낌으로	얼마나
아픈 부위	아프게 하는 동작	아프게 하는 상황이나 조건	느낌	주관적 고통지수의 크기
뒷목이	돌릴 때	신경 많이 쓰면	뻣뻣하다	8
앞이마가	숙일 때	돈 걱정하면	지끈지끈 쑤신다	7
허리 가운데가	굽힐 때	아침에 일어나면	콱 결린다	5
양 눈이	해당 없음	책을 오래 보면	침침하다	4

이상을 수용확언으로 만들어보자.

- 나는 비록 신경을 많이 쓰면 뒷목을 돌릴 때 뻣뻣하지만, 깊이 진심으로 나를 받아들인다.
- 나는 비록 돈 걱정하면 앞이마를 숙일 때 지끈지끈 쑤시지만, 깊이 진심으로 나를 받아들인다.
- 나는 비록 아침에 일어나 허리를 굽히면 허리 가운데가 콱 결리지만, 깊이 진심으로 나를 받아들인다.
- 나는 비록 책을 오래 보면 양 눈이 침침하지만, 깊이 진심으로 나를 받아들인다.

이렇게 구체적으로 꼼꼼하게 적용하면 성공률과 더불어 자신감도 일취월장한다. 참고로 개리 크레이그가 이에 관해서 늘 강조하는 말이 있다. "구체적으로 해라Be specific."

양상을 이해하고 잘 적용하라

모자이크 그림을 멀리서 보면 그저 하나의 물체로 보이던 것이 다가갈수록 여러 개의 조각들이 드러나기 시작한다. 우리의 생각과 감정도 이와 같다. 처음에는 그저 한 덩이의 단일한 생각과 감정으로 느껴지지만, EFT를 하다 보면 온갖 다양한 생각과 감정들이 이 덩어리를 이루고 있음을 알게 된다. 큰 덩이를 이루는 이 작은 조각들을 개리는 양상aspect이라는 말로 표현하는데, 구체적인 예를 들어보자. 2년 전에 교통사고를 당한 이후로 운전공포증이 생겨 운전을 못 하게 된 여성을 치료할 때의 상담 모습이다.

처음에 "나는 그때의 사고를 생각하면 아직도 무섭지만, 깊이 진심으로 나를 받아들인다"라는 수용확언으로 EFT를 해주고 어떠냐고 물었다. "여전히 무서워요." "그럼 지금은 어떤 생각이 드나요?" "그때 내 눈을 확 비추던 헤드라이트 빛이 보이네요. 너무 무서워요." 이에 이 느낌을 EFT로 지우고 다시 물었다. "여전히 무서워요." "지금은 무엇이 생각나고 무섭나요?" "그때 끽 하던 소리가 귀에 울리네요." 이에 또 이것을 EFT로 지웠다.

일단 여기서 잠시 멈추고 보충 설명을 해보자. 여기까지 약 30분 정도 EFT를 했는데, 그녀는 여전히 무섭다고 했지만, 실제 두려움을 일으키는 내용물은 계속 바뀌고 있었다. 많은 사람들이 EFT를 해도 변화가 없다고 하는 경우가 많은데, 전체적인 느낌은 비슷한 것 같지만 실제로는 그 구성 요소들, 즉 양상들은 바뀌고 있는 경우가 많다. 이것은 효과가 없는 것이 아니라 효과가 진행 중이라고 보면 된다.

"이제는 무슨 생각이 들어요?" "여전히 무서운데, 그때 쿵 하고 부딪히던 느낌이 떠오르네요. 온몸이 막 떨려요." 이에 EFT를 하고 다시 물었다. "이제는 무섭지는 않네요. 그런데 막 화가 나요." "왜죠?" "신호 위반으로 사고를 낸 운전자 때문에 내가 이렇게 고생한다는 생각이 들어서 짜증이 확 올라오네요." 이에 이 짜증을 EFT로 지웠고, 이런 식으로 1시간 정도 꾸준히 양상의 변화를 따라가면서 드러나는 양상을 모두 지웠다. 그 과정에서 두려움, 분노, 걱정, 슬픔 등의 온갖 생각과 감정이 다 나타났다.

해결하고 싶은 심리적 문제	이 문제의 양상들
자동차 사고 트라우마	사고를 생각만 해도 무섭다. 헤드라이트가 무섭다. 끽 하던 소리가 무섭다. 쿵 하던 느낌이 공포스럽다. 고생해서 짜증난다.

이렇게 운전공포증이라는 단순한 감정으로 보였던 것이 실제로는 온갖 다양한 생각과 감정의 결합체였던 것이다. 대체로 우리가 한 사건이나 사람 등에 대해 느끼는 생각과 감정도 이와 같다. 겉으로는 아주 단순하게 보이지만 들어갈수록 온갖 다양한 양상들이 드러난다. 흔히 '애증이 교차한다'고 하는데, 이것도 바로 이런 예에 들어갈 것이다. EFT를 잘하는 방법은 이런 원리를 잘 이해하고, 양상의 변화를 잘 확인하면서 그

에 맞게 EFT를 하는 것이다.

이번에는 신체 증상에서 양상이 어떻게 드러나는지 알아보자. 어떤 사람이 물건을 들다가 허리를 삐었는데, 몇 달 동안 이런저런 치료를 다 받아도 낫지 않았다. 고통지수는 8이었고, 허리를 펴고 걷는 것이 무척 힘들었다. 다음에서 그에게 적용한 수용확언을 보면 신체 증상의 양상이 어떻게 바뀌고 드러나는지 잘 알 수 있을 것이다.

"나는 비록 당겨서 허리를 펴고 걷기가 힘들지만, 깊이 진심으로 나를 받아들인다."로 1회전을 하고 나니 허리가 펴졌다. 하지만 아직도 걸을 때 통증을 호소했다.

"나는 비록 걸을 때 오른쪽 허리가 쿡쿡 결리지만, 깊이 진심으로 나를 받아들인다"로 1회전을 하고 나니 걸을 때의 통증이 사라졌다. 하지만 몸통을 돌리니 또 아프다고 했다.

"나는 몸통을 돌릴 때 이 자리가 아프지만, 깊이 진심으로 나를 받아들인다"로 1회전을 하고 나니 통증이 3으로 줄면서, 이렇게 힘들게 일해야 하는 자신의 신세가 한탄스럽다고 했다.

"나는 비록 이렇게 아파도 일을 해야 하는 내 신세가 한탄스럽지만, 깊이 진심으로 나를 받아들인다"로 1회전을 하고 나니 한탄스러운 느낌은 사라졌다. 하지만 통증은 여전히 3이고, 갑자기 몇 년 전에 지금처럼 허리가 아파서 고생했던 기억이 떠오른다고 했다.

"나는 몇 년 전에도 이렇게 허리가 아파서 너무 힘들었지만, 깊이 진심으로 나를 받아들인다"로 1회전을 하고 나니 그 기억도 희미하게 사라지고 허리의 통증도 0이 되었다.

그렇다면 이런 양상들이 무한대로 계속 튀어나온다면 어떻게 해야 할까? 혹 평생 해야 하는 것일까? 그렇지는 않다. 아무리 복잡한 양상이 있어도 5~15퍼센트 정도만 제대로 지우면 나머지 양상들은 함께 사라진다. 이를 '삭제의 일반화 효과'라고 한다. 그러니 걱정 말고 두드려보라.

해결하고 싶은 육체적 문제	이 문제의 양상들
허리 통증	당겨서 허리를 펴기 힘들다. 걸을 때 결린다. 돌릴 때 아프다. 아파도 일해야 하는 신세 한탄 허리 아팠던 기억

핵심 주제를 이해하고 잘 찾아라

어느 날 50대 여성이 왔다. 며칠 동안 양 종아리가 터질 듯이 아프고, 양발도 화끈거려서 잠을 못 잤다면서 내원했다. 처음에는 일단 증상 자체에 대해서 EFT를 해보았다. "나는 비록 양쪽 종아리가 터질 듯이 아프고 양발도 화끈거리지만, 깊이 진심으로 나를 받아들인다"로 2~3회전을 해보아도 아무런 변화가 없었다. 이에 핵심 주제를 찾아야겠다는 생각이 들어서 아프기 전에 무슨 일이 있었는지를 물었다. 그러자 그녀가 대답했다. "아, 글쎄, 요즘 들어 왜 이렇게 안 되는지 몰라요."

이에 좀 더 자세히 물어보니, 이분이 보험 영업을 하는데 요즘 실적이 워낙 신통찮아서 스트레스가 많다는 것이었다. 그래서 이분의 말을 그대로 옮겨서 수용확언을 만들었다.

"나는 요새 하루 종일 돌아다녀도 계약 한 건도 안 되고, 도리어 보험 해약 요청만 들어와서 사는 게 너무 힘들고 짜증나지만, 깊이 진심으로 나를 받아들인다."

이것으로 1회전을 하자 그 효과는 정말 극적이었다. 얼굴에 짜증이 가득하던 그녀는 채 10분도 되지 않아서 살짝 미소를 띠면서 말했다. "아휴, 사는 게 이럴 때도 있죠, 뭐. 하루 이틀 해본 것도 아니고." 그와 동시에 증상도 싹 사라졌고, 며칠 뒤에 다시 확인했는데 잠도 잘 자고 있다고 했다.

결국 그녀의 이 모든 복잡한 육체적 증상을 일으키는 핵심 주제는 '최근의 영업 부진'이었던 것이다. 바로 이런 것이 핵심 주제다. 양상에 맞춰 드러나는 증상을 많이 해결했음에도 어느 단계에서 더 이상 진전이 되지 않으면 보통 핵심 주제가 관건이다. 핵심 주제가 해결되지 않으면 증상이 전혀 개선되지 않거나, 개선되더라도 한계가 뚜렷하다. EFT를 해도 효과가 잘 안 나는 사람들은 대부분 핵심 주제를 찾지 못한 데 원인이 있다. 다만 만성 질환이나 난치병인 경우에는 핵심 주제가 하나가 아닌 여러 개일 수도 있다.

모든 육체적·심리적 증상과 문제에 적용해보라

개리 크레이그가 EFT에 관해 가장 많이 하는 말이 있다. "어떤 것도 듣지 않을 때에도 EFT는 종종 듣는다It often works when nothing else will." "모든 것에 시도해보라Try it on everything." 이런 말 그대로 EFT의 효과와 적용 범위는 무궁무진하다. 범위가 너무 광범위하니 개리의 《EFT 매뉴얼The EFT Manual》 6판의 표지에 나오는 적용 범위를 여기에 인용해보자.

다음과 같은 문제를 포함한 기타 모든 문제들. 제반 통증, 두려움과 공포증, 분노, 알러지, 각종 중독, 호흡기 질환, 체중 조절, 혈압, 불안, 인간관계, 트라우마, 여성 문제, 우울증, 아동 문제, 학교 문제, 스포츠 능력, 성기능, 편두통에서 암에 이르는 난치병 등.

이외에 내가 직접 간접으로 경험한 몇 개의 사례를 나열해보자.

- 숙취로 두통이 있었는데 EFT로 몇 분 만에 바로 사라졌다.
- 일주일 이상 계속되고 다른 치료가 듣지 않던 딸꾹질이 몇 분 만에 멎었다.
- 막힌 코가 몇 분 만에 뚫렸다.
- 10년 넘은 극심한 접촉성 알러지성 피부염이 사라졌다.
- 알러지성 비염이 나았다.
- 극심한 근시가 좋아졌다.
- 영어 성적이 향상되었다.
- 스키 실력이 향상되었다.

이상은 그저 몇 개의 예에 불과하지만 이것만으로도 EFT의 적용 범위가 얼마나 넓은지 알 수 있을 것이다. 나는 수천수만 명에게 EFT를 직접 가르쳐왔지만 EFT의 한계가 어디인지 모른다. 많은 사람들이 나에게 묻는다. "~에도 될까요?" 그럴 때마다 나는 말한다. "해보세요." 나는 아직도 EFT로 해본 것보다 못 해본 것들이 더 많고, 아직 어디까지 얼마나 가능할지 모른다. 언제나 EFT는 깜짝 놀랄 결과를 보여주었고, EFT가 가능한 범위를 헤아리다 지쳐서 이제는 포기할 정도가 되었다. 지금도 전 세계 수천만의 EFT 사용자들에 의해 EFT의 성과는 갈수록 커가고 있고, 미국의 공식 EFT 홈페이지www.eftuniverse.com에는 수천 개의 사례가 올라와 있다.

그러나 이런 나의 주장을 전문가의 치료나 상담을 버리라는 말로 오해하거나 모두가 스스로 EFT로 다 좋아진다고 오해하지 않기를 바란다. 심각한 증상이나 질환을 치료하는 데는 해당 전문가의 경험과 능력이 필요하고, EFT 전문가의 도움과 조언도 역시 필요하다. 이 책은 일반인이 일반적인 문제를 EFT로 해결하는 데 도움을 주는 것이 목적이지, 심각한 수준의 문제를 해결하게 하는 것이 목적이 아니다. 그러니 자신의 문제가 심각하다고 느낀다면 EFT 전문가의 도움을 받기를 권한다.

자, 이제 EFT의 기본 형식은 다 배웠다. 그런데 막상 적용하려면 아직도 어디에 어떻게 활용해야 할지 막연할 수도 있을 것이다. 다시 한 번 설명하지만, '두통, 요통, 발목 염좌'를 비롯한 모든 신체 증상과 '차가 막혀서 생기는 짜증, 앞선 차의 난폭운전으로 인한 분노, 발표 불안' 등의 모든 부정적인 감정 문제에 적용해보라.

이해를 돕기 위해 신체 증상에 활용한 수용확언의 예를 다음과 같이 들어보았다. 물론 이때에는 양상을 고려해 구체적으로 콕 집어서 문제를 표현하는 것이 좋다.

- 나는 비록 지금 머리 앞쪽이 터질 듯이 아프고 열이 나지만
- 나는 비록 어제 발목을 삐어서 걸을 때마다 발목 옆쪽이 시큰거리지만
- 나는 일어설 때마다 왼 무릎 안쪽이 우리하게 아프지만
- 나는 산후풍이 있어서 양말을 벗으면 양발이 시리고 아리지만
- 나는 허리디스크가 있어서 왼쪽 다리를 들면 오금이 당기지만
- 나는 목디스크가 있어서 왼손이 저리고 당기지만

- 나는 허리를 삐끗해서 허리를 숙이면 뒤쪽이 결리지만
- 나는 아침에 일어나면 코가 간질간질하고 콧물이 나고 재채기가 나서 견딜 수가 없지만

이번에는 심리적 문제에 대한 수용확언의 예를 들어보자.

- 나는 비록 내일 시험 볼 때 떨려서 망치면 어떡하나 불안하지만
- 나는 친구가 별일 아닌 일로 화를 내서 나를 무시하나 하는 생각이 들지만
- 나는 이렇게 많은 사람들 앞에서 노래를 부르려고 하니 머리가 멍하고 심장이 쿵쾅거리지만
- 나는 지금 10층 발코니에서 밖을 내려다보니 온몸이 떨리고 무섭지만
- 나는 어두운 곳에 있으면 구석에서 뭔가 나와서 나를 덮칠 것 같아서 온몸이 움츠러들고 머리칼이 곤두서지만
- 나는 매일 가게에 손님이 없어서 돈 걱정에 뒷골이 당기지만
- 나는 부장님에게 결재를 받으러 갈 때마다 지적받을까 봐 움츠러들고 불안하지만
- 나는 다가오는 수능을 생각하면 망치면 끝장이라는 생각에 손에 땀이 나고 머리가 멍해지지만

위의 예들처럼, 독자들이 느끼는 모든 불편한 신체적·감정적 증상을 떠오르는 대로 느끼는 대로 표현해서 수용확언을 만들고 두드리다 보면 이것만으로도 최소한 50%는 효과를 볼 것이다.

EFT로 즉석에서 효과를 본 사례들

다음은 유나방송에서 겨우 30분 정도의 설명을 들으면서 EFT를 처음 따라 한 분들이 올린 사례들이다. 이렇게 짧은 시간에도 이런 큰 효과가 난다는 것이 신기하지 않은가!

1. 어깨 통증

반신반의하는 상태로 방송을 따라 했더니 신기하게도 밤새 찌뿌둥했던 어깨 통증이 사라졌다. 너무 신기해서 다른 통증이나 불안감에도 적용해봐야겠다.

- 장유정

2. 가슴 답답함

가슴이 답답해서 숨 쉬는 것이 시원하지 않았는데 트림이 계속 나면서 시원해져서 감사드립니다.

- 한영순

3. 양쪽 어깨의 만성 통증

양쪽 어깨에 만성적인 통증이 있었습니다. 어깨가 단단히 굳어 있는 상태였지요. 최근에는 목까지 뻐근하면서 두통도 생겼습니다. 선생님이 시키시는 대로 두드렸더니 어깨가 한결 가벼운 느낌이 나고 목을 돌릴 때 통증이 덜하네요. 다음 시간이 기다려집니다.

- 마로

4. 팔의 통증

그대로 따라 했더니 조금 불편한 오른팔의 통증이 없어졌어요. 신기하네요. 감사드립니다.

- 김화숙

5. 고혈압

제 몸으로 임상시험을 해봤습니다. 우리 집 식구들이 유전적으로 혈압이 높습니다. 전후를 체크했는데, 물론 하루의 시간 차이가 있었지만, 전 혈압 135, 후 혈압 116입니다. 헐, 효과가 분명하군요. 감사합니다. 이런 걸 알게 해주신 유나방송과 원장님께 감사드립니다. 물론 하던 운동은 계속해야죠.

– 홍성우

6. 오른팔 통증

최인원 선생님, 안녕하세요! 저는 오른쪽 팔을 주로 사용하는 편이라 오른쪽 어깨가 최근 들어 많이 아팠어요. 어젯밤 방송 들으면서 따라 해봤습니다. 1회 해봤는데 많이 아픈 부분의 통증이 줄었어요. 어?! 그래서 다시 2회를 해봤더니 아픈 곳과 그 주위의 아픈 느낌이 많이 없어졌어요. 잠자고 일어나 오늘 아침 팔을 움직여보니 아픔이 싹 없어진 건 아니지만 훨씬 수월해졌어요. 신기해요. 고맙습니다.

– 백영희

7. 눈의 통증

너무 놀랍네요. 요즘 며칠째 수면 부족으로 눈이 너무 아팠는데, 마침 선생님의 수용확언 예도 '수면 부족으로'가 들어가서 저도 "수면 부족으로 왼쪽 눈이 아프지만, 깊이 진심으로 나를 받아들인다" 하면서 따라하니 신기하게도 눈이 풀리고 부드러워지면서 통증이 싹 사라졌습니다. 한쪽 눈을 먼저 했는데 한 눈과 안 한 눈이 확연히 비교가 되어서 즉각적인 효과를 알 수 있었어요. 곧바로 나머지 눈도 2번 하고 조심스럽게 눈을 크게 굴려봤는데, 하기 직전까지 눈알을 돌리면 찌르는 통증과 뻐근함이 느껴져 눈물이 날 정도였는데 이런 효과가! 최인원 선생님과 유나방송에 감사드리면서 분명 뭔가가 있는 EFT의 세계로 푹 빠져봐야겠습니다.

- 법인봉

8. 식체

바쁜 일과로 하루 종일 굶다 저녁 9시쯤 저녁을 먹고 음식물이 내려가지 않은 듯 꽉 막히고 속이 더부룩했습니다. 유나방송 다시 듣기로 EFT 하는 방법을 배우고, 혼자서 '속의 더부룩함'을 가지고 금방 해봤습니다. 2단계까지 하고 났더니 헛구역질 세 번과 기침이 났습니다. 그랬더니 지금은 속이 뻥 뚫려서 시원합니다. 음식물이 쑥 내려갔나 봅니다. 와! 거참 신기하네요. 편안히 잘 수 있겠습니다. 좋은 방송 감사합니다.

- 황희정

9. 오른쪽 어깨 통증

안녕하세요. 너무 놀라워서 방송 듣다가 글을 남깁니다. 6개월째 오른쪽 어깨가 뻐근했는데 2번의 실행으로 이렇게 개선되었습니다. 침도 맞고 아침에 일어나 목을 몇 번 돌려도 개선되지 않던 증상이었습니다. 공부를 하는 학생이라 조금 무리해서 공부하면 다시 아프곤 했습니다. 그런데 2번의 실행으로 이렇게 좋아지는 것이 놀랍기만 합니다. EFT의 밝은 나눔에 감사드립니다. 고맙습니다.

- 윤진영

10. 왼쪽 어깨 통증

"나는 비록 잠을 잘 못 자서 왼쪽 어깨가 뻐근하지만, 깊이 진심으로 나를 받아들인다." 방송으로 들려주시는 예시문과 증상이 똑같아서 그대로 따라 해봤는데요, 80% 이상 팔과 어깨가 가벼워졌어요. 두드리는 타점들이 어찌 그리 아픈지요? 감사합니다, 혼돈 선생님.

- 오명희

11. 극심한 목의 통증

아주 어릴 때부터, 초등학교인가 중학교 때부터 목이 아팠고, 결혼하고 나서 몹시 심해져서 1자 목을 지나 역S자 목이 되어, 매일 매 시간 일분 일 초를 늘 고통 속에서 생활했습니다. 확실하게 심하게 아파진 건 15년 정도 됩니다. 병원에 다녀도 그때뿐 차도가 없었고, 작업(직업이 공예)을 하면 더욱 목이 아파서 사는 게 정말 힘들었습니다. 그런데 신기하게도 원장님 강의 들으면서 따라서 두드리니 훨씬 부드럽고 안 아픕니다. 기적 같아요. 책 읽을 때는 몰랐는데 잘 들어보니 5~7회가 아니라 그냥 가볍게 여러 번 두드리시네요. 전 좀 세게 일곱 번 세면서 두드렸거든요. 이제 더 쉽게 해볼 수 있어서 좋습니다. 방송 열심히 다시듣기 하겠습니다. 왠지 살맛이 납니다.

― 김민정

12. 알러지 비염

30여 년간 비염으로 고생이 심합니다. 아침부터 코가 막히고 콧물이 줄줄 흐릅니다. 이런 때에는 알러지 약 안 먹으면 하루 종일 고생인데 방송 들으면서 따라 했더니 신기하게도 코가 뚫렸고 콧물도 그쳤네요. 고맙습니다.

― 이지원

13. 눈이 맑아짐

저는 방금 눈을 예로 들어 타점을 두드렸는데 훨씬 눈이 맑아졌어요. 참 신기하네요. 또다시 3번째 방송 들으러 휘리릭 갑니다.

― 박병란

14. 찌뿌둥한 몸과 무거운 어깨

감사합니다. 저는 새벽 2시 30분쯤에 잠이 들고, 6시 55분쯤에 일어나려고 하니 온몸이 개운치 않고, 어깨도 무거우며, 코도 막혀 있었습니다. 방송을 들으며 EFT를 하고 나니 막힌 코도 뚫리고 몸도 상쾌해졌습니다. EFT를 하지 않았다면, 몰려오는 피로감에 다시 이불 속으로 들어갔을 텐데, 기분 좋게 오늘 하루를 시작합니다.

- 김혜진

15. 목과 허리의 디스크 통증

전 늦깎이 동참자입니다. 처음부터 하나도 빼놓지 않고 녹음을 해서 스마트폰에 저장해 늘 듣고 따라 하려 합니다. 불과 몇 번 안 했는데도 목과 허리의 디스크로 인한 뻐근한 통증이 다소 줄어드는 현상에 놀라워 하고 있습니다.

- 이형철

16. 목과 어깨의 통증

한방정신과에서 공황장애 및 불면증으로 치료받고 있는 중입니다. 어제 잠을 또 설쳐서인지 목과 오른쪽 어깨 통증이 와서 아무리 아픈 곳을 누르고 목을 이완시켜봐도 소용이 없었는데, EFT를 여러 번 하고 난 뒤 나도 모르게 저절로 통증이 사라졌습니다. 이제라도 EFT를 알게 되어 감사드립니다. 어려움 속에서도 삶의 고통을 완화하면서 앞으로 나갈 수 있을 것 같습니다.

- 조진순

17. 불안과 초조함

감사합니다! 불안 초조가 10이었는데, 머리와 가슴이 멍할 정도로 편해졌어요. 거듭 감사드립니다!

- 이미순

18. 무릎 통증

정말 신기하네요. 방금 전까지 무릎이 아팠는데 따라 하다 보니 통증이 없네요.

- 오선화

19. 만성 어깨 통증

만성적인 오른쪽 어깨 통증이 좋아졌습니다. 통증 없이 오른팔이 위로 들리네요.

- 목정일

20. 왼쪽 어깨 통증

어제 저녁 원장님 강의 듣고 타점을 따라 두드렸습니다. 늘 어깨가 잘 때마다 돌아누우려면 불편했었는데, 어젯밤에는 돌아누울 때 어깨가 아프지 않았습니다. 참 신기했어요. 돌아누울 때마다 나오는 아야 소리 없이 그냥 아침까지 잘 잤습니다. 왼쪽 어깨가 많이 편안해져서 신기할 뿐입니다. 오늘도 계속 시간 날 때마다 톡톡톡 두드리니 팔도 머리도 개운해지는 것을 느낍니다. 고맙습니다. 열심히 하겠습니다.

- 안화복

21. 왼쪽 발 통증

통풍으로 왼쪽 발이 욱신거려서 불편했는데 방송이 끝나고 나니 한결 편해졌습니다. 마음속에 꽉 붙들고 있던 것들을 건드려서인지 마음도 조금 가벼워졌어요. 감사합니다.

- 신은경

22. 시험 스트레스로 눈이 어지럽고 귀가 멍함

시험을 앞두고 스트레스를 너무 많이 받아 눈앞이 어지럽고 귀가 멍해 공부를 거의 못 하고 있었습니다. 방송 듣는 내내 누워서 따라 하다가 선생님께서 "시험을 망쳐 죽고 싶은 마음이지만"이라고 하셨을 때 갑자기 눈물이 너무 나서 견딜 수 없어 울었습니다. 일단 실컷 울고 나니 속이 후련하고 스트레스가 많이 풀린 기분입니다. 귀가 멍한 것은 조금 좋아졌고, 어지럼증도 따라 하기 전보다 좋아졌습니다. 앞으로 시험까지 30여 일, 잘 활용해야겠습니다. 감사합니다.

- 김숙현

23. 배가 더부룩하고 가스가 참

감사합니다. 윗배가 더부룩하고 가스가 차서 불편했는데, EFT를 1회 하고 2회 해도 별로 나아지지 않아 다시 한 번 더 해봤습니다. 그랬더니 갑자기 위에서 꾸르륵 소리가 나고 트림이 났습니다. '어!' 하는 마음이 들었습니다. 저는 제가 체했는지 전혀 몰랐는데, 트림과 위에서 나는 꾸르륵 소리를 듣고 나서야 '아, 내가 체했었구나' 하고 알아차렸습니다. 지금은 윗배가 편안합니다. 작은 경험이지만 나누어봅니다.

- 최우현

24. 2년 된 팔꿈치 통증

저는 약 2년 전부터 팔꿈치 통증으로 고생했습니다. 견딜 수 없을 때마다 통증클리닉에 가서 치료받고, 그나마 1년쯤 지나자 주사도 효과가 없어 한의원을 몇 군데 다녀보았지만 전혀 차도가 없었습니다. 유나방송에서 EFT를 따라 하다가 수용확언을 바꾸어서 "나는 비록 노동일마저 못하게 될까 봐 두렵지만", "나는 비록 테니스 엘보 증상은 쉬기 전에는 절대 낫지 않는다는 소리를 많이 들었지만" 등등으로 바꾸니 갑자기 확 상태가 호전되는 것을 느꼈고, 며칠이 지난 후까지 일할 때마다 고통스럽던 통증이 많이 호전되었음을 느낍니다. 신기하고 감사합니다. 앞으로 열심히 따라 해야겠습니다.

- 목정일

25. 수술받은 어깨의 통증 재발

칠순이 훨씬 넘은 어머니가 어깨 근육 수술을 받으셨는데, 최근 다시 통증이 심해지셨어요. 처음 고통지수가 8이었는데, 기본 과정을 한 번 했더니 4로 떨어지고, 다시 두 번 만에 통증이 0이 되었습니다. 어머니가 눈이 동그래지시면서 어떻게 통증이 하나도 없냐며 깜짝 놀라셨습니다. 혼자 하겠다고 당신도 가르쳐달라고 하시더라고요. 정말 되는군요. 제가 하고도 놀랍습니다.

- 희망벗

'핵심 주제'를 잘 찾아야 EFT를 잘한다

EFT가 워낙 쉽고 단순하다 보니 자신이 느끼는 증상과 문제를 무작정 단순히 말로 표현하면서 두드려도 대체로 50% 이상은 좋아진다. 개리 크레이그는 심지어 이런 말을 하기도 했다. "초등학생에게 EFT 기본 과정을 10분 동안 가르쳐주어라. 그리고 이제 이 아이를 월마트에 보내 아무나 붙잡고 두드려주게 하라. 그러면 그중에서 50% 정도는 좋아질 것이다." 이렇게 쉽게 효과를 내기도 하지만 EFT는 종종 효과가 너무 더디거나 전혀 없는 경우도 많다. 주로 핵심 주제를 찾지 못한 것이 원인이다. 따라서 핵심 주제를 잘 찾는 것이 초보자와 전문가의 차이이기도 하다.

애초에 EFT는 심리적 문제 해결을 위해 만들어졌지만, 현재까지 누적된 경험에 따르면 EFT는 온갖 육체 증상에도 정말 탁월한 효과를 발휘한다. 그런데 처음에 육체 증상만으로 EFT를 적용해도 어느 정도 효과가 나지만, 핵심 주제를 찾아야만 완전한 효과가 나는 경우도 많다. 지금부터 구체적인 사례를 통해 핵심 주제가 무엇인지 알아보자.

어느 날 50대 여성이 왼쪽 엄지손가락 부위가 아프다고 왔다. 남편과 텔레비전 앞에서 말다툼하다 남편이 화면 가리지 말라고 리모컨을 휘둘렀는데, 여기에 맞은 뒤로 한 달이나 지났는데도 여전히 너무 아파서 손가락을 굽힐 수가 없다고 했다. 이에 처음에는 증상으로 접근해서 "나는 왼쪽 엄지손가락이 너무 아파서 굽힐 수가 없지만, 깊이 진심으로 나를 받아들인다"라는 수용확언으로 두드렸다. 그런데 전혀 효과가 없었다. 그래서 1회전을 더 해보았지만 역시나 효과가 아예 없었다.

그래서 그녀에게 물었다. "손가락 처음 다칠 때 기분이 어땠어요?" "그야 당연히 미워서 콱 패고 싶었죠. 안 그래도 부부 사이도 안 좋았는데, 손가락까지 다치게 만들고. 너무 열받아서 하여튼 그날 밖에서 외박해버렸어요."

이에 이렇게 수용확언을 만들었다. "나는 그때 남편이 내 손가락을 쳐서 너무 미워서 콱 패고 싶었지만, 깊이 진심으로 나를 받아들인다."

그리고 EFT를 했더니 바로 나아버렸다. 결국 그녀의 손가락 통증의 원인은 남편에 대한 분노였고, 바로 이것이 핵심 주제였던 것이다.

또 어느 날 30대 여성이 다친 손이 몇 달째 낫지 않는다고 왔다. 몇 달 전에 넘어지면서 바닥을 짚다가 손목을 접질렀는데, 병원에서 사진상으로 아무 이상이 없다고 하는데도 아파서 손목을 굽힐 수가 없다고 했다. 의사는 "이 정도면 한 달이면 낫는데 안 낫는 게 이상하다"고 말하면서 당황하고, 이렇게 의사도 환자도 서로 답답해 어쩌지 못하는 상황이었다. 게다가 이 여성은 EFT를 좀 아는 사람이었다. "선생님, 30분이나 했는데도 아무 효과도 없어요. 이건 안 되나봐요." 이에 내가 직접 EFT를 해주었다.

맨 처음에는 "나는 비록 손목이 욱신거려서 굽힐 수가 없지만, 깊이 진심으로 나를 받아들인다"로 두드렸지만 통증은 변화가 없었다. 이에 핵심 주제를 찾기 위해서 다칠 당시에 무슨 일이 있었는지 물었다. "사람들이 많아서 일단 쪽팔렸죠." 이에 "나는 비록 사람들이 다 보고 있어서 너무 쪽팔렸지만, 깊이 진심으로 나를 받아들인다"라고 말하면서 두드렸다. 그러자 통증이 9에서 7로 떨어졌다.

여기서 더 이상 떨어지지 않아 다시 그때 무슨 일이 있었는지 물었다. "게다가 옆에 있던 남자 친구가 넘어진 나를 도와주기는커녕 뚱뚱해서 넘어졌다고 놀려서 엄청 열받았죠." 이 말을 하는 동안 그녀의 얼굴에는 벌써 노기가 가득했다. 이에 이 말 그대로 수용확언을 만들어서 두드리자 통증은 즉각 0이 되고, 몇 달 동안 굽힐 수 없던 손목을 자유자재로 쓸수 있게 되었다. 결국 그녀의 손목 통증의 핵심 주제는 쪽팔림과 분노였던 것이다.

앞에 나온 유나방송 애청자의 사례를 다시 한 번 보자.

"저는 약 2년 전부터 팔꿈치 통증으로 고생했습니다. 견딜 수 없을 때마다 통증클리닉에 가서 치료받고, 그나마 1년쯤 지나자 주사도 효과가 없어 한의원을 몇 군데 다녀보았지만 전혀 차도가 없었습니다. 유나방송에서 EFT를 따라 하다가 수용확언을 바꾸어서 "나는 비록 노동일마저 못 하게 될까 봐 두렵지만", "나는 비록 테니스 엘보 증상은 쉬기 전에는 절대 낫지 않는다는 소리를 많이 들었지만" 등등으로 바꾸니 갑자기 확 상태가 호전되는 것을 느꼈고, 며칠이 지난 후까지 일할 때마다 고통스럽던 통증이 많이 호전되었음을 느낍니다."

이분의 팔꿈치 통증의 원인은 무엇인가? 그렇다. 일을 하지 못할 거라는 걱정과 쉬지 않으면 낫지 않는다는 불안이 바로 핵심 주제였던 것이다. 이렇게 낫지 않는 대부분의 육체 질환 뒤에는 심리적인 원인이 숨어 있고, 이러한 심리적 원인을 핵심 주제라고 부른다.

또 다른 예를 들어 설명해보자. 오른쪽 발목을 삔 세 사람이 있다. 모두 나이와 성별도 같고, 겉보기 상태도 비슷하고, 사진상으로도 모두 골절이 아닌 인대 부상이며, 증상도 비슷해서 발목을 굽히기가 힘들고 걸을 때 많이 아픈 정도다. 원인도 동일해서 모두 걸어가다가 삐끗했다고 한다. 이렇게 증상이 동일할 때 의사들의 치료는 모두 동일하다. 의사들이 말하는 예후도 똑같다. "이 정도면 한 달이면 다 나을 거예요."

그런데 증상과 질병이 같다고 모두가 이런 일반적인 예후를 따르는 것은 아니다. 갑순은 실제로 2주 안에 다 나아서 뛰어다니는데, 을순과 병순은 4주가 지나도록 별로 호전이 되지 않고, 특히 병순은 갈수록 더 아프다. 왜 그럴까? 왜 똑같은 증상에 똑같은 치료를 했는데 결과는 다 다를까? 기존 의학의 패러다임으로는 도저히 예측도 이해도 되지 않는다. 왜 똑같은 병에 똑같은 치료를 해도 결과는 모두 다를까? 기존 의학은 이에 대한 답이 전혀 없다.

이것이 기존 의학의 한계다. 기존 의학은 사람이 아닌 병만 보고, 마음을 뺀 몸만 보기 때문이다. 그런데 그들이 나에게 온다면 나는 먼저 이렇게 물어본다.

1. **관련된 사건**: 구체적으로 어떤 상황에서 발목을 삐었죠?
2. **관련된 감정**: 발목 삔 것과 관련해서 어떤 기분이나 느낌이 들죠?
3. **관련된 생각**: 발목 삔 것과 관련해서 어떤 생각이 많이 드나요?

이들이 각각 내놓은 답변을 다음과 같이 표로 정리해보자.

	갑순	을순	병순
육체 증상	발목 돌릴 때 시큰거리고 걸을 때 욱신거림	발목 돌릴 때 시큰거리고 걸을 때 욱신거림	발목 돌릴 때 시큰거리고 걸을 때 욱신거림
증상과 관련된 사건	걷다가 실수로 삐끗함	친구가 장난으로 밀어서 삐끗함	전날 바람피운 남편과 대판 싸웠는데, 그다음 날 친구가 장난으로 밀어서 삐끗함
증상과 관련된 감정	없음	친구에 대한 짜증	친구에 대한 짜증 남편에 대한 치솟는 분노 막 꼬인 인생에 대한 좌절감
증상과 관련된 생각	없음	없음	나는 되는 것이 없다. 남편을 용서할 수 없다. 내 인생은 완전 실패다.

이렇게 되면 증상은 같아도 그들에게 해주는 EFT는 다 달라진다.

갑순

- "나는 비록 발목 돌릴 때 시큰거리고 걸을 때 욱신거리지만, 깊이 진심으로 나를 받아들인다."

을순

- "나는 비록 발목 돌릴 때 시큰거리고 걸을 때 욱신거리지만, 깊이 진심으로 나를 받아들인다."
- "나는 비록 친구 장난으로 발목을 삐어서 너무 짜증이 나지만, 깊이 진심으로 나를 받아들인다."

병순

- "나는 비록 발목 돌릴 때 시큰거리고 걸을 때 욱신거리지만, 깊이 진

심으로 나를 받아들인다."

- "나는 바람피운 남편도 밉고 나를 민 친구에게도 너무 짜증이 나지만, 깊이 진심으로 나를 받아들인다."
- "나는 도대체 남편도 그렇고 친구도 그렇고 되는 일이 없다고 느끼지만, 깊이 진심으로 나를 받아들인다."
- "나는 남편도 용서가 안 되고, 인생 자체가 완전 실패라고 느끼지만, 깊이 진심으로 나를 받아들인다."

갑순과 을순과 병순은 증상은 같아도 이와 관련된 사건과 감정과 생각은 모두 다르다. 바로 이 차이가 증상을 지속시키거나 악화하는 원인으로 작용한다. 갑순은 일반적인 치료에 잘 반응하지만, 을순과 병순은 관련된 감정과 생각까지 지워주지 않으면 증상이 지속되거나 재발하거나 도리어 악화되기 쉽다. 바로 이 점을 기존 의학에서는 간과하고 있고, 그들이 간과하는 이 점들이 바로 병의 원인으로 작용하고 있음을 이제 나는 확신한다. 이런 경우에 EFT를 적용해보면 바로 이들 원인이 해결되면서 효과를 보게 되기 때문이다.

이렇게 육체 증상을 만드는 사건과 감정과 생각을 뭉뚱그려서 나는 '육사감생 모델'이라고 흔히 부르고 강의한다. 다시 풀어서 말해보자. 낫지 않는 육체 증상 뒤에는 관련된 사건과 감정과 생각이 있고, 이것을 핵심 주제라고 부른다.

육사감생에서 사감생(사건, 감정, 생각)이 핵심 주제다!

그럼 이제 다시 사감생, 곧 핵심 주제를 찾는 질문법을 말해보자.

아플 무렵에 어떤 힘든 일이 있었나요?

관련된 사건을 묻는 질문인데, 이렇게 물으면 대답을 못 하는 경우도 많다. "별일 없었는데요." 그러면 이렇게 말하면 된다. "아무리 사소한 일이라도 됩니다. 조금이라도 신경 쓰이는 일이 있었으면 말해보세요." 그래서 나온 대답에 대해서 EFT를 하면 된다. 필요하다면 영화관 기법을 쓰는 것도 좋다.

살면서 힘들었던 일이 무엇인가요?

이것 역시 관련된 사건을 묻는 질문인데, 힘들었던 일이 누적되어서 큰 병이 되기 때문에 이 질문을 해보는 것이 중요하다. 단순한 통증인 경우에는 첫 번째 질문만으로도 잘 해결되는데, 복잡하고 오래된 병에는 이 질문을 반드시 하게 된다.

내 인생을 다시 산다면 생략해버리고 싶은 사건이나 사람은 누구인가요?

이 질문은 2번 질문과 취지가 같은데 좀 더 강하게 물어보는 것이다. 이 질문을 통해서 상처가 되는 사건을 EFT로 지우면 된다.

이와 비슷한 느낌을 받은 다른 일은 무엇인가요?

인간의 경험은 대체로 패턴을 형성하기 때문에 앞의 질문으로 나온 대답에 대해서 EFT를 해도 부족하다고 느끼면 이런 질문을 해서 더 많은 상처가 되는 사건들을 찾아서 지워야 한다.

아픈 것과 관련해서 드는 생각과 감정은 무엇인가요? 또는 아프니까 어떤 생각과 감정이 많이 드나요?

이 질문은 사감생 중에서도 감정과 생각을 묻는 질문이다. 이 질문에 대해 나왔던 답을 이해를 돕기 위해 몇 개 나열해보자.

- 아파서 아무것도 못 하니까 짜증나죠.
- 아파서 일도 못 해서 뭘 먹고 사나 걱정되죠.
- 수술 안 하면 절대 안 낫는다고 해서 나을 수 있을까 걱정돼요.
- 나이 들어서 그냥 참고 살아야 한다고 해서 우울하죠.
- 계속 아프고 안 나을까 봐 불안하죠.

병이 있어서 혹 좋은 것이 있다면 무엇일까요? 이 증상이 없어져서 안 좋은 것이 있다면 무엇일까요? 이 증상이 사라지지 않게 하는 이유가 있다면 무엇일까요? 이 증상이 사라지면 안 되는 이유가 있다면 무엇일까요?

우리는 의식적으로는 병이 낫기를 바라지만, 때로는 무의식은 도리어 병이 낫지 않기를 바라는 경우도 많다. 이런 것을 '심리적 역전'이라고 한다. 이런 심리적 역전을 찾는 질문이다.

기억을 지우는 영화관 기법을 배워보자

먼저 괴로운 기억 하나를 고른다. 이것을 단편 영화로 만든다고 생각하고, 주제를 잘 표현하는 제목을 붙인다. 상영 시간은 대략 10분 정도가 좋다. 하루 종일 또는 그 이상 지속된 일이라면 몇 개의 장면으로 분할해서 하나씩 하면 된다. 예를 들어, 7살 때 물에 빠져 죽을 뻔했던 기억이라면 '하마터면 물귀신 될 뻔함'이라고 제목을 붙이면 되고, 백화점 지하주차장에서 운전하다가 앞차를 들이받은 일이라면 '앞차 들이받고 정신줄 놓음'이라고 제목을 붙이면 된다.

이제 이 영화(기억)를 마음속에서 상영한다고 생각한다. 다시 말해서 내 마음이 영화관이 되어 기억이라는 영화를 상영하고 나 자신은 그 영화를 설명하는 변사가 되는 것이다. 만약 너무 고통스러운 기억이라면 앞에 나온 '문제에 살금살금 접근하기'나 '눈물 없는 트라우마'나 '통증 따라가기' 같은 기법을 써서 충격을 먼저 완화하는 것이 중요하다.

이제 자신이 마치 변사가 된 것처럼 영화 장면을 꼼꼼하게 설명하고, 고통지수가 올라가는 부분이 있으면 일단 멈추고 그 장면에 대해서 EFT를 한다. 이런 식으로 영화를 끝까지 상영하고 나면, 다시 한 번 영화를 상영하면서 감정을 느끼는 부분이 없는지 확인한다. 이때는 모든 감각을 총동원해 그 장면들을 확대시켜 느껴보고 감정의 동요가 생기지 않는지 확인하고, 필요하면 EFT를 실시한다. 기억이 완전히 사라졌는지 확인하기 위해 최소한 영화를 두 번 이상 상영하면서 감정의 동요가 있는지를 확인한다. 감정의 동요가 없고 덤덤하게 남의 일같이 과거 사건을 회상할 수 있게 된다면 모두 해결된 것이다.

1. 고통스러운 기억을 고른다.
2. 특징을 고려해서 제목을 정한다.
3. 너무 긴 기억은 잘라서 10분 정도 이야기할 거리로 만든다.
4. 영화 내용을 설명하다가 감정이 고조될 때마다 멈추고 EFT를 한다.
5. 다시 처음부터 영화를 상영한다. 소리도 키워보고 장면도 확대해본다. 그 밖에 촉각이나 후각으로 느껴지는 다른 양상이 있으면 최대한 생생하게 느껴본다. 감정이 느껴지면 EFT를 한다.
6. 더 이상 아무런 느낌이 없을 때까지 이상의 과정을 반복한다.

PART 4

EFT가 선수들에게 어떤 도움이 되는가?

Emotional

Freedom

Techniques

01

EFT는 각종 부상과
통증을 치유한다

부상과 통증을 고치는 EFT

수술과 재활로도 낫지 않던 야구 선수의 팔꿈치 통증

팔꿈치 인대 접합 수술과 손목 수술을 하고 몇 개월째 재활에 매진하고 있는 중학교 선수가 있었다. 고등학교 입학을 기다리며 재활하고 있었는데, 수술한 지 6개월이나 지났지만 여전히 여기저기 쑤시고 시린 통증이 남아 있었다. "팔꿈치 통증이 어때요?" "펴려고 힘을 줄 때마다 쑤시고 아파요." "0에서 10까지 수치를 측정한다고 하면 얼마 정도로 아픈 것 같아요?" "7~8은 됩니다." "자, 한번 따라 해봐요. 나는 오른쪽 팔꿈치가 7 정도로 쑤시고 아프지만, 그런 나를 완전히 받아들이고 사랑한다."

이렇게 일단 드러난 증상에 대해서만 EFT를 한 뒤에 물었다. "지금은 어때요?" "어? 통증이 내려가네요. 지금은 3 정도 되는 것 같아요." 다시 한 번 더 증상에 대해서 타점을 두드린 뒤에 이번엔 팔꿈치가 심하게 아팠던 기억을 다뤄보았다. "이렇게 팔꿈치가 심하게 아팠던 기억나는 순간 있어요?" "네. 마운드에서 직구를 던지는데 팔꿈치가 뜨끔거렸어요. 그 뒤로 벤치에 내려와서 앉아 있는데 정말 끊어질 듯이 아파서 제대로 팔을 펼 수가 없었습니다."

이에 당시의 '뜨끔거리고 아파서 제대로 펼 수 없었던 느낌'에 대해서 두드렸다. "지금은 어때요?" "헐! 아무렇지 않아요. 어떻게 이렇게 되지?" "아팠던 기억을 지워서 그래요." 그런 다음에 손목에 대해서도 아팠던 기억 몇 개를 더 지워줬는데, EFT를 하기 전보다 훨씬 부드럽게 느껴진다고 했다. 이 선수와는 4번 정도 상담을 했고, 몇 주 뒤에도 통증이 공을 던지는 데 아무 무리가 없을 만큼 줄어서 좋아했다.

통증이 줄고 팔꿈치가 펴지다

팔꿈치 인대 관련 수술을 받으면 선수들은 몇 달간 깁스를 하고 있느라 관련 조직이 굳어버린다. 그래서 재활 과정에서 팔꿈치를 고정하고 억지로 펴는 작업을 한다. 이 과정에서 선수들은 엄청난 통증을 느낄 뿐만 아니라 그 스트레스로 잠도 못 잘 만큼 불안해하는 경우도 많다. "팔꿈치를 억지로 펴는데 정말 아파서 죽을 것 같습니다." "정말 괴롭고 힘들어요. 진짜 그 통증 때문에 다 포기하고 싶습니다." 그런데 이런 선수들에게 EFT를 적용해서 아무 통증 없이 팔꿈치가 자연스럽게 펴지는 경우가 정말 많았다. 그 사례들을 한번 살펴보자.

수술받은 지 8개월 정도 된 고교 선수가 있었다. 깁스를 다 풀고 아무리 재활을 해도 팔꿈치가 끝까지 다 펴지지 않았다.

- 나는 팔꿈치를 끝까지 펼 수 없지만, 그런 나를 마음속 깊이 받아들이고 이해한다.
- 나는 팔꿈치를 끝까지 펼 때 쑤시고 찌릿한 통증이 느껴지지만, 그런 나를 마음속 깊이 이해한다.

이렇게 2~3회전 정도 드러난 증상과 통증에 대해서 EFT를 했더니 그 자리에서 팔이 바로 5도 정도 더 펴졌다. 그 선수는 정말 좋아질까 하고 의심하다가 바로 그 자리에서 팔꿈치가 시원해지면서 펴지니 깜짝 놀랐다. 곧이어 공을 잡고 던질 때도 한결 편하게 세게 던질 수 있었다.

이번에는 증상만으로 접근해서는 별 효과가 없었던 선수의 사례다. 그는 포수를 맡고 있었는데, 아무래도 포수가 팀에서 공을 가장 많이 던지는 포지션이라 팔꿈치 관련 통증을 많이 가지고 있다. "팔꿈치를 끝까지 펴려고 하면 딱딱하게 굳어 있는 느낌이 들고 욱신거리고 아파요." 일단 이 증상에 대해서 EFT를 해도 효과가 없어서 관련 기억을 다루기로 했다. "자, 그럼 아프기 전 상황을 한번 볼게요. 팔꿈치 통증과 관련해서 정말 너무 아팠던 순간 있어요?" "그때 감독님에게 아프니 쉬게 해달라고 말을 할 수가 없었어요. 3학년 포수 형이 재활 중이어서 저밖에 주전 포수가 없었습니다. 당시 전국대회가 한창 진행 중이라서 아파도 참고 했습니다." "당시 말도 못 하고 통증을 참아야 했던 느낌 기억나죠?" "네. 너무 끔찍하죠. 당시에 경기 중에 한 번 실수했다고 밤 12시까지 그물망에 공을 몇백 개씩 던지고 자야 했는데, 그때 팔이 다 끊어지는 줄 알았습니다." 그때를 생각만 해도 그의 얼굴엔 끔찍한 통증의 기억이 역력했다.

- 나는 당시 밤 12시까지 팔꿈치가 끊어질 듯한 통증을 참고 던졌고
  그 통증이 아직도 너무 생생하지만, 이제는 마음속 깊이 나를 받아
  들인다.

이렇게 말하면서 두드리니 선수의 눈에 눈물이 흘렀고, 몇 번의 큰 한
숨과 함께 부정적 감정이 쭉 빠졌다. 다시 물었다. "지금 어때요?" "아
무 생각이 안 나요. 끔찍했던 그 느낌이 사라졌어요." "다른 기억 있을까
요?" "그 며칠 뒤에 봉황대기 준결승이었어요. 중요한 순간에 도루가 나
왔는데, 기를 쓰고 잡는다고 정말 세게 던졌습니다. 그때 팔꿈치가 뜨끔
했고, '큰일 났다'고 생각했어요. 그때가 너무 생생하네요."

이에 그 기억을 EFT로 지웠고, 이외에도 쉬지도 못하게 하는 감독님
이 미웠던 일, 그래서 야구를 그만두고 싶어 했던 기억, 그런 자신을 이
해해주지 못하는 아버지와 갈등이 생긴 것 등 팔꿈치 통증과 관련된 상
처받은 기억들을 지웠다. 어린 선수가 얼마나 힘들었던지, 중간 중간 평
평 울기도 했다. "지금은 어때요?" "아무 생각도 안 납니다. 정말 편안해
요." "자, 그럼 팔 한번 확인해봐요." "어?! 왜 이러지?!" 말도 못 하고 끔
찍한 통증을 참으며 운동했던 여러 기억을 지우니 팔꿈치가 거의 완전히
신전되었고, 남은 통증도 거의 다 사라졌다.

"정말 신기하네요. 두드리면서 전기가 통하는 느낌이 몇 번 들긴 했는
데 이제 팔꿈치를 펴면 하나도 안 아파요. 어떻게 된 거죠?" "나쁜 기억
이 빠져나가면서 관련 조직이 자연 치유된 거예요." "진짜 신기하네요.
이럴 수가." 이렇게 딱 1시간 반 정도 상담했는데, 다음 날부터 훈련에서
송구가 훨씬 편안해졌다고 좋아했다. "그냥 아무 생각 없이 공을 던지는

것 같아요. 전에는 통증 때문에 제대로 못 던지면 어떡하나 항상 불안해했는데, 지금은 정말 편안해요."

사격 선수의 만성적인 어깨 통증

예전에 사격 선수들에게 EFT를 알려주고 적용할 시간이 있었다. 당시 실업팀의 한 소총 선수가 어깨가 자주 아파서 집중하는 데 상당한 방해를 받고 있었다. "어깨가 어떻게 아파요?" "오른쪽 어깨가 끊어질 듯이 아프고 쑤시는 느낌이에요." "0에서 10까지 강도를 측정할 수 있다면 어느 정도 되는 것 같아요?" "돌리면 4~5 정도인데, 훈련할 때면 8 정도로 많이 아픕니다." 옆에서 보던 코치가 한마디했다. "병원도 자주 가고 항상 약을 먹는데 저 선수 통증이 잘 안 나아요." 우선 현재 증상에 대해서 EFT를 했다.

수용확언

● 나는 오른쪽 어깨가 쑤시고 아프지만, 그런 나를 마음속 깊이 받아들인다.

"지금 좀 어때요?" "(어깨를 돌려보면서) 어! 왜 이러지?" "좀 내려갔어요?" "헐! 확실히 통증이 사라졌어요." "남아 있는 통증 있어요?" "음, 조금 남아 있어요." 이에 다시 '약간', '여전히', '남아 있는' 같은 단어를 넣어서 추가 조정 작업을 하고 가장 아팠던 때를 떠올리며 다시 한 번 EFT를 했다.

- 나는 당시 견착을 하면서 어깨가 아파 제대로 집중도 못 하고 힘들 었지만, 그런 나를 마음속 깊이 진심으로 받아들인다.

다시 물었다. "지금은 어때요?" "어깨에 얽혀 있던 실타래가 사르르 풀 리는 느낌이 들었어요. 이젠 안 아파요. 진짜 신기하네." 처음에 EFT를 소개할 때는 다들 반신반의한 표정으로 나를 쳐다봤지만, 이 선수의 통 증이 줄어드는 것을 보고 깜짝 놀라며 더욱 믿음을 가지고 EFT를 받아 들이기 시작했다.

사격 선수들의 눈이 좋아지다

고교 사격부 선수들에게 처음으로 EFT를 소개하고 알려주는데, 항상 눈이 너무 침침하고 뻑뻑해서 제대로 조준을 할 수 없다는 선수가 있었다. "너무 침침하고 건조해서 눈을 계속 떴다 감았다 해요. 눈알도 아프고. 이것 때문에 조준할 때 계속 방해가 돼요."

- 나는 눈이 건조하고 따갑지만, 그런 나를 마음속 깊이 진심으로 받 아들인다.
- 눈알이 아프고 따가운 느낌이 들지만, 그런 나를 마음속 깊이 진심 으로 받아들인다.
- 조준할 때마다 뻑뻑한 느낌이 너무 짜증나고 싫지만, 그런 나를 마 음속 깊이 진심으로 받아들인다.

이렇게 눈의 증상과 관련된 감정을 구체적으로 말하면서 두드렸더니 그 자리에서 눈의 통증과 불편한 느낌이 다 줄었다. 이 선수를 2주 뒤 인천의 시합장에서 만났을 때도 역시 괜찮았다. "확실히 눈이 편해요. 약을 매일 넣어도 항상 피곤하고 뻑뻑했는데, EFT를 하니 진짜 눈이 많이 밝아지고 피곤함도 덜해요. 그래서 매일 EFT를 하고 있어요."

위의 선수와 눈에 대해서 EFT를 하고 있는 와중에 다른 한 선수가 물었다. "선생님, 그럼 EFT 하면 눈도 좋아져요?" "네, 당연히 좋아지죠." "에이, 설마?" "의심되면 지금 한번 해보죠. 해서 손해 볼 게 없으니. 하하."

우선 선수들에게 자기 책상 앞에 아무 글자나 새겨진 물건을 놔두게 했다. 안경을 쓰고 있던 선수는 안경을 잠시 벗고 자신이 볼 수 있는 범위에 글자를 두게 했다. 그리고 그 글자를 서서히 멀리하면서 점차 읽을 수 없게 되는 곳에 두게 한 뒤 EFT를 했다. 선수들이 말했던 단어를 그대로 사용했다.

수용확언

- 나는 글자가 뚜렷하게 보이지 않지만, 그런 나를 마음속 깊이 이해하고 사랑한다.
- 글자가 안개가 낀 것처럼 보이지만, 그런 나를 마음속 깊이 이해하고 사랑한다.
- 글자가 어렴풋이 흐리게 보이지만, 그런 나를 마음속 깊이 이해하고 사랑한다.
- 이렇게 EFT를 한다고 잘 볼 수 있을 거라는 생각이 전혀 들지 않지만, 그런 나를 마음속 깊이 이해하고 사랑한다.

이렇게 2~3회 정도 두드렸고, 선수들에게 글자를 다시 보라고 했다. "헐, 대박, 보이네!" 8명의 학생이 있었는데, 이 중 3명 정도는 앞에 놓인 글자를 술술 읽어 나갔다. 특히 바로 앞에 앉아 있던 학생이 시력 차이가 뚜렷했다. "아니, 어떻게 이럴 수 있지? 말도 안 돼." 그냥 증상에 대해서만 EFT를 했기 때문에 시력이 잠시 좋아진 선수들도 몇 시간 뒤에 다시 원래 시력으로 돌아갔다. 하지만 그중에는 EFT가 효과가 있다는 것을 알고 꾸준히 적용한 선수가 있었는데, 2주 뒤 시합장에서 물으니 이렇게 답했다. "시력을 정확히 안 재봐서 시력 자체가 좋아진 것은 모르겠어요. 그런데 확실한 건 시야가 많이 밝아져서 조준하는 데 집중이 잘 돼요."

내가 사격 선수들에게 시력에 대해서 EFT를 적용했을 때, 10대의 어린 선수들은 어른들보다 확실히 전후 차이가 뚜렷한 경우가 많았다. 아무래도 사격 선수들이 한쪽 눈을 감고 오랫동안 조준을 해야 하기에 눈에 피로가 많아서 그런지 EFT가 많은 도움이 되었다.* 이런 눈의 증상뿐만 아니라 통증과 입스, 기타 심리적인 문제에서도 어린 선수일수록 EFT의 효과는 더욱 극명하게 나타난다.

레슬링 선수의 만성 허리 통증

한 체육고등학교에서 EFT를 소개하고 알려주는데, 허리가 너무 아파서 항상 병원에 다니며 훈련을 제대로 못 하는 선수가 있었다. "언제부터 아팠어요?" "작년에 시합하다가 다쳤는데, 그 뒤로 계속 아파요." "어떤 자세에서 많이 아파요?" "제대로 허리를 숙일 수도 없습니다." 실제로 90

---

* 《5분의 기적 EFT》 491쪽 참고.

도 이상 숙이지도 못할 만큼 왼쪽 아래 기립근 부위에 통증이 심했다. 일단 드러난 육체 증상에 EFT를 적용했다.

수용확언

● 나는 허리를 숙일 때마다 왼쪽 아래 허리 부분에 심한 통증이 느껴지지만, 그런 나를 마음속 깊이 받아들인다.

어린 선수들이라 반신반의하는 상태로 나를 처다봤고, 2회전 정도 더하고 다시 허리를 숙여서 확인하게 했다. "아까보다 훨씬 괜찮아요." 실제로 허리를 숙이는데 90도 이상 내려갔고, 그래도 여전히 남아 있는 통증을 처리하려고 물었다. "허리가 가장 아팠던 때 기억나요?" "음, 두 달 전에 연습도 못 할 만큼 아팠던 기억이 있어요." "그때 아팠던 느낌 생각나죠?" "네. 끊어질 듯이 아프고 쑤시고, 움직일 때마다 뜨끔거리고." "그때 어떤 마음이 많이 들었어요?" "그냥 한없이 짜증나고 힘들었어요."

이에 당시 '아팠던 느낌과 짜증'에 대해서 EFT를 적용했고, 다시 물었더니 통증의 강도가 더 내려갔다. 시범으로 잠시 한 것이라 통증이 완전히 0이 되진 않았지만, 하기 전보다는 확실히 통증이 줄고 마음도 편안해졌다. 이렇게 대략 현장에 있던 10명 중 6~7명 정도의 선수들이 신체 증상과 아팠던 기억에 대해 EFT를 하는 것만으로 통증이 대폭 줄었다. 물론 이 정도만으로 통증이 줄지 않는 선수들도 당연히 있었다. 하지만 이렇게 스스로 간단하게 통증과 통증의 스트레스를 풀 수 있다는 것을 안 것만으로도 선수들은 큰 위안을 얻었다.

EFT는 근육을 풀고 피로를 풀어주는 최상의 도구다

한번은 광배근이 심하게 뭉쳐 통증이 생기고 가동 범위도 제한된 트레이너가 찾아왔다. 팔꿈치를 얼굴 옆에 붙여서 안쪽으로 모으는 광배근 가동 범위 검사를 했을 때 오른쪽이 제대로 붙지 않았다. "오른쪽 광배근을 마음속으로 떠올리면 어떻게 보여?" "약간 보랏빛이 돌면서 회색 바위처럼 뭉쳐 있는 모습이 떠올라." "그 모습 보니 어떤 생각이 들어?" "그 부위가 항상 뭉쳐서 마사지하면 엄청 아프고, 왜 이렇게 안 풀리나 싶어서 짜증도 나고, 광배근 운동할 때 통증도 약간 있어서 그런 것들 때문에 스트레스를 자꾸 받지." 그래서 이렇게 EFT를 했다.

> **수용확언**
>
> • 나는 광배근 부위가 회색빛이 돌고 바위처럼 단단하게 뭉쳐 있는 것처럼 느껴지고 운동할 때마다 항상 뻐근하고 뭉친 느낌이 들어 짜증도 많이 났지만, 그런 나를 마음속 깊이 받아들이고 완전히 사랑한다.

2회전 정도 두드리고 확인해보았다. 확연하게 차이가 날 정도로 광배근 가동 범위와 유연성이 눈에 띄게 좋아졌다. 나는 이 과정 전체를 영상으로 찍고 있었는데, 총시간이 20분도 걸리지 않았다. 그 뒤로 그는 수시로 나에게 달려와 EFT를 해달라고 졸라댔다. EFT를 하면 할수록 목, 어깨, 극상근, 광배근, 허리 등의 다른 뭉친 근육도 풀리고 통증도 줄어서 운동에 더욱 집중할 수 있었다.

이외에도 파워리프트 선수로 활동하고 있는 이태환 트레이너 또한 EFT를 아주 잘 활용하고 있다. 그가 EFT를 어떻게 사용하고 있는지 한번 살펴보자.

"EFT와 교정 운동으로 웬만한 몸의 피로나 근육 통증은 다 풀 수가 있어요. 그리고 운동을 한 뒤에 휴식을 해야 근력과 근육이 생기는데, EFT는 그런 휴식의 질을 확실히 높여줍니다. EFT를 하면 회복 속도가 하루 정도 더 빨라요. 최고 중량을 들 때 저는 항상 먼저 EFT를 합니다. 그러면 한계 중량과 한계 횟수를 초과해서 들 수가 있어요. 파워리프트나 역도 하는 선수들한테도 EFT를 많이 알려주는데, 다들 회복도 빨라지고, 들 수 있는 무게도 확실히 늘어난대요. 그래서 항상 EFT를 알려줘서 고맙다고 합니다. EFT는 정말 저에게 없어서는 안 될 도구가 되었어요."

이태환 트레이너는 항상 최고 무게를 들기 전에 EFT 하는 영상을 나에게 보내주곤 했다. 확실히 EFT로 근력과 근육량이 빠르게 늘었고, 이제 EFT 전도사 중 한 명이다.

대한민국 역도 경량급에서 뛰어난 성적으로 수많은 대회에서 메달을 딴 고양시청 소속 전 국가대표 고석교 선수에게 EFT를 한동안 알려주었는데, 그는 몇 개월 동안 꾸준히 실천하고 이런 후기를 보냈다.

"두드리기 전과 후의 차이가 확실히 느껴질 만큼 EFT는 훈련 습관이 되었습니다. 우선 EFT를 하면 워밍업이 빠르게 됩니다. 이미지 트레이닝에도 많은 도움이 됩니다. 역도라는 특성상 항상 통증을 달고 살아야 하지만, 그 통증으로 감정 조절이 힘들 때는 EFT가 많은 도움이 됩니다. 고강도 훈련에서 호흡을 안정시키고 심리적인 안정을 되찾는 데도 효과가 좋다 보니 집중력이 높아져서 기대하는 만큼의 훈련 성과를 내고 있습니다. 시합에서도 항상 EFT를 하면서 마인드 컨트롤을 하고 집중하는 데 큰 효과를 보고 있습니다."

– 전 역도 국가대표 고석교, 고양시청

나도 웬만한 운동을 다 좋아하기 때문에 운동 전후 각 근육과 조직을 이완시키고 스트레칭하는 데 EFT를 꼭 활용한다. 자기 전에 항상 EFT로 그날의 스트레스를 다 푼다. 또한 아직까지도 틈틈이 내적 평화 과정(지금까지 살면서 상처받은 일들을 죽 적어 놓고 EFT로 지워 나가는 과정)을 한다. 그러면 바로 자극이 풀리는 부위가 뒷목과 어깨이고, 이 부위에는 웬만해선 피로가 거의 쌓이지 않는다. 뿐만 아니라 허리, 햄스트링, 무릎, 종아리 등 조금이라도 뭉치고 피로가 쌓인 부위가 있으면 EFT를 하고, 그러면 기포가 터져 나가는 느낌이 들면서 다 풀리며, 더불어 여러 작은 통증도 다 사라진다. 또한 하루에 30분 이상씩 스틱과 볼 등의 도구를 이용해 몸 전체를 풀어서 소소한 피로나 통증도 없는 편이다. 또한 트레이너 생활을 하면서 회원들에게 단순 근육 마사지를 했을 때와 EFT를 적용했을 때를 비교하면 EFT가 훨씬 더 빠르고 쉽게 근육을 이완시킨다는 것을 알 수 있었다.

"여러 방법으로 근육을 풀고 강화해주는 트레이너에게 EFT가 정말 많은 도움이 됩니다. 통증 부위의 연축된 근육이 빠르게 풀릴 뿐만 아니라 손상된 부위도 몇 번 두드리고 나면 신기할 정도로 나아 있습니다. 통증이 사라져도 그에 대한 트라우마나 두려움이 더 큰 문제가 될 때가 많습니다. EFT는 선수들의 마음과 통증을 동시에 고칠 수 있는 최고의 방법이라고 생각합니다."

– 신동재 재활 전문 트레이너, 핏오짐 대표

"EFT를 하면 신기할 정도로 목과 어깨의 긴장이 풀려요. EFT를 하고 자면 확실히 다음 날 회복 속도가 다릅니다. 운동과 PT 수업,

헬스장 운영까지 하면서 스트레스를 크게 받는 제게 EFT는 없어서는 안 될 중요한 도구입니다. 또한 일반인들도 이상하게 통증이 안 낫는 경우가 많아요. 분명 병원 검사상으로나 기타 측면에서 이유가 없는데도 아파하고 심리적 고통을 겪는 경우가 많습니다. 그때 EFT를 소개하고 함께 두드리다 보면 통증이나 여러 부정적 감정이 신기하게 사라지는 경우가 많습니다."

- 백인근 트레이너, 고포잇짐 팀장

여기서 다시 왜 EFT가 피로 회복과 스트레칭에 최적의 도구인지 그 이유를 간단히 정리해보자. 첫째, EFT를 꾸준히 하면 운동으로 피로해진 근육과 조직이 빠르게 회복되어서 통증과 가동 범위와 유연성이 눈에 띄게 좋아진다. 둘째, EFT는 마사지 받을 때 느끼는 그런 통증이 없어서 아주 편안하다. 셋째, EFT는 장요근처럼 촉지하기 힘든 심부 근육까지 자연스럽게 풀어준다. 넷째, 물리적인 도구와 공간과 사람이 필요한 기존의 방법보다 훨씬 간편하고 경제적이다.

몸을 혹사시켰던 기억을 지우면 통증이 사라진다

나는 통증으로 힘들어하는 선수들을 EFT로 치유하면서 공통적인 패턴을 발견했다. 이에 관해서 선수들이 말하는 이야기를 들어보자.

- 아파도 말도 못 하고 팔꿈치가 끊어져라 훈련만 해야 했던 그때만 생각하면 너무 끔찍해요.
- 진통제도 더 이상 효과가 없을 만큼 못 참을 정도가 될 때까지 공을

던져야만 했어요.

- 다 아픈 거라고, 그냥 참으면서 하는 거라고, 그렇게 혼나면서 이를 악물고 했어요. 그래서 아파서 몰래 화장실 가서 운 적도 많습니다.

팀의 성적을 위해서는 에이스 선수들이 꼭 필요하다. 단기간에 성적을 내야만 하는 엘리트 체육 학교 현장에서는 더욱 그렇다. 그러다 보니 정말 유능한 투수들이 프로에 입단하자마자 수술을 받거나 기나긴 재활 기간을 거친다. 오죽하면 투수들은 고등학교 때 팔이 다 망가져 프로에 들어온다는 말이 생길 정도. 최근 고교 야구에서는 어린 선수들의 혹사를 방지하기 위해 투수들의 일일 투구수 제한 제도를 두기도 했다. 하지만 여전히 우리나라의 엘리트 체육 선수들은 다른 나라에 비해 운동량이 훨씬 많다. 전국대회가 있으면 잠을 줄여서 밤늦게까지 운동하는 경우도 허다하다. 절대적인 운동량은 곧 성적과 직결된다는 생각이 팽배하기 때문이다. 그러다 보니 선수들은 당연히 통증을 참고 운동해야 하는 경우가 많고, 그 과정에서 불필요한 부상까지 당하며 선수 생활에 큰 위기를 맞는다. EFT로 혹사당하며 훈련했던 기억을 하나씩 지워주니 통증과 기타 관련 증상이 빠르게 좋아진 경우가 많았다. 그와 관련된 사례를 살펴보자.

손목 통증

3학년에 재학 중인 포수를 전국대회를 한창 치르고 있을 시기에 만났는데, 한쪽 손목이 다른 쪽에 비해 심하게 부어 있고, 잘 돌릴 수 없을 정도의 통증으로 힘들게 시합을 하고 있었다. 포지션도 1명밖에 없는 포수여서 빠질 수도 없는 상황이라 수술이나 재활도 제대로 못 하고 통증을 억지로 참고 있었다. 육체 증상에 대해서 일단 EFT를 했는데 별 효과가 없어 원인이 되는 기억을 탐색해서 다루었다. "손목이 아파서 힘들었던 순간이 있으면 최근 것부터 한번 말해줄래요?" "황금사자기를 준비하는 내내 손목이 아파서 너무 힘들었습니다." "그때 힘들어하는 내 모습이 어떻게 보여요?" "손목이 아파서 제대로 배트도 못 잡고 힘도 못 주는데 옆에서 코치님이 보시곤 정신력이 약하다고 소리치고 욕하시니 억지로 참으며 허공에 휘두르기만 했습니다." "그때 그 아프고 힘들었던 느낌 기억나죠?" "네. 진짜 소리치고 주저앉고 싶고, 손목이 끊어질 듯이 아팠습니다. 진통제 효과도 점점 줄어들고 손목은 계속 붓고, 이러다 정말 야구 못 하겠다 싶을 정도로 불안하고 걱정도 많이 했습니다."

수용확언

- 너무 아팠다. 소리 지르고 주저앉고 싶을 정도로 아팠던 그 통증이 아직도 생생하다. 그런데 배트를 놓거나 약하게 치면 코치님이 쌍욕하면서 소리치니까 무서워서 그러지도 못했다. 그때의 끔찍했던 통증이 아직도 생생하지만, 이제는 그런 나를 마음속 깊이 받아들인다.

이외에도 병원에서 쉬라고 하는데 그러지 못해서 더욱 불안했던 기억, 선수 개인의 건강보다는 팀 성적만 챙기는 감독님에 대한 미움, 아파서 스윙조차 제대로 못 해 심하게 떨어진 타율로 느낀 자괴감, 그로 인한 진학에 대한 걱정과 불안 등을 하나씩 EFT로 풀었다. 그렇게 한 시간 넘게 꼼꼼히 두드린 후 그가 말했다. "이제 훨씬 괜찮아요. 통증이 조금 남아있긴 한데, 그래도 스트레스 받았던 기억이 많이 빠져나가니까 손목 돌리는 게 한층 가벼워졌어요."

어깨 통증

이제 EFT를 잘 사용하고 있는 이태환 트레이너의 사례를 살펴보자. "어깨 통증 때문에 프레스 동작(위로 밀어 올리는 운동)을 할 수가 없어요. 2년이나 지났는데, 별의별 방법을 다 써봐도 나아지지가 않아요. 병원을 가봐도, 체형 교정이나 근육학적인 방법으로도 잘 고쳐지지가 않습니다. 이것 때문에 근력 훈련을 제대로 할 수가 없어요." "언제 그렇게 다쳤어요? 다쳤던 상황 기억나요?" "2년 전쯤에 관장님이 좀 강압적이었어요. 어깨가 아파서 들 수가 없는데 정신력이 약하다고 억지로 들게 했습니다. 그때 딱 찢어지는 소리가 나면서 너무 아파서 역기를 떨어뜨렸어요. 그때 이후로 어깨가 아파서 제대로 운동을 할 수가 없었어요." "그렇게 억지로 시킨 관장님이 원망스럽죠?" "그렇죠. 진짜 짜증날 만큼."

수용확언

- 아파 죽겠는데 억지로 들어서 뚝 하는 소리가 너무 생생하게 났지만, 이제는 그런 나를 마음속 깊이 받아들인다.
- 그렇게 시킨 관장님에게 너무 화가 나고 짜증이 났지만, 이제는 그런 나를 마음속 깊이 받아들인다.
- 그 뒤로 아플 때마다 이 상황을 계속 떠올리면서 원망했지만, 이제는 그런 나를 마음속 깊이 받아들인다.

이런 수용확언으로 EFT를 하고 물었다. "지금 좀 어때요?" "아무 생각이 안 나요." "어깨 한번 확인해봐요." 그러자 그 자리에서 아무 거리낌 없이 프레스 동작을 할 수 있었고, 심지어 기존 최고 중량보다 5kg이나 무거운 것을 들었다. 2년이 지난 지금도 여전히 어깨 통증 없이 운동을 잘 하고 있다.

무릎 통증

　체대 입시를 준비하는 고교 보디빌더 선수가 있었다. 전국대회에서 나름 상도 탈 만큼 우수한 성적을 내고 있었고, 체육대학의 실기 전형을 준비하고 있었다. 이 선수는 무릎이 아파서 제대로 멀리뛰기를 할 수가 없었는데, 통증에 대한 두려움도 너무 컸다. "아픈 것도 아픈 거지만, 뛰거나 착지하는 순간에 통증이 올까 봐 너무 아찔하고 두려워요." 병원과 한의원에서 약도 먹고 침도 맞고, 재활로 근육도 계속 풀었지만, 통증이 지속되니 큰 스트레스를 받고 있었다.

　"언제부터 그랬어요?" "무릎이 아프기 시작한 건 2달 정도 되었어요." "그때 특별한 일이 있었어요?" "아뇨. 그냥 운동을 하다 보니 조금씩 아프기 시작하다가 어느 순간 심해졌어요." "음, 그럼 보디빌딩은 언제부터 했어요?" "2년 가까이 된 것 같아요." "운동하면서 힘들었고, 몸을 혹사시키며 했죠?" "네. 엄청요." "생각나는 상황이 있으면 말해줘요." "성인 보디빌더 형들 사이에서 운동을 했어요. 모든 것은 정신력에 달렸다고 이에 마우스피스를 끼면서까지 운동했습니다. 다 아픈 거라고, 다 참으면서 하는 거라고, 그게 보디빌딩의 기본이라고. 그래서 PT 선생님이랑 보디빌 형들한테 아프다고 말도 제대로 못 하고 끝까지 참아가면서 운동을 했습니다." "자, 그런 내 모습을 한번 천천히 바라봐요. 그리고 어떤 마음이 드는지 느껴보세요." "(생각하다가 갑자기 펑펑 울면서) 너무 참혹하네요." "자, 한번 따라 해봐요."

- 무릎이 아파서 제대로 다리를 뻗지도 못하고 참으면서 운동했고 그 통증이 너무 커서 울기도 했지만, 그런 나를 마음속 깊이 받아들이고 사랑한다.
- 아픈데 말도 못 하고 울면서 억눌러왔다. 안 아픈 사람은 없다고, 아픈 걸 참는 게 당연하다고 혼나면서 운동했다. 그 끔찍한 통증을 참느라 너무 괴로웠지만, 이제는 마음속 깊이 나를 받아들인다.

몸을 완전히 혹사시키고 통증을 참으면서 운동했던 자신의 모습을 보니 너무 불쌍하고 참혹해 보였다. 그런 자신을 EFT로 위로하면서 펑펑 눈물을 흘렸다. "아픈 무릎을 살아 있는 생명체라고 생각해봐요. 어떤 생각이 들어요?" "아프다고 비명 지르는 것 같아요. 너무 혹사시켜서 미안하네요." 아플 때마다 자신의 몸에 비난과 원망을 퍼부었던 것을 생각하며 이런 감정도 EFT로 풀었다. 겉으로는 강한 척해도 속으로는 한없이 여린 마음을 가진 선수였다. "지금은 좀 어때요?" "(펑펑 울고 난 후) 당시의 제가 웃고 있어요." "뭐라고 말하는 것 같아요?" "알아줘서 고맙다고 하는 것 같아요." 이외에도 발을 디디는 순간에 통증이 찾아올 것 같은 두려움, 이런 상태로 입시를 치르는 것에 대한 불안함 등 여러 감정을 EFT로 계속 지웠다. "훨씬 가볍고 괜찮아요. 통증이 약간 남아 있긴 하지만 그냥 넘길 수 있는 수준인 것 같아요. 진짜 무릎에서 바위 덩어리 하나가 빠져나간 것 같네요. 정말 감사합니다." 바로 다음 날부터 훨씬 가벼운 마음으로 운동을 할 수 있게 되었고, 다시 얼마 지나지 않아 대학에 합격했다는 소식도 내게 알렸다.

허리 통증

허리 통증으로 힘들어하는 권총 사격 선수가 있었다. 한쪽으로만 힘을 주고 서 있는 상태에서 오랜 시간 조준과 격발을 해야 하는 사격 선수들도 어깨나 허리의 통증을 많이 가지고 있다. "허리가 어떻게 아파요?" "욱신거리고 아파요. 한쪽으로 허리를 틀어서 서 있어야 하는데, 허리가 아파서 너무 힘드네요." "허리가 가장 아팠을 때 기억나요?" "연습하면서 허리가 아파서 집중이 안 됐어요. 그런데 연습을 끝내야 하니까 억지로 꾹 참으면서 했던 게 생각납니다."

수용확언

- 말도 못 하고 눈치 보면서 억지로 참아가며 훈련했다. 허리가 끊어질 듯이 아팠던 당시의 통증이 아직도 생생하지만, 이제는 마음속 깊이 나를 받아들인다.

이렇게 두드리니 그 자리에서 허리를 바로 숙일 수 있었다. 그 전까지만 해도 아파서 제대로 앉아 있는 것조차 힘들었는데, 통증으로 인한 괴로웠던 기억을 지우니 허리가 훨씬 유연해진 것이다. 이후에도 허리 통증이 간헐적으로 찾아오긴 했지만, 그래도 EFT 하기 전보다는 더 나은 상태로 훈련할 수 있었다. 나는 이렇게 만성 통증으로 힘들어하는 선수들에게 EFT를 적용하면서 다음과 같이 생각하게 되었다.

'몸을 혹사시키며 힘들어했던 기억을 지우면 통증이 확 낫는다.'

물론 통증이 100% 없어진 선수도 있었지만, 그렇지 않은 선수들도 많았다. EFT를 한 번 했다고 해서 모든 통증이 사라진 것도 당연히 아니었다. 같은 부위를 반복적으로 써야 하는 운동선수의 숙명도 원인이고, 골프나 야구, 사격, 양궁같이 자세가 한쪽으로 치우치는 운동을 해서 체형이 뒤틀리면서 통증이 어쩔 수 없이 생기기도 한다. 하지만 EFT로 혹사당하며 힘들어했던 기억을 지우면 충분히 참고 넘길 수 있는 수준으로 통증의 강도를 낮출 수 있다는 것은 확실하다고 말할 수 있다. 기존의 치료법과 함께 EFT를 병용한다면 선수들이 부상과 통증을 극복하는 데 정말 많은 도움을 얻을 것이다.

입스가 있으면 부상과 통증이 심해진다

여기에서는 입스가 어떻게 부상과 연결되는지 살펴보자. 실제로 입스 같은 감각 이상 증상을 겪는 선수들의 부상 확률이 상당히 높았고, 거기다 완벽에 대한 강박이 있는 선수라면 더욱 그렇다.

"처음에는 한두 개의 공만 이상하게 던지다가 어느 순간부터 던질 때마다 손가락 감각이 사라지고 폭투를 난발했습니다. 제가 이렇다는 사실을 도저히 인정할 수 없어서 연습이 끝나고 새벽까지 그물망에 공을 몇백 개씩 던지고 잤어요. 그러다 보니 어느 순간 팔꿈치가 너무 아파서 병원에 갔더니 의사 선생님이 인대가 거의 다 끊어졌으니 수술을 하라고 하더군요. 하늘이 무너지는 줄 알았습니다."

– 고교 야구 선수

"팔이 안쪽으로 말려 들어가서 어이없는 공을 던지게 되니까 도저히 이런 나를 용서할 수 없었어요. 연습 부족이라 생각해서 미친 듯이 저를 혹사시키며 연습했습니다. 그 외에도 제 마음대로 플레이가 되지 않는 게 있으면 정말 죽어라 연습했어요. 그러다가 프로 들어와서 어깨가 한 번 탈골됐는데, 그 뒤로 심한 슬럼프가 생겨 정말 고생했습니다."

- 프로야구 선수

"아이언을 치는데 공이 계속 잔디에 파묻혀 있는 것처럼 보였어요. 이게 연습 부족인가 싶어서 미치도록 연습하다가 허리를 다쳐서 몇 개월 쉬어야만 했어요. 당시에 그런 증상에 어떻게 대처해야 하는지 몰라서 죽어라 연습만 했어요."

- 은퇴한 여자 프로

"고등학교 때 연습 때는 정말 잘하다가 시합만 되면 머리가 하얘지고 어떻게 경기를 해야 하는지 도저히 감이 안 왔습니다. 그래서 연습이 부족한 줄 알고 미친 듯이 훈련하다가 어깨와 허리를 심하게 다쳐서 시합도 제대로 못 뛰고 졸업해야만 했어요."

- 전직 고교 유도 선수

"총을 쏘는 중간 중간 격발도 잘 안 되고 감정 조절도 어려워요. 이것 때문에 너무 스트레스를 받습니다. 그래서 훈련이 부족한 것 같아 남들 쉴 때도 미친 듯이 연습했는데, 그러다 보니 허리가 너무 아파서 제대로 조준을 할 수가 없어요."

- 고교 권총 사격 선수

이렇게 부상은 갑작스럽게 찾아오는 경우보다 스트레스가 쌓이면서 특정 부위가 심하게 손상되는 경우가 많았다. 또한 반대로 그런 선수들이 스트레스를 풀면 통증 부위가 몰라보게 좋아진 경우가 많았다. 어깨와 팔꿈치 통증으로 고생하고 있는 프로야구 선수가 있었다. 고등학교 때 입스 증상이 찾아와서 밤늦게까지 혼자 남아 훈련을 했고, 점점 더 그 증상이 심해지면서 자신을 비난하고 혹사시키는 경우가 많아졌다. "훈련은 누구에게도 지지 않을 만큼 합니다. 지는 게 죽기보다 싫거든요. 그런데 이런 입스 증상을 어떻게 극복해야 할지 모르겠어요. 프로에 와서도 이 증상이 계속되니까 정말 죽을 맛이더라고요. 아무리 훈련을 열심히 해도 고쳐지지가 않아요. 이제는 어깨가 아파서 제대로 던지지도 못합니다." 나는 우선 어깨가 아픈 정도를 측정하고 입스로 자신을 혹사시킨 기억을 하나씩 다루었다.

수용확언

- 입스 증상을 고치려 팔이 빠져라 훈련했지만, 그런 나를 이제는 마음속 깊이 받아들인다.
- 어깨와 팔꿈치가 아픈데도 참고 극복하겠다고 억지로 미친 듯이 훈련했지만, 그런 나를 이제는 마음속 깊이 받아들인다.
- 그물망에 공을 몇백 개씩 던지면서 느꼈던 그 통증을 잊을 수가 없지만, 그런 나를 이제는 마음속 깊이 받아들인다.

이렇게 입스 증상을 이겨내려 자신을 혹사시켰던 기억을 하나씩 지웠더니 그 자리에서 통증의 수치가 몰라보게 내려갔다. 물론 짧은 시간에 단 한 번 한 것만으로 통증이 100% 다 잡힌 것은 아니었지만, 전보다 육체적 통증과 심리적 고통은 충분히 줄었다.

또 다른 사례를 보자. 허리가 아파서 제대로 앉아 있지 못하는 고교 포수가 있었다. 이 선수도 포수의 입스 증상으로 고생하고 있었는데, 아무리 물리치료를 받아도 나아지지 않았다. "언제부터 허리가 아프기 시작했어요?" "훈련하면서 조금씩 아프기 시작했어요." "그때 심하게 스트레스 받았던 것 있어요?" "입스 증상으로 항상 스트레스였죠. 특히 그날은 스카우터들이 와서 지켜보고 있는데 투수한테 제대로 공을 못 돌려줘서 정말 짜증나고 답답했습니다. 그러다가 라운딩 돌린다*고 일어나서 던지려는데 허리가 약간 삐끗하면서 아프기 시작했어요." "그 뒤에는요?" "아파서 좀 쉬고 싶었어요. 그런데 기본적인 공도 제대로 못 던지는데 쉬면 눈치 보이고 이런 저를 스스로도 용납할 수 없어서 아파도 참고 계속 던졌습니다. 그렇게 훈련 끝나고 숙소에 눕자마자 허리가 정말 끊어질 듯이 아프기 시작했어요." 그래서 당시 심하게 스트레스 받으며 공을 던졌던 기억을 다뤘다.

수용확언

- 기본적인 공도 제대로 못 던져서 너무 창피하고 스트레스 받았지만, 그런 나를 이제는 마음속 깊이 받아들인다.
- 그런 나를 용납할 수 없어 아파도 무조건 참고 훈련했지만, 그런 나를 이제는 마음속 깊이 받아들인다.
- 그때 허리가 삐끗하고 아프던 느낌이 아직도 생생하지만, 그런 나를 이제는 마음속 깊이 받아들인다.

이렇게 입스 증상으로 고생했던 기억을 지우고 그 자리에서 허리 통증을 확인하니 수치가 거의 0으로 떨어졌다. 이리저리 허리를 숙이고 돌려

---

* 긴장감을 유지하기 위해 선수들이 공을 1루, 2루, 3루, 투수, 포수 등에게 이어서 던지는 행위.

가며 확인했는데 전보다 훨씬 가벼워지고 유연해져서 선수도 깜짝 놀랐다. 얼마 뒤에 동계훈련을 한 달 동안 갔다 왔는데 허리가 완전히 괜찮았다고 말했다. 물론 이 선수의 입스 증상도 거의 다 사라졌다. 이렇게 입스로 감정에 휘둘려 연습을 하다가 부상이 생겨 심각한 통증을 겪는 선수들이 꽤 많았고, 이런 선수들에게 EFT를 하다 보면 통증뿐만 아니라 입스 증상도 함께 해결되었다.

혹사당하는 몸과 대화하면 통증이 낫는다

명상을 하는 것으로 유명한 박찬호 선수가 고요히 앉아 아픈 부위에게 하는 말이 있다고 한다. "지금까지 버텨줘서 고마워. 미안하고 사랑해." 이렇게 말하면 외부 문제에 초연하게 되고 자신에게 더 잘 집중할 수 있다고 했다. 또 봉중근 선수가 기나긴 재활 과정 끝에 은퇴를 결심하고 어느 기자와 인터뷰를 했다. 기자가 그동안 고생한 어깨에게 하고 싶은 말이 있냐고 묻자 그는 머쓱한 듯 웃으며 말했다. "어깨한테 정말 미안해요. 수술을 두 번이나 하고. 그때 어깨가 저에게 말을 했을 거예요. '중근아, 이제 그만 던지자, 좀 쉬자.' 그럴 때마다 어깨에게 조금만 더 하자고, 더 해서 가족들 행복하게 해주자고 얘기했던 것 같아요. 30년을 버텨준 어깨에게 정말 고맙고 감사하다고 말하고 싶어요."*

이렇게 '몸과 대화하기' 기법을 EFT와 함께 사용하면 엄청난 치유 효과가 난다. 나는 통증으로 힘들어하는 선수들과 상담하면서 종종 다음과

---

* 〈이영미의 스포츠 인 스토리〉 봉중근 편, 2016. 10. 26.

같이 묻는다.

- 그렇게 혹사당하고 처참하게 찢어진 부위(예를 들어, 어깨)가 본인에게 하고 싶은 말이 있다면 무엇일까요?
- 평생 나를 위해 힘써왔던 부위(예를 들어, 팔꿈치)에게 내가 하고 싶은 말이 있을까요?

이런 질문을 던지면 처음엔 선수들이 피식 웃는다. "어깨랑 대화를 하라고요? 허허." "약간 유치하고 쑥스럽네요. 이런 건 처음이라."

그러나 유치하게 보이는 이 과정이 얼마나 큰 효과를 내는지 보자. 한 고교 야구 선수가 팔꿈치뿐만 아니라 손목, 발목, 무릎 등 여기저기 부상 당해 고생하며 병원을 늘 다녔다. 게다가 입스도 있어서 끝없이 자신을 원망하고 비난했다. 완벽주의 강박도 심해서 점점 더 몸과 마음이 망가지고 있었는데, 우선 아팠던 기억들을 지우고 몸과의 대화를 했다. "통증으로 고생하고 있는 내 모습 한번 떠올려봐요. 어떻게 보여요?" "여기저기 자꾸 아파서 심하게 괴로워하네요. 참혹하네요. (흐느끼며) 흑흑." 그가 한참 울고 난 뒤에 내가 물었다. "아팠던 팔꿈치와 어깨가 말을 할 수 있다면 뭐라고 할까요?" "너무 아프고 힘들어. 아파 죽겠는데 왜 이렇게 나를 비난만 했어. 왜 이제 왔어. 이렇게 막 울 것 같아요." 그는 진심으로 미안하고 슬픈 마음이 들었고, 우리는 이렇게 EFT를 했다.

수용확언
- 네가 그렇게 아픈 줄도 모르고 항상 외면하고 살았다. 억지로 고쳐가면서 무작정 주사와 약을 투여해가면서 왜 그렇게 안 낫냐고 원망만

하고 살았지만, 이제는 그런 나를 마음속 깊이 받아들이고 사랑한다.

- 아플 때마다 항상 원망하고 비난했다. 왜 그렇게 아프냐. 왜 그렇게 나를 힘들게 하냐. 왜 이렇게 안 낫냐. 열등감에 불안함에 남들에게 인정받아야겠다는 생각에 너를 완전히 버려두고 내 욕심만 채우려 했지만, 이제는 그런 나를 마음속 깊이 진심으로 받아들인다.

- 실수할 때마다 몇백 개씩 공을 던져가며 혹사시켜서 정말 미안하다. 사랑해주지 못하고 외면하고 살아서 정말 미안하다. 항상 비난만 해서 정말 미안하지만, 이제는 그런 나를 마음속 깊이 진심으로 받아들인다.

그는 타점을 두드리는 내내 펑펑 울었다. "지금은 좀 어때요?" "내가 그냥 편안하게 앉아 있는 것 같아요. 조금 전의 처참했던 모습이 많이 사라졌어요." "그런 나를 한번 꼭 안아줘요. 진심으로 미안하다고 앞으로는 아껴줄 거라고 다짐하면서." "네. 진짜로 그래야 할 것 같아요. 이제는 쉬기도 하고 내 몸을 진심으로 사랑해줄 겁니다." 그렇게 EFT로 자신의 몸을 사랑하고 아끼는 법을 배우면서 상담이 계속될수록 통증과 통증 스트레스는 확연하게 줄어들었다.

또 다른 사례를 살펴보자. 보디빌딩을 하면서 헬스장 운영까지 하는 트레이너가 있었다. 그는 너무나 벅찬 업무와 운동을 병행하느라 고생했고, 가끔은 숨이 콱 막히는 공황장애 증상까지 생겨 극심한 고통을 겪고 있었다. 보디빌딩을 겸업으로 하는 트레이너들은 많으면 하루에 10~13개의 PT 수업까지 진행하다 보니 강철 체력이 아니면 버티질 못한다.

"몸 상태가 어때요?" "가끔 쓰러질 만큼 어지러울 때가 있어요. PT 수업을 하다 보면 숨도 잘 안 쉬어질 때도 있어요." "언제부터 그랬어요?"

"한 5년 전에 보디빌딩 대회를 준비하면서부터 그랬어요. 그땐 정말 성공해야겠다는 일념으로 미친 듯이 훈련했습니다. 누구에게 말도 못 하고 힘들고 아픈 몸을 억지로 채찍질하면서 운동했어요. 거기다 일까지 해야 하니 잠도 두세 시간밖에 못 잤어요. 밤새울 때도 많았고." "두세 시간이요? 그렇게 잠을 자고 운동은커녕 일상생활이 가능해요?" 잠으로 오랫동안 고생한 나였기에 몇 년 동안 두세 시간밖에 못 잤다는 말에 놀라며 물었다. "그래서 앉아 있다가 쓰러져서 기억도 안 날 만큼 오래 기절했던 적도 있어요." "가장 힘들었던 순간 기억나요? 운동과 일까지 병행하면서 잠도 제대로 못 자고 피로를 참고 버티는 내 모습요." "힘든 것을 넘어 참혹하고 소름 끼치네요. 보기만 해도 숨이 막힐 것 같습니다." "그런 내가 불쌍해 보이지 않아요?" 그 순간 그의 눈가에 눈물이 흐르기 시작했고, 그는 그렇게 한참 동안 울었다. "진짜 불쌍해 보입니다. 어떻게 그 시간을 버텼을까."

한참 동안 타점을 두드려주니 좀 편안해진 그가 말했다. "후, 진짜 몇 년 묵은 덩어리가 다 빠져나간 것 같네요. 얽힌 실타래가 쫙 풀려 나가는 느낌이에요." "몸은 좀 어떻게 느껴져요?" (목을 계속 돌리면서) 목이 굉장히 말랑해졌어요. 두드리면서 뒷골이 계속 찌릿하게 전기가 통하는 느낌이 들었는데, EFT를 하면 원래 그런가요?" "여태 쌓였던 피로가 다 풀려나가면서 느끼는 증상이에요. 저도 그런 느낌 많이 받았습니다." "그러고 보니 그동안 저를 너무 방치하고 혹사시켰어요. 앞으로는 많이 사랑해줘야겠어요."

이렇게 두 달 동안 일주일에 한 번씩 꾸준히 EFT를 해주자 몸 곳곳에 누적되었던 만성 피로와 통증들이 70% 정도 사라졌고, 숨이 막히는 공황장애 증상도 완전히 사라졌다.

지옥 같은 재활 과정 스트레스

재활 과정이 정말 두렵습니다

한 고등학교 선수가 어깨와 팔꿈치 수술을 하고 10개월간의 재활 기간을 거쳐 복귀했다. 그동안 유급할 수밖에 없었고, 복귀해서 예전의 기량이 나오지 않아 심한 스트레스를 받고 심지어 야구를 하는 것에 회의감도 들기 시작했다. "언제부터 그렇게 스트레스를 받았어요?" "재활 기간에 깁스를 하고 운동장에서 훈련하고 있는 애들을 보면 많이 답답했습니다. 저만 뒤처지고 있는 것 같았고, 복귀해서 잘할 수 있을까 정말 두려웠어요. 그러다 보니 미래가 너무 불안했어요." 이에 이 두렵고 불안했던 기억을 EFT로 지웠다.

"또 생각나는 그 뒤의 다른 기억이 있으면 말해줄래요?" "그렇게 복귀하고 마음이 급해져서 무작정 공을 세게 던지기 시작했어요. 그런데 제대로 가기는커녕 공을 이상한 곳으로 폭투를 하곤 했어요. 그러면서 또 재활한 부위가 아파왔고, 그것 때문에 정말 스트레스를 많이 받았습니다." 이에 이렇게 EFT를 했다.

> 수용확언

- 나만 뒤처지는 것 같아 불안하고 두려웠고 빨리 따라잡아야 한다는 생각에 조급하게 운동했지만, 그런 나를 마음속 깊이 진심으로 받아들인다.
- 빨리 연습량을 늘려서 따라가야 한다는 생각에 허겁지겁 아파도 참고 던졌지만, 그런 나를 마음속 깊이 진심으로 받아들인다.

이렇게 당시 부상 복귀 후 불안함에 조급해했던 감정을 하나씩 지웠다. "지금 어때요?" "후, 진짜 여태까지 마음 한구석에 남아 있던 게 다 빠져나가는 것 같아요." 이렇게 전후 차이를 확실히 확인해가며 복귀할 때의 스트레스를 하나씩 풀었다. 그렇게 몇 번 더 만나면서 부정적 감정을 꾸준히 지우니 표정도 밝아지고 경기하는 자세도 한결 더 부드러워졌다.

"시간 날 때마다 두드려요. 저는 앞서 친구들한테 들었던 EFT의 극적 효과는 겪지 못했어요(같은 팀 동료들이 EFT를 통해 극적으로 실력이 향상된 사례가 많았다). 그런데 거울을 볼 때마다 제가 항상 웃고 있더라고요. 생각해보니 재활에서 복귀하고 여태껏 항상 스트레스를 억누르고 살았는데, 그런 마음이 다 빠져나가니 마음이 훨씬 가벼워졌어요. 그러다 보니 공도 더 잘 가고, 타격도 확실히 올라오는 것 같아요."

이렇게 재활 이후 복귀하는 시점에 선수들은 큰 스트레스를 받는 경우가 많았다. 다시 예전처럼 잘할 수 있을까 두렵다 보니 조급해서 다시 부상을 당하는 조건에 빠지는 경우가 많았다. 그런 불안함과 두려운 감정을 EFT로 하나씩 줄여주니 선수들의 조급함은 훨씬 덜해졌고, 자신의 페이스에 맞게 천천히 복귀 준비를 하는 데 많은 도움이 되었다.

자꾸 다치니 다 포기하고 싶어요

잦은 부상으로 고등학교, 대학교 시절 내내 제대로 실력 발휘도 못 하고 심한 스트레스를 받는 선수를 만났다. "부상을 너무 많이 당해서 제대로 뛰지도 못해요. 운동하는 시간보다 재활로 보내는 시간이 더 많았습니다. 그러다 보니 이제는 그만하고 싶네요." 이 선수의 이야기를 듣고 처음에는 조금 당황했다. EFT로 부상을 쉽게 당하는 몸 자체를 그 자리에서 바로 바꿀 순 없기 때문이다. 그래서 우선 부상을 당하는 패턴을 살펴보았다. 공에 얼굴을 맞아 안와골절로 몇 개월을 쉬었고, 팔꿈치 인대 접합 수술로 거의 1년을 쉬었고, 후에 간헐적으로 찾아오는 팔꿈치와 어깨 부상으로 중간 중간 몇 개월을 다시 쉬어야만 했다.

우선 부상 트라우마를 EFT로 치유한 뒤에 2주 동안 EFT 상담을 하면서 관찰했다. 마침내 그 선수의 무의식에 '나는 나을 수 없다'는 신념이 강하게 박혀 있는 것을 발견했다. "왜 그렇게 생각해요?" "주변의 친한 형도 수술하고 나서 통증과 기량 하락으로 결국 그만두었어요. KBO에도 정말 잘했지만 부상으로 재활만 하다 소리 소문 없이 선수 생활을 끝내야 했던 선수들이 많잖아요. 저도 그렇게 될 것 같은 마음이 듭니다." 그래서 우선 이런 신념을 갖게 만든 여러 기억들을 하나씩 지웠다.

수용확언

- 아플 때마다 낫지 않을 거라는 생각을 하면서 불안해했지만, 깊이 진심으로 나를 받아들인다.
- 친한 형이 어쩔 수 없이 그만두는 모습을 보며 나도 그렇게 될까 봐 두려워했지만, 깊이 진심으로 나를 받아들인다.
- 통증이 너무 싫으면서도 한편으로는 익숙하고 계속 나를 따라다닐 것만 같지만, 깊이 진심으로 나를 받아들인다.
- 나는 나을 수 없다는 생각이 크지만, 깊이 진심으로 나를 받아들인다.
- 중요한 순간마다 부상이 찾아오지 않을까 불안하고 두렵지만, 깊이 진심으로 나를 받아들인다.

이렇게 4주간 일주일에 한 번씩 EFT를 했더니 통증은 당연히 줄어들었고, 야구를 그만두겠다는 좌절감은 확실히 사라졌다. 그가 말했다. "다시 제대로 해보겠습니다. 선수 생활 얼마나 할 수 있을지 모르겠지만 남은 시즌 동안 최선을 다해보려고요."

02

EFT로
각종 컨디션 난조 증상을 고치다

다양한 입스를 고치는 EFT

드라이브를 어떻게 쳐야 할지 모르겠어요

드라이브를 칠 때마다 스윙 감각을 못 느끼는 여자 프로가 있었다. 연습장에서는 그나마 괜찮은데, 필드나 시합에만 나가면 준비 자세를 하기도 전부터 어떻게 스윙을 해야 할지 도무지 감이 오지 않는다고 했다. 그녀는 이런 증상을 4년 동안 거의 매일 겪었고, 9살부터 15년 가까이 골프를 쳤지만, 시합 전날이면 걱정과 불안에 잠도 제대로 못 잘 지경이었다. 첫날 그녀가 말했다.

"시합 전날이면 수십 번을 깨요. '또 못 하면 어떡하나', '또 스윙 감각이 느껴지지 않아서 시합을 망치면 어떡하나', '시합을 망치면 서울 올라가는 길에 아버지께 또 어떻게 말해야 하나' 온갖 생각이 다 들어요. 할 줄 아는 게 골프밖에 없는데 그만둘 수도 없고 너무 힘듭니다. 이 증상을 고치려 지난 3년 동안 온갖 시도를 다 했어요. 이번에도 고쳐지지 않으면 아버지와 상의해서 그만두려고 해요. 그런데 그러기가 너무 싫네요.

어떻게 해야 할지 정말 힘듭니다."

그녀는 눈물을 펑펑 흘렸다. 평생을 골프를 했는데 어느 날 갑자기 스윙이 안 되고 폼이 다 무너져 제 실력이 나오지 않는다는 것은 정말 힘든 일이다. 예전에 국가대표 상비군까지 했던 프로가 한 말이 생각난다. "밥 먹고 공만 치는데, 이것조차도 안 되니 정말 미쳐버리겠네요." 이 선수도 딱 이랬다. 그래서 일단 이런 심정을 EFT로 다루었다.

- 이 증상만 생각하면 힘이 빠지고 무기력해진다. 내가 왜 그러는지 이해할 수가 없다. 고치려고 발악해봐도 그럴수록 더욱 안 좋아질 뿐이다. 너무 답답하고 화가 난다. 도무지 어디서부터 잘못되었는지, 어떻게 해야 할지 막막하다. 너무 힘들다. 모든 것이 다 무너진 기분이다. 하지만 어쨌든 깊이 진심으로 나를 받아들인다.

그다음 다시 물었다. "오늘 오전 연습은 어땠나요?" "아침에 라운딩했어요. 시작부터 스윙에 대한 걱정과 불안이 가득했어요."

- 라운딩을 들어가기도 전에 걱정과 불안이 마음에 가득했지만, 깊이 진심으로 나를 받아들인다.

다시 물었다. "뭐가 그렇게 불안하죠?" "골프를 그렇게 오래 쳤는데, 남들이 제가 잘한다고 알고 있는데, 드라이브를 이 정도밖에 못 하냐고 생각할까 봐 그게 제일 걱정되고 무서워요. 드라이브가 골프의 꽃이잖아요." 이에 이렇게 EFT를 했다.

- 나는 못 쳐서 사람들한테 창피를 당할까 봐 너무 걱정했지만, 그런 나를 있는 그대로 받아들이고 이해한다.
- 드라이브도 제대로 못 치면 어떡하나 싶어서 티박스에 들어가기 전부터 너무 긴장되고 두려웠지만, 그런 나를 있는 그대로 받아들이고 이해한다.
- 그런 걱정이 현실이 됐을 때 어디 숨고 싶을 정도로 너무 부끄럽고 수치스러웠지만, 그런 나를 있는 그대로 받아들이고 이해한다.
- 집에 와서도 내가 남들에게 어떻게 비쳤을까 수치스러워서 잠도 제대로 못 잤지만, 그런 나를 있는 그대로 받아들이고 이해한다.

골프는 아무래도 다른 종목보다 체면을 더욱 중시하는 운동이다. 그래서 선수들이 사람들 앞에서 프로다운 모습을 보여주지 못한 것에 대해 부끄러움이 많다. 실제로 스폰서나 일반인들과 골프를 하다가 잘 못 쳤던 기억이 선수들에게 트라우마로 남는 경우가 꽤 많다. 이 선수가 특히 그것이 심해서 그것을 EFT로 다루었다.

- 긴장하고 불안해서 몸이 굳고 스윙이 정말 어색하게 느껴졌지만, 그런 나를 있는 그대로 받아들이고 이해한다.
- 순간적으로 내 몸이 너무 낯설고 어색하게 느껴져 정말 답답했지만, 그런 나를 있는 그대로 받아들이고 이해한다.

- 걸으면서 도대체 내가 어떻게 쳤는지 도무지 가늠할 수 없었지만, 그런 나를 있는 그대로 받아들이고 이해한다.

이렇게 계속적으로 두드렸는데도 마음이 그닥 편해지지 않았다. 그래서 이와 관련된 과거의 트라우마를 지워보기로 했다. "이 증상이 처음 시작되었을 무렵이 기억나나요?" "네. 그때 시합에서 잠정구(오비를 염려해 잠정적으로 치는 공)를 치는데, 공이 계속 말도 안 되는 곳으로 날아가는 거예요. 그렇게 불안한 상태로 시합하다가 다른 플레이도 다 망쳐버려서 기권하게 되었어요. 그때부터 조금씩 스윙이 불안해지기 시작했어요." "그때 느낌 기억나죠?" "생생하죠. 몸이 굳고, 백스윙이 잘 안 되고, 탑에서 누가 헤드를 잡고 놔주지 않는 것처럼 느껴지고." 이에 그 느낌을 영화관 기법으로 하나씩 지웠다.

수용확언

- 나는 그때 티박스에서 기다리는 동안 너무 긴장되고 불안했지만, 그런 나를 있는 그대로 받아들이고 이해한다.
- 나는 골프채를 잡는 순간 공이 완전히 오른쪽으로 날아가 오비가 날 것 같은 불길한 예감이 정말 컸지만, 그런 나를 있는 그대로 받아들이고 이해한다.
- 나는 잠정구를 쳐도 제대로 날아갈 것 같다는 느낌이 전혀 들지 않아서 너무 답답했지만, 그런 나를 있는 그대로 받아들이고 이해한다.
- 백스윙을 탑에서 누가 잡고 있는 것 같아서 느낀 답답함이 아직도 생생하지만, 그런 나를 있는 그대로 받아들이고 이해한다.

첫 상담에서 약 두 시간 동안 많은 기억을 지웠지만 마음속에는 여전히 불안함이 남아 있었다. 이후 꾸준히 날마다 수없이 떠오르는 기억과 감정을 지우게 하고 전화로도 확인했다. 10대의 어린 선수들과는 다르게 이 선수의 상담 과정은 너무 힘들었다. 몇 년 동안 하루에도 수십 번씩 이런 증상을 느끼며 힘들어했던 과거의 기억이 봇물처럼 쏟아져 나왔기 때문이다. 하지만 끝까지 포기하지 않고 꾸준히 하나씩 지웠다. 드디어 보름 정도가 지나자 서서히 변화가 생겨 공이 잘못 갈 것 같은 불안함이 확연히 줄었다. 그러다가 마침내 3주 차에 입스 증상이 대부분 사라졌다. 그녀가 말했다.

"선생님, 요즘 제 스윙이 느껴지기 시작해요. EFT가 진짜 효과가 있어서 놀랐어요. 아직 완벽하지는 않아도 탑에서 다운스윙이 부드럽게 돼서 임팩트가 되니까 전보다 훨씬 괜찮습니다. 이렇게 골프를 치는 게 정말 오랜만이에요. 이젠 연습에만 매진할 수 있게 되어서 너무 좋아요." 상담하는 동안 기복이 있었지만 80대까지 떨어진 그녀의 타수는 70대 초·중반으로 돌아왔다. 이 선수가 정상급 선수는 아니었지만, 최소한 평생 해온 운동을 속수무책으로 그만둘 수밖에 없는 최악의 상황은 확실히 피했다.

어프로치 하는 순간에 저도 모르게 깜짝 놀라요

어프로치 샷*을 하는 순간에 손과 어깨가 깜짝 놀라면서 제대로 된 임팩트를 할 수 없는 남자 프로가 있었다. 그는 혼자 하는 연습 때는 괜찮은데 라운딩이나 시합에서 사람들과 함께 경기하면 팔의 근육이 경련을

---

* 퍼팅 거리보다는 먼 거리에서 홀 가까이 공을 붙일 때 하는 칩 샷.

일으키는 것 같아서 깜짝 놀라는 증상을 겪고 있었다. "어프로치를 하는 순간에 저도 모르게 화들짝 놀라면서 공을 제대로 맞힐 수가 없어요. 이것 때문에 정말 스트레스를 받고 있습니다." 이런 그의 말을 듣고 우선 최근 며칠 전에 라운딩하면서 받은 스트레스부터 다뤄보았다.

수용확언

- 나는 당시 어프로치를 하려는데 너무 불안했지만, 그런 나를 있는 그대로 받아들이고 이해한다.
- 나는 어프로치를 어떻게 해야 할지 몰라 너무 긴장되고 불안했지만, 그런 나를 있는 그대로 받아들이고 이해한다.

일단 첫날에는 어느 정도 편안해질 때까지 상담을 하고 한 주 뒤에 다시 만나서 물었다. "좀 어떠세요?" "알려주신 대로 쇄골 타점을 두드리면서 심호흡 크게 하고 들어가면 어프로치에 대한 불안이 많이 줄어든 것 같아요. 그런데 아직까지는 어렴풋하게 실패할 것 같은 불안함이 남아있습니다." "이 증상 처음 생길 때 무슨 일이 있었죠?" "한 1년 전에 그때 스폰서랑 라운딩을 했어요. 그러다가 어프로치를 하는 순간에 정말 말도 안 되는 미스 샷을 했습니다. 여태껏 제가 한 번도 쳐보지 못한 이상한 샷을 치는 바람에 정말 어디든 숨고 싶을 지경이었어요." 그는 자신을 지원해주는 분들 앞에서 프로다운 모습을 보이지 못한 것에 대한 부끄러움과 수치심이 너무 컸고, 이것을 EFT로 지웠다.

- 나는 당시 말도 안 되는 어프로치로 정말 창피하고 수치스러웠지만, 그런 나를 있는 그대로 받아들이고 이해한다.
- 당시 나를 쳐다보는 그의 시선을 아직도 잊을 수가 없지만, 그런 나를 있는 그대로 받아들이고 이해한다.

이렇게 이 증상이 처음 시작됐을 때의 기억을 지웠고, 이와 비슷한 이후의 기억도 지웠다. 그리고 나흘 뒤 그 선수에게서 전화가 왔다. "선생님, 지금 라운딩 끝냈습니다. 진짜 얼마 만에 이렇게 부드럽게 쳤는지 기억도 안 날 만큼 좋았습니다. 예전 감이 확실히 돌아왔어요. 입스로 저의 모든 노력이 다 무너지는 것 같아서 정말 힘들었습니다. 성적 오른 것보다 그 지긋지긋한 오래된 불안감이 사라져 내 맘대로 실컷 칠 수 있어서 정말 후련하고 기쁩니다." 그는 30대 중반의 적지 않은 나이에 선수 생활을 하고 있었는데, 갑자기 생긴 입스로 실력을 제대로 펼쳐보지도 못하고 억울하게 그만둬야만 하는 상황이었다. 하지만 EFT를 하면서 팔 근육이 깜짝 놀라서 샷을 망치는 일은 더 이상 안 생기게 되었다.

가까운 곳으로 공을 던질 수가 없어요

나는 300명 이상의 야구 선수들을 만났는데, 그들이 가장 많이 경험하는 대표적인 문제를 하나 꼽으라고 한다면 불안해서 가까운 거리로 공을 제대로 못 던지는 증상이라고 말할 것이다. 아마추어, 엘리트, 프로 가릴 것 없이 정말 많은 선수들이 이런 문제로 고생한다. 견제를 못 하는 투수, 투수에게 공을 돌려주지 못하는 포수, 가까운 2루로 공을 토스하지 못하는 내야수, 중계 플레이를 할 때 팔이 말려 들어가는 외야수 등. 수많은 선수들이 이런 평범하고 당연한 플레이를 하지 못한다. 이런 작은 문제가 점차 커져서 전체 경기력을 망쳐버리는 경우가 많다. 반대로 이런 사소한 문제만 EFT로 해결하면 다른 경기 능력까지 확연하게 좋아지곤 한다.

　가까운 곳에 공을 제대로 던지지 못하는 고교 외야수가 있었다. 몸을 푸는 캐치볼부터 안 되니 극심한 스트레스를 받고 있었다. "증상이 어때요?" "공을 던지려고 하면 손에 감각이 사라지고 공을 제대로 챌* 수가 없어요. 먼 거리는 괜찮은데 가까운 거리로 던지려고 하면, 특히 캐치볼이나 시합에서 중계 플레이를 하려고 하면 잘못 던질 것 같아서 너무 불안합니다." 이에 손에 감각이 느껴지지 않아 공을 던질 수 없었던 여러 개의 기억을 EFT로 하나씩 지워 나갔다. "언제부터 그랬어요? 그때 어떤 일이 있었는지 말해줄래요?" "고등학교 입학해서 캐치볼을 하면서 몸을 풀다가 우연히 공을 하나 잘못 던졌어요. 그 공에 지나가던 코치님이 맞았는데, 그깟 거리도 제대로 못 던지느냐고 엄청 욕하시고 혼을 내셨어요. 그때 이후로 잘못 던지면 어떡하나 긴장하면서 던지다 보니 손 감각이 서서히 사라지기 시작했습니다."

　그래서 당시 코치에게 혼나면서 긴장했던 기억을 영화관 기법으로 지웠다. 그 뒤로 죽 긴장하면서 던졌던 기억들을 지웠다. 다행히 이 선수는 고질적인 성격 문제가 없어서 두 번째 상담만으로도 완전히 입스 증상을 치유할 수 있었다. 그러자 EFT의 놀라운 효과가 나타났다. 단거리 송구 불안이 사라지니 수비와 타격에서도 뛰어난 기량을 보이기 시작했다.

---

* 손목에 스냅을 주어 탄력을 이용해 공을 던지는 행위.

나는 시즌 동안 목동경기장에서 이 선수의 거의 모든 경기를 관람했는데, 우익수 자리에서 정확하고 뛰어난 수비를 펼쳤고, 지고 있던 경기에서 연타석 홈런(결승 만루홈런과 2타점 쐐기 홈런)을 날려서 팀이 조 1위로 전국대회로 직행하는 데 엄청난 활약을 했다. 전과는 확연히 다른 모습에 지켜보던 선수 아버지도 깜짝 놀랐다. "실수할까 봐 불안한 마음이 사라지니까 애가 날아다니네요. 송구나 타격 자세를 전혀 바꾸지 않았는데도 공이 멀리 뻗어 나가니 참 신기합니다." 그 밖에도 많은 야구 선수들이 EFT로 입스를 고치면 공격과 수비 전체에서 경기력이 좋아져 성적도 자연스레 좋아진다.

유독 투수에게만 공을 제대로 던질 수 없는 포수

나는 또한 꽤 많은 포수들이 투수에게 받은 공을 제대로 돌려주지 못한다는 것에 충격을 받았다. 포수들에게 이런 증상을 들었을 때 처음에는 잘 이해가 되지 않았다. '그냥 가볍게 던져서 돌려주면 되는 것 아닌가?' 이렇게 가볍게 생각했는데, 포수 입스가 다른 포지션 선수들의 입스보다 훨씬 심각한 경우가 많았고, 그것을 고치는 데 고생하는 경우도 많았다. 완벽한 캐칭과 리드 능력, 뛰어난 도루 저지율, 유연한 골반과 강한 어깨, 타자와의 명석한 수 싸움, 뛰어난 힘과 장타력 등 포수의 좋은 재능들을 다 가지고 있으면서도 정작 투수에게 공을 제대로 돌려주지 못해 프로 지명을 못 받거나 퇴출당하는 정말 안타까운 선수들도 있었다. 어떤 포지션보다 포수가 공을 가장 많이 던지기 때문에 이러한 문제가 반복되기 시작하면 몸에 깊게 각인되기 때문이다. 그렇다면 이런 증상이 나올 때 포수들의 마음속을 한번 살펴보자.

공을 투수에게 정확히 던질 수가 없어!

전 두산 베어스 홍성흔 선수. 대한민국을 대표하는 공격형 포수였으나 입스로 지명타자로 전환할 수밖에 없었다.

- 투수까지의 거리가 애매하다.
- 이 애매한 거리에서 실수가 한두 번씩 나오면 어떻게 힘 조절을 해야 할지 당황스럽다.
- 약하게 던지면 바운드될 것 같고, 세게 던지면 땅에 패대기치거나 투수 키를 넘길 것 같아서 조마조마하고 불안하다.
- 피칭을 받으면서 투수 옆에 코치나 감독님이 서 있으면 맞힐 것 같아 불안하다.
- 실내에서 훈련을 하면 공을 잘못 던져 소리가 크게 울릴까 봐 조마조마하다.
- 팔을 어떻게 들어 올려야 할지 모르겠고, 어쩔 줄 몰라 하는 팔의 느낌이 소름 끼치게 싫고 답답하다.
- 아무렇지 않아 보이는 이런 상황이 더욱 긴장하게 만든다. 혹 이런 나를 이상하게 쳐다볼까 봐, 창피 당할까 봐 조마조마하다.

- 투수를 최대한 편하게 만들어야 하는데, 내 공 때문에 투수가 몸을 크게 움직이거나 경기 흐름이 끊기면 미안하고 죄책감이 든다. 그래서 더욱 정확하게 해야 한다는 강박이 생긴다.
- 아무도 이해해주지 않는 이 증상 때문에 너무 괴롭고 화가 난다.
- 이러한 기억과 감정이 마음속에서 끊임없이 되풀이된다.

이와 관련된 사례를 하나 보자. 어느 날 고교 2학년 포수가 공을 잡으면 불안하고 가슴이 철렁 내려앉으며 팔과 손에 감각이 무뎌져 수비와 송구를 제대로 할 수 없게 되는 증상을 호소했다. 특히 주자가 있을 때 그 불안함의 정도가 훨씬 심해져서 팔을 위로 들어 올리는 것도 힘들어했는데, 이렇게 된 과정을 물어보니 다음과 같았다.

- 중학교 때 캐칭 연습을 하는데 투수에게 공을 되돌려주는 과정에서 조금씩 빗나가기 시작했다. 혹여나 공이 투수를 훌쩍 넘어가거나 잘못 가면 선배들의 심한 폭언과 기합이 뒤따랐기에 항상 긴장과 스트레스를 느끼며 운동을 했기 때문이다.
- 특히 동계훈련을 하는 동안 선배와 피칭 연습을 많이 했는데, 실수하면 절대 안 된다는 생각으로 긴장과 불안 속에서 훈련을 해야 했다.
- 동계훈련 기간이 끝나고 다음 시즌에 들어서면서 어느 순간 갑자기 공을 잡으면 심장이 '철렁'거리고 손과 팔에 감각이 사라졌다. 힘 조절이 안 되니 팔을 억지로 들고 공을 던져도 제멋대로 날아갔고, 그러면서 더 불안하고 답답해져서 스트레스가 극에 달했다.
- 그러다 어느 날 마음을 편하게 먹으면서 점차 그 증상이 사라졌다.
- 그런데 어느 정도 시간이 지나고 고등학교에 입학한 뒤, 팀의 포수

인원이 부족해서 막내인데도 불구하고 주말리그와 전국대회에 주전으로 나갔다.

- 그러다 갑자기 공만 잡으면 다시 심장이 두근거리며 그 증상이 나오기 시작했고, 극심한 불안과 분노, 답답함, 긴장, 좌절 등의 감정이 복합적으로 엮여서 몇 년째 그 증상을 고치지 못했다.
- 시합뿐만 아니라 연습 경기에서도 투수에게 공을 돌려주지 못하거나 라운딩도 제대로 못 하는 증상이 심하게 나왔고, 평소에도 선배나 코치나 스카우터들이 지켜보고 있으면 그 불안함이 더 커졌다.
- 최근에 연습을 시작하기도 전에 가슴이 싸한 느낌이 수시로 찾아왔고, 이것 때문에 분노와 답답함, 좌절감이 극에 달했다.

많은 포수들의 입스가 이처럼 호전과 악화를 반복하다 더욱 고착된다. "포수 자리에 앉으면 어떤 마음이 많이 들어요?" "공이 오기 전부터 불안합니다. 못 잡으면 어떡하나 불안하고, 실제로 잡고 던지려고 하면 가슴이 철렁 내려앉고 손가락 감각이 무뎌져요." "0에서 10까지 수치로 표현하면 어느 정도 될 것 같아요?" "10을 완전히 넘어서는 것 같습니다." 이에 최대한 그 상황과 느낌에 집중시키면서 EFT를 했다.

수용확언

- 공이 오기 전부터 불안하고 두려운 마음이 너무 생생하지만, 깊이 진심으로 나를 받아들인다.
- 공을 잡는 순간 가슴이 철렁 내려앉고 손가락 감각이 사라져서 어떻게 던져야 할지 무섭고 불안한 마음이 너무 크지만, 나를 있는 그대로 이해하고 받아들인다.

- 못 잡으면 어떡하나, 잡아서 못 던지면 어떡하나, 제대로 못 주면 어떡하나 하는 생각에 항상 긴장하고 초조하지만, 나를 마음속 깊이 받아들인다.

고2의 어린 선수였지만 몇 년간 힘들었던 기억들을 건드리니 눈물을 계속 흘렸고, 함께 하나씩 계속 감정들을 지워 나갔다.

<u>수용확언</u>

- 그런 증상이 자꾸 나오니까 야구가 너무 재미없어지고 좌절과 무기력함을 많이 느꼈지만, 깊이 진심으로 나를 받아들인다.
- 좋아졌다가 증상이 다시 재발했을 때 그 순간의 당혹스러움이 아직도 생생하지만, 깊이 진심으로 나를 받아들인다.
- 이대로 증상이 지속되면 프로 지명이라는 목표가 다 물거품이 될 것 같은 두려움과 걱정이 심하게 들었지만, 깊이 진심으로 나를 받아들인다.

2시간쯤 두드리고 나자 그가 말했다. "두드리면서 머릿속의 이미지가 계속 바뀌네요. 그때만 생각하면 팔이 저리고 마비된 느낌이 들어 제대로 던지는 게 상상도 안 됐는데, 이제는 잘 던지고 있는 내가 자동으로 마음속에 그려져요. 진짜로 자신감 있게 던질 수 있을 것 같습니다." 이렇게 첫 1회의 상담으로 고통지수가 10에서 2 이하로 확연히 떨어졌다. 공을 잡을 때마다 나오던 입스가 하루에 1~2번밖에 나오지 않을 정도로 많이 줄었지만, 완전히 뿌리 뽑기 위해서 계속 두드렸다.

- 나는 또 못 던질 것 같은 싸한 느낌이 여전히 조금씩 남아 있지만, 깊이 진심으로 나를 받아들인다.
- EFT를 하면 잘 될 것 같다가도 현장만 가면 여전히 조금씩 불안한 느낌이 계속 들지만, 깊이 진심으로 나를 받아들인다.
- 또 못 던지면 나로 인해 팀이 피해를 볼까 봐 걱정되고 불안하지만, 깊이 진심으로 나를 받아들인다.

그리고 EFT를 하고 나면 마지막에 긍정적인 이미지와 신념을 심어주기 위해 다음과 같이 확언(자기암시)을 반복하도록 시켰다.

- 나는 매일매일 점점 더 좋아진다.
- 나는 내 감각을 잘 조절할 수 있다.
- 나는 어떠한 상황에서도 편하고 부드럽게 던진다.
- 실수해도 된다. 욕먹어도 된다. 그래도 안 죽는다. 괜찮다.
- 욕먹어도 내가 하고 싶은 대로 해보자.

확언을 통해서 머릿속에 가득했던 부정적 이미지와 생각들을 조금씩 긍정적으로 바꿔 나갔다. 이와 더불어 날마다 자기 전에 30분 정도 긍정적인 이미지를 상상하게 했고, 한 달도 채 안 되어서 증상이 다 사라졌다. 그 선수가 말했다. "어느 날 보니 그 증상이 사라졌습니다. 눈치를 못 채다가 훈련이 끝나고 자려고 누웠는데 증상이 없어졌다는 걸 그제야 알았어요."

자세가 의식되고 나의 방법을 잊어버렸어요

입스를 겪는 선수들은 종종 자신의 모습이 제3자로 의식되어서 제대로 힘을 못 주겠다고 하는 경우가 있다.

- 선생님은 말도 안 되는 이야기라고 생각할 수 있지만, 스윙하는 제 모습이 제3자로 계속 보여서 제대로 임팩트를 못 하겠어요.
- 던질 때 지지하는 다리가 잠깐 미끄러진 적이 있습니다. 그런데 이 후로 또 미끄러질 것 같은 불안 때문에 동작이 의식되기 시작하면서 제대로 힘을 못 주겠습니다.
- 동작 하나하나가 분리된 것처럼 의식되고 신경 쓰여서 제대로 동작을 이어서 할 수가 없습니다. 오랫동안 해오던 자세였는데 어느 순간부터 '이렇게 하는 게 맞나?' 싶어요.

이런 증상은 골프나 야구 종목에서, 특히 투수들에게 많이 나타났다. 한 고교 투수가 공을 던질 때마다 자신의 자세가 계속 의식되어서 공에 힘을 싣지 못해 구속과 제구가 엉망이 되었다. 연습을 하면 할수록 실력이 떨어지는 역설적 상황을 겪으면서 상당한 스트레스를 받고 있었다. "공을 잡고 던지는데 마치 제가 저를 보고 있는 것처럼 느껴져서 미치겠습니다." "구체적으로 말해줄래요?" "뭐랄까, 예전에는 그냥 동작이 하나로 연결이 돼서 공을 던졌어요. 그런데 이제는 와인드업부터 시작해서 키킹, 스트라이드 거리, 팔 높이, 릴리스 포인트, 팔로 던지는 동작까지 모든 게 다 분리되어서 느껴져요. 이 과정 하나하나를 제가 지켜보는 것처럼 의식이 돼서 전체를 이어서 던질 수가 없어요. 물 흐르듯 하나로 흘러가야 하는데, 토막토막으로 분리된 기분이 들어서 미치겠습니다. 그래서 스트라이크를 꽂아도 불안하고, '이게 맞나?' 하는 의심이 항상 따라다녀요."

"언제부터 그랬어요?" "중학교 때 나름 구속 136km까지 내면서 학교에서 에이스 취급을 받았어요. 2학년 때부터 고등학교 감독님들이 오셔서 지켜볼 만큼 공이 좋았는데, 3학년 올라갈 때쯤부터 뭔가 이상해지기 시작했습니다." "그때 어떤 일이 있었어요?" "저를 봐주시던 코치님이 다른 분으로 바뀌었는데, 여태 해오던 자세가 익숙한데 갑자기 바꾸라고 하니 많이 당황했어요. 그렇게 던지면 나중에 망한다고 해서 어쩔 수 없이 자세를 바꿔 던지는데 너무 안 맞는 거예요. 구속도 안 나오고. 그래서 코치님이 보실 때는 새 자세로 던지다가 저 혼자 있을 때는 제 방법으로 던지면서 자세가 조금씩 헷갈리기 시작했어요. 왜 자세를 안 바꾸냐고, 고집부리지 말라고 혼도 나면서 정말 스트레스를 많이 받았습니다. 그러다가 다른 학교랑 시합하면서 경기를 완전히 망친 적이 있어요. 사람들이 많이 보고 있었는데, 말도 안 되는 폭투를 여러 번 던졌고, 결국 강판당해서 내려왔습니다. 그때 이후로 도대체 내가 어떻게 던져야 할지, 예전에 좋았던 폼이 어디로 갔는지 도무지 찾을 수가 없어요."

그는 자신의 자세를 계속 지적받으면서 굉장히 큰 스트레스를 받았다. 그 와중에 시합 트라우마까지 겹치면서 공 감각까지 사라졌고, 130km대의 구속은 110km대까지 떨어졌다. 게다가 연습을 하면 할수록 더 꼬이는 느낌이 들어 상당한 고통을 받고 있었다. 그래서 이와 관련된 기억을 떠올리며 EFT를 했다.

수용확언

- 공을 어떻게 던져야 하나 하는 생각에 내 자세가 계속 의식되고 헷갈

리면서 심한 스트레스를 받았지만, 깊이 진심으로 나를 받아들인다.

- 잘 되고 있는데 자세를 왜 바꾸라고 한 건지 너무 원망스럽고 화가 나지만, 깊이 진심으로 나를 받아들인다.
- 시합에서 어떻게 던져야 할지 머릿속이 하얘졌지만, 깊이 진심으로 나를 받아들인다.
- 아무리 공을 던져도 스트라이크가 들어가지 않아 너무 화가 나고 답답했지만, 깊이 진심으로 나를 받아들인다.
- 그런 나를 쳐다보는 남들의 시선이 아직도 잊히지 않지만, 깊이 진심으로 나를 받아들인다.

이렇게 힘들었던 기억들을 약 3주 정도 계속 지우자 자신의 자세가 점점 더 편해졌고, 중간에 기복이 있었지만 예전의 느낌을 조금씩 찾았다. 4주차에는 110km대로 떨어진 구속이 다시 130km 가까이 올라왔고, 제구력도 확실히 좋아졌다. 구속이 회복되니 학교 감독도 다시 이 선수를 등판시키기 시작했다. 대학교 형들이랑 시합하면서도 자신감 있는 모습을 보였다. 이후에도 자세가 의식되는 증상은 없었고, 2년이 지난 지금도 대학교에서 열심히 훈련에 매진하고 있다.

유사한 또 다른 사례를 보자. 한 고등학교 선수가 1학년 때 벌써 140km 정도의 직구를 던졌는데, 근 2년 동안 구속이 120km대로 떨어지고, 연습을 하면 할수록 구속이 떨어지고 제구가 되지 않아 심한 스트레스를 받고 있었다. 누군가 뒤에서 팔을 잡아당기고 있는 것처럼 아무리 애를 써도 팔이 앞으로 나가지 않아 지켜보는 코치도 많이 답답해했다. "언제부터 그랬어요?" "입학할 때부터 그러다가 동계훈련부터 갑자기 확 나빠졌습니다." "그 무렵 어떤 일이 있었죠?" "구속을 좀 더 올리려고 레슨을 받기 시작했어요. 학교에 말하기는 좀 그래서 훈련 끝나고 늦은 시간에 몰래 다녔는데, 어느 날 코치님이 저의 바뀐 폼을 보면서 '레슨 받으러 다니니? 왜 말도 안 하고 폼을 함부로 바꾸니?'라며 혼을 내셨습니다. 코치님은 배신감을 느끼셨나 봐요. 그때부터 코치나 감독님이 지켜보고 있으면 자세가 의식되고 어떻게 던져야 할지, 저를 어떻게 생각하실지 싶어서 계속 신경 쓰이고 스트레스를 많이 받았습니다. 그렇게 동계훈련에 갔는데, 거의 2달 동안 조금씩 폼을 수정하고 바꾸다 보니 도무지 어떻게 던져야 하는지 혼란스럽고 제 느낌이 사라졌어요."

이렇게 학교 지도와 레슨의 차이로 받는 스트레스를 EFT로 풀었는데, 2주도 안 되서 폼이 자연스러워지고 구속도 다시 130km 이상으로 올라갔다. 인원수가 많은 학교의 선수들은 코치나 감독님의 자세한 지도를 받을 수 없다 보니 외부 레슨을 받는 경우가 많다. 그런데 종종 학교에서 배우는 것과 외부에서 레슨받는 내용이 달라 선수들이 눈치 보며 스트레스를 받다가 자세를 의식하고 자신의 자세를 잃어버리는 경우가 있다. 더 좋게 만들려는 시도들이 오히려 선수를 더욱 혼란스럽게 하는 것이다.

이렇게 선수들이 자세가 의식되거나 자기만의 방법을 잊어버렸을 경우, 그 원인을 분석하면 다음과 같은 경험들이 공통적으로 발견된다.

- 투구나 임팩트 순간에 어떤 이유로 깜짝 놀라거나 아찔했던 적이 있다. 그 뒤로 그런 느낌이 계속 따라다녔다.
- 자세를 자꾸 지적받으면서 계속 자세를 의식하면서 스트레스 받은 기간이 길었다.

두 번째 경우는 앞에서 보았고, 지금부터 첫 번째 경우에 해당하는 사례를 살펴보자.

예전에 롯데 자이언츠에서 프로 1차 지명으로 선발된 이왕기(개명 후 이재율)라는 투수가 있었다. 이왕기 선수는 2005년 롯데 자이언츠 1차 지명이 되어 프로 첫해부터 1군 무대에 올라가며 뛰어난 실력을 보여주었던 사이드암 투수였다. 그러던 그가 2006년 시즌 중에 이상한 일을 겪게 된다. 시합에서 투구하던 중에 투수 발판이 미끄러워 스파이크가 계속 미끄러졌는데, 그때 홈런 2방을 맞고 결국 강판되었다. 그 이후로 마운드에 오를 때마다 미끄러질지 모른다는 불안감에 사로잡혔고, 점점 기량이 하락하면서 제구력 난조를 겪었다. 그렇게 이왕기 선수는 2군을 오가며 감각 이상 증세를 겪기 시작했다. 손에 힘을 주고 공을 채야 하지만, 그런 느낌이 없이 하체가 아닌 상체로만 투구를 하면서 150km에 육박하던 구속은 130km까지 떨어졌다. 그 이후로 입스는 더욱 심해졌고, 그는 거듭 부상당하다 결국 기나긴 슬럼프에 빠졌다. 여기저기 팀을 옮겨다니며 입스를 고치려 안간힘을 썼지만, 결국 극복하지 못하고 은퇴하고만다.

그는 이렇게 말한다. "재활하면서 입스를 고치려고 갖은 노력을 다 기울였어요. 그러다가 투구폼을 바꿔보면 나아지지 않을까 하는 생각이 들었습니다. 이후 투구폼 수정을 위해 많은 스승을 찾아다녔죠. 그중에는 장호연 · 김성근 감독님도 계십니다. 모두 실패했어요. 팔은 아주 건강했는데, 영점이 잡히지 않았습니다. 정신과 치료도 받았지만, 나아질 기미가 안 보였어요. 머리로는 모든 걸 다 받아들였는데, 공만 던지려고 하면 몸에서 거부반응이 올라오는 거예요. 오버로 던져도, 언더로 던져도 팔이 부드럽게 돌아가지 않고 자꾸 걸리는 느낌이 들었습니다. 입스는 은퇴한 지금도 나아지지 않았습니다."*

그는 지도자 생활을 거쳐 현재 기아 타이거즈 스카우터로 활동하고 있다. 만약 그가 입스 증상을 겪지 않았다면 임창용 선수처럼 불혹이 넘는 나이에도 은퇴하지 않고 대한민국 최고의 사이드암 투수 중 한 명이 되었을 것이라 나는 생각한다.

사격 선수의 격발 입스

사격 선수들은 여러 문제를 복합적으로 가지고 있는데, 그중 가장 큰 문제는 바로 격발에 대한 두려움이다. 한 실업팀 감독은 이렇게 말했다. "선수들이 가장 힘들어하는 게 격발이에요. 그런데 이 부분은 마음을 건드리지 않으면 지도자들도 가르치는 데 한계가 있습니다."

한 사격 실업팀 소속의 선수가 있었다. 날아오는 접시 모양의 타깃을 맞히는 스키트 종목의 선수였는데, 격발을 할 때 몸에 힘이 들어가 제대로 방아쇠를 당기지 못하는 문제를 가지고 있었다. 특히 시합 같은 상황에서 긴장과 압박감이 들면 어깨 부근에 힘이 많이 들어가고 손가락이 마비된 것처럼 느껴져 이런 문제가 더욱 자주 찾아온다는 것이었다. 어쩌다 한두 번 생기던 현상이 시간이 갈수록 빈도가 높아졌고, 시합뿐만 아니라 일상적인 연습에서도 무의식적으로 계속 나오다 보니 상당한 스트레스를 받고 있었다. 우선 EFT를 드러나는 문제점에 대해서 적용해보았다.

---

* 〈이영미의 스포츠 인 스토리〉, '그 신인들은 다 어디로 갔을까', 2016. 12. 22.

- 나는 손가락에 힘이 많이 들어가면서 격발이 잘 안 되지만, 이런 나를 깊이 진심으로 받아들인다.
- 나는 이것 때문에 스트레스를 많이 받지만, 이런 나를 깊이 진심으로 받아들인다.

연습할 때마다 이렇게 EFT를 해도 별다른 차도가 없었다. 그래서 그 증상이 처음 생겼던 당시의 기억과 감정을 다루어보게 했다. 그러자 얼마 지나지 않아 그런 증상이 사라졌다고 연락이 왔다. "처음에는 증상에 대해서 했는데, 별다른 효과도 없고 계속 지속됐어요. 그런데 선생님 말씀을 듣고 이 증상이 처음 생겼을 당시의 기억과 감정을 되새기려고 했습니다. 그리고 그 기억에 대해 계속 EFT를 해 나갔더니 확실히 효과가 있었어요. 이제는 그렇게 저를 괴롭혔던 문제가 아예 몸에서 잊힐 정도로 나오지 않아요."

"구체적으로 어떻게 두드렸나요?" "처음에 이 증상이 생겼을 때 저는 이걸 절대 받아들이지 못했어요. 그것 때문에 스트레스를 엄청 받았죠. 그래서 '나는 이 증상을 절대 받아들이지 못했지만', '이 상황이 지속될까 봐 불안하고 두려웠지만', '증상이 없어지지 않아 화도 많이 났지만' 등 직관적으로 생각나는 여러 감정들에 대해서 쭉 두드려 나갔어요. 그리고 '받아들인다'는 말을 많이 했습니다. 그랬더니 어느 순간 이 증상이 더 이상 나오지 않았습니다. 나도 모르게 '증상이 없어졌다'는 사실조차도 몰랐어요. 이제는 압박감이 드는 시합 상황에서 EFT를 잘 활용하고 있어요. 어떤 때는 EFT에 너무 의존하는 게 아닌가 싶을 때도 있지만요. 아무튼 EFT를 알려주셔서 정말 감사합니다. 하하."

보통은 이런 격발 입스 현상이 찾아오면 자세를 바꾸거나 의식적으로 억누르는 방법으로 극복하려고 하지만, 그럴수록 그런 증상은 더욱 따라올 확률이 높다. 회피하고 억누를수록 문제는 더욱 자신을 따라다니기 때문이다. 그러나 그것을 진심으로 인정하고 마주하는 순간 그 증상은 사라진다. 이 선수도 처음 입스가 생겼을 당시에 그것을 받아들이지 못했는데, EFT를 하면서 그 증상과 여러 기억들을 받아들이고 내려놓다 보니 자연스럽게 증상이 사라진 것이다.

어느 날 고등학교 권총 사격 선수가 문자로 연락했다. "저는 공기권총 종목을 하고 있는데, 근래 기록이 확 좋아지다가 어느 순간부터 갑자기 쏘는 방법을 잊어버리고 점수 욕심만 계속 생깁니다. 총을 거총하는 순간에 실수에 대한 두려움으로 손발이 떨리고 손에 감각 자체가 사라져 도저히 격발을 못 합니다. 특히 노리는 행위(점수에 대한 걱정으로 조준선이 아닌 표적지에 시선을 뺏기는 것)가 제 의도와는 무관하게 계속 나와서 미치겠습니다. 이것 때문에 너무 스트레스를 받고 우울증에 걸릴 지경입니다. 어떻게 해야 하죠? 옛날 감각을 되찾고 싶은데 방법 좀 알려주시면 안 될까요? 내일이라도 당장 달려가겠습니다."

나는 그의 고등학교 근처에서 그를 만났고, 우선 현재 그가 가진 문제를 쭉 적게 했다. 이런 증상이 생기게 된 과정을 정리하면 다음과 같다.

- 사격을 시작하고 시간이 지나면서 총을 쏘는 방법을 어느 정도 깨닫고 그 감각으로 점수가 계속 올라갔다.
- 성적이 좋아지다 보니 더 잘하려는 욕심에 총을 쏘는 자신만의 감각과 자세가 조금씩 어색해져 가는 것을 느끼면서도 고치지 않고 그냥 했다.

- 그래도 점수가 상향곡선을 그리니 불길하게 느끼면서도 자만심이 생겼다.
- 그러다 시즌 첫 시합에서 심한 긴장감에 첫 3발에서 2점 이하를 쐈고, 결국 자신의 평균에 훨씬 못 미치는 점수를 받고 크게 좌절했다.
- 그 이후로 총을 쏠 때 모든 감각들이 어색해졌고, 평소 연습에서도 손가락이 마비되고 점수 걱정에 격발이 되지 않는 증상들이 수시로 나왔다.

이 선수는 억지로 격발을 하다 보니 평균 기록이 크게 떨어졌고, 다시 처음의 감각을 찾으려 아무리 발버둥 처도 되찾을 수 없었다. 느려진 격발 타이밍, 손가락 마비, 힘 조절 불안, 노리는 행위, 점수에 대한 강박, 손·다리 떨림, 가슴이 미친 듯이 두근거림, 자기 비난, 주변 상황 탓, 진로에 대한 불안, 감정 기복, 목·어깨·허리의 만성 통증 등 사격 선수가 가질 수 있는 최악의 문제들을 다 가지고 있었다. 이에 현재 증상과 그것이 처음 시작되었을 당시의 전후 기억을 EFT로 하나씩 다루었다.

수용확언

- 나는 당시 심한 점수 걱정에 총을 쏘는 내내 표적지를 보며 불안해했지만, 이런 나를 깊이 진심으로 받아들인다.
- 나는 그 시합에서 총을 쏘는 감각이 점점 사라지고 격발이 느려져서 정말 불안해했지만, 이런 나를 깊이 진심으로 받아들인다.
- 그 시합에서 손과 발이 덜덜 떨리면서 첫 발을 잘 쏘지 못해 가슴이 두근거렸고, 그 느낌이 아직도 따라다니지만, 이런 나를 깊이 진심으로 받아들인다.

- 또 격발이 되지 않을까 너무 두렵고 걱정되지만, 이런 나를 깊이 진심으로 받아들인다.
- 나는 모든 감각이 사라져 너무 당황스럽고 답답해 미치겠지만, 이런 나를 깊이 진심으로 받아들인다.

이렇게 한 시간 넘게 기억과 감정을 지웠다. 동생 같아서 애틋한 마음이 들어 밥을 사 주고 헤어졌는데 이틀 뒤에 바로 연락이 왔다. "정말 편해졌습니다. 다음 날 바로 최고 기록을 썼어요. 점점 더 노리는 횟수가 현저하게 줄고 예전의 초심을 거의 다 찾은 듯합니다. 요동치던 마음도 두드리면서 계속 편안해지고 지긋지긋했던 두통도 없어졌습니다." 위기 뒤엔 기회가 온다는 말이 이 상황에 딱 들어맞았다. 선수 생활을 그만둘 만큼의 큰 위기를 넘기니 곧바로 성적이 수직 상승했고, 전보다 훨씬 안정감 있게 경기를 하게 되었다.

이렇게 총을 쏘는 자신만의 감각을 조금씩 잃다가 어느 순간 모든 감각이 마비된 듯 격발이 안 되는 선수들이 많다. 그 상황에서도 점수에 집착해서 더 잘하려고 애를 쓰다 보니 억지로 힘이 들어가고, 여기에 자꾸 더 스트레스를 받다 보면 최악의 상황으로 치닫게 된다. 이럴 때는 우선 EFT로 집착부터 버리고 부정적 감정을 수시로 풀면서 초심으로 돌아가는 연습을 꾸준히 하는 것이 중요하다.

비슷한 사례를 하나 더 살펴보자. 어느 날 여고 사격부 코치님에게 전화가 왔다. "우리 팀의 고3 아이가 지금 굉장히 힘들어합니다. 중학교 땐 체전 나가서 몇 관왕도 하고 정말 실력이 출중했던 아이였어요. 그런데 고3에 올라가서 실력이 떨어지고, 가면 갈수록 격발도 제대로 못 하네요. 총을 쏘면서 본인 감정 조절이 안 되니 연습 때도 답답해서 울기만 합니다. 코치로서 할 수 있는 말은 한정되어 있고 기술적으로는 별다른 문제가 없어요. 정말 아까운 선수인데, 어떻게 해야 할까요?"

내가 많은 선수들을 만나면서 깨달은 바로는 야구나 골프도 그렇지만 이 분야는 기술적으로 어느 정도 완성되고 나면 그다음은 전적으로 선수의 마음 상태가 좌우한다. 그만큼 선수들의 마음이 경기력에 끼치는 영향이 막대하다. 이에 나는 지방까지 내려가 직접 선수를 만났다. 그 선수가 흐느끼며 말했다. "총 쏘는 법을 까먹었어요. 도저히 쏘는 자세가 제 것이 아닌 것 같은 마음이 많이 듭니다. 한 발 빠질(사격, 양궁, 골프 등에서 미스 샷을 '빠진다'고 표현) 때마다 끓어오르는 답답함을 주체할 수 없어요. 나에게 너무 화가 나고 시간이 지날수록 성적도 떨어져서 너무 힘듭니다."

우선 사격하면서 상처받았던 기억을 찾아 EFT를 해보았다. "초등학교 때랑 중학교 1학년 때까지 운동을 하면서 조금이라도 성적이 안 나오면 코치님에게 심한 꾸중을 들었어요. 심할 때는 시합 성적대로 맞을 때도 있었는데, 그때 못하면 어떡하나 하면서 상당히 긴장했습니다. 시간이 많이 지났는데도 그때가 많이 생각나요."

이런 기억들을 두드리며 마음속이 텅 빌 때까지 꼼꼼히 지웠다. 시간이 몇 년이나 흘렀는데도 당시의 기억이 생생하게 남아 있었고, 두드리는 동안 이완되면서 몇 번이나 깊은 한숨을 내쉬었다. "후, 편해요. 아까는 그때 생각만 해도 무서워하는 제 모습이 보였는데 두드리면서 웃는 모습으로 바뀌었어요." "잘했어요. 자, 다른 상황으로 가볼게요. 성적이 떨어지면서 어떤 마음이 들었어요?" "(한숨을 푹 쉬면서) 중학교 때 소년체전에서 2관왕까지 한 적이 있어요. 그만큼 잘했고, 전국의 많은 감독님들이 제 이름을 알 정도로 유망주라는 소리를 많이 들었습니다. 그런데 지금은 그런 칭찬은 온데간데없고 '너 왜 이렇게 됐냐'고 핀잔만 들으니 겉으론 웃어도 속은 정말 썩어 들어가요. 그게 너무 듣기 싫어서 대회장 가면 사람들을 피하기도 해요."

이에 창피하고 부끄럽고 기죽는 마음을 EFT로 다루었다. 그 선수는 두드리는 동안 눈물을 많이 흘렸고, 동시에 마음속에 쌓여 있던 감정들이 사라졌다. 그다음에는 자세와 격발 문제에 대해서 EFT를 했다.

수용확언

- 아무리 힘을 주고 쏘려고 해도 격발이 힘들었던 그때만 생각하면 아직도 답답하고 불안해서 격발이 안 되지만, 이런 나를 깊이 진심으로 받아들인다.
- 내가 총을 쏘는 게 아닌 것 같은 느낌이 심하게 들지만, 이런 나를 깊이 진심으로 받아들인다.
- 한 발 빠질 때마다 끓어오르는 답답함을 참는 게 너무 힘들어 울면서 경기를 했지만, 이런 나를 깊이 진심으로 받아들인다.
- 너무 힘들다. 엄마에게 너무 미안하다. 나에겐 사격이 전부인데 이것마저 이렇게 못해서 너무 힘들고 괴롭지만, 이런 나를 깊이 진심으로 받아들인다.

이 선수는 어려운 집안 환경에서 힘들게 운동하고 있었다. 실력이 좋아서 장학금을 받아가며 운동을 하고 있는데 점점 성적이 떨어지니 이루 말할 수 없는 괴로움을 느끼고 있었다. 그 선수는 이렇게 EFT를 하고 난 다음 날부터 훨씬 편안하게 연습할 수 있었다. 곧이어 성적이 점점 오르면서 상담 후 세 번째 시합에서는 화약총 대회에서 무려 2등까지 했다.

시합 긴장감과 부담감이 선수의 경기력을 갉아먹는다

내일이 시합인데 몸이 굳어 격발이 안 돼요

"코치님, 제가 내일 당장 시합인데 조금만 도와주세요. 오늘 공식 연습을 하는데 어제까지만 해도 잘됐던 게 하나도 안 됩니다. 격발도 안 되고, 반동의 느낌도 원래 제 것이 아니라서 너무 불쾌합니다. 그러다 보니 어제와는 점수 차가 너무 나서 답답해 미쳐버릴 것 같습니다. 이때까지 연습한 게 헛수고가 될 것 같습니다." 2017년 7월에 전북 임실에서 문화체육관광부장관기 사격대회가 있기 전날에 예전에 나에게 강의를 들었던 학생이 연락을 했다. 시합에 대한 긴장과 두려움으로 몸이 굳어버려 자세가 다 깨진 것이다.

급한 마음에 일단 전화상으로 EFT를 했다. 우선은 부정적인 감정에 깊이 빠진 상태라 넋두리를 하듯 떠오르는 모든 생각과 감정을 말하면서 두드렸다. 이렇게 감정이 어느 정도 누그러진 다음에 그날 연습하면서 힘들었던 기억을 떠올리면서 EFT를 했다.

수용확언

- 나는 총을 드는 순간 조준선을 맞추며 느꼈던 그 이상한 느낌이 너무 어색하고 불안했지만, 이런 나를 깊이 진심으로 받아들인다.
- 그 순간에 여태껏 연습한 것이 다 수포로 돌아간 것 같아 너무 답답하고 화가 났지만, 이런 나를 깊이 진심으로 받아들인다.
- 시합에서 오늘처럼 실수 발이 연속으로 나오면 어떡하나 너무 걱정되고 긴장이 되지만, 이런 나를 깊이 진심으로 받아들인다.

생각과 감정이 다 사라져서 멍한 상태가 될 때까지 두드린 뒤에 타점을 두드리면서 확언(자기암시)을 했다. "실수해도 된다. 뭐 어때. 그런다고 안 죽는다. 괜찮다. 편하게 내려놓고 해보자. 내가 할 수 있는 최선을 다 해보자. 점수는 하늘에 맡긴다." 그렇게 총 40분가량 두드렸고, 다음 날 연락이 왔다.

"어제 훈련 때랑은 완전 다르게 쐈습니다. 시합 전에 약간은 긴장이 돼서 EFT를 하다 보니까 '뭐 실수하면 어때. 다음 발 잘 잡으면 되지' 하는 식으로 긍정적인 생각이 많이 떠올랐어요. 어제 공식 연습 때는 9시 방향 8점짜리가 20발 중에 반 이상이 나오곤 했는데, 오늘 시합에서는 9시 방향 8점이 한 발도 안 나왔습니다. 점수가 그렇게 좋진 않았지만 앞으로 EFT를 활용해 어떻게 훈련을 해야 하는지 목표가 생겨서 너무 좋습니다."

위 사례 말고도, 내가 상담했던 많은 선수들이 EFT를 시합 긴장감을 낮추는 데 잘 활용했다. 그들의 이야기를 들어보자.

"시합 중간 중간 벤치에서 마사지하듯 타점을 문질러요. 그러면 빨라진 호흡이 진정되고 차분해진 느낌이 들어서 좋습니다. 예전엔 방법을 몰라서 심호흡만 크게 했는데, 이제는 EFT까지 같이 하니까 참 좋은 것 같아요." — 프로야구 선수

"필드를 옮겨가면서 쇄골 타점을 두드리며 심호흡을 크게 해요. 그러면 못 쳐서 조급해지는 마음이 조금 가라앉습니다. 특히 벙커나 해저드로 들어갔을 때 당황하는 마음이 많이 줄었어요. 압박감 받는 상황에서 EFT를 하면 훨씬 더 편하게 쳐요." — 프로 골프 선수

고3 부담감으로 타율이 떨어졌어요

단 한 번의 상담으로 선수의 기록을 급상승시켰다고 말하면 다들 거짓말이라고 할 것이다. 내가 상담해준 초·중·고등학교 선수들 중에서 한두 번의 EFT 상담만으로도 기록이 급상승한 선수들이 꽤 나왔다. 물론 모든 선수가 그랬던 것은 아니지만, 그전까지 문제를 해결하려고 간절하게 노력했던 선수들에게는 EFT의 효과가 극명하게 나타났다. 나는 그런 선수들을 보면서 많은 선수들이 최고 기량을 이미 가지고 있다는 것을 알게 되었다. EFT는 그 기량을 잘 발휘하게 도와주는 아주 좋은 도구다. EFT가 선수의 성적을 직접 올려준 것이 아니라 잠재력을 스스로 잘 발휘할 수 있게 그 물꼬를 터준다는 말이 더 맞을 것이다.

나는 드래프트를 앞둔 고3이나 대학교 4학년 야구 선수들을 주로 많이 만났는데, 그들은 다른 선수들보다 시합에 대한 부담감을 훨씬 많이 느낀다. 고등학교 3학년이 되면서 타율이 급격하게 떨어지고 수비가 너무 불안해진 선수가 있었다. 전반기 주말리그가 끝나고 전국대회 바로 전에 그 선수와 만났다. "고3에 올라오면서 어떤 생각이 많이 들었어요?" "잘해야겠다는 생각밖에 없었습니다. 스카우터들이 조금씩 저를 주목하고 있으니 이번 시즌에 제대로 보여줘서 부모님도 호강시켜드려야 한다고 생각했어요." "그런데 생각만큼 잘 안 되죠?" "네. 잘해야겠다고 생각하니 타석에 들어서면서 몸에 힘이 많이 들어갑니다. 수비도 불안하고. 특히 실수할까 봐 병살이나 가까운 거리로 공을 던지는 게 어려워요. 아무리 열심히 훈련해도 막상 시합장만 가면 제 실력이 잘 안 나오는 게 너무 답답합니다."

일단 부담감 때문에 몸이 경직되었던 순간들을 떠올리며 EFT를 했고, 그러자 훨씬 편안해졌다. 그다음으로 짧은 송구에 대한 불안감을 다루었다. 이 선수가 낫고 싶은 마음이 간절해서 그런지 EFT의 효과가 너무 좋았다. 이렇게 딱 한 번 상담했는데 그다음 날 바로 목동에서 이어진 전국대회에서 타격과 수비가 눈에 띄게 좋아졌다. 선수의 잠재력이 EFT를 통해 물꼬가 트이면서 폭발했고, 1할 후반대의 타율이 갑자기 4할에 가까울 만큼 급격히 오르고 수비에 대한 불안도 확실히 줄어들었다. 나는 이 모습을 생중계로 보았는데, 해설자들도 극찬을 했다. 그 선수가 말했다. "두드리고 나니까 그렇게 불안했던 시합이 빨리 했으면 하는 설렘으로 바뀌었어요. 편안하게 플레이하는 데 정말 많은 도움이 되었습니다. 정말 신기하고 감사해요."

그는 두 달 정도가 지난 뒤에 생각지도 못했던 청소년대표에 깜짝 발탁되었고, 세계청소년야구선수권대회에서 한국 팀이 우승하는 데 역력한 공을 세웠다. 나를 포함해서 감독과 부모님 등 많은 사람이 깜짝 놀랐고, EFT가 얼마나 대단한 힘을 가졌는지 다시 한 번 확인할 수 있었다. 이제 이 선수는 어떤 압박을 느껴도 마음껏 자신의 실력을 발휘할 수 있는 굳건한 정신력을 갖게 된 것이다. 나는 이 선수의 성실함과 EFT가 결합되어 더욱더 큰 선수가 될 거라고 기대하며 항상 응원하고 있다.

금메달을 땄어요

시합 때마다 긴장하고 두려워해서 연습할 때의 기량을 제대로 발휘하지 못하는 클레이 사격 선수를 만났다. "가장 긴장했을 때가 언제죠?" "첫 시합요. 계속 편안하다가 사대에 들어가는 순간 긴장되고 몸이 굳기 시작했어요. 그 당시의 느낌이 기억나요." "자, 한번 따라 해봐요. 나는 당시 사대에 들어가는 순간의 두려움이 아직도 생생하게 느껴지지만, 그런 나를 완전히 이해하고 받아들인다." 이렇게 EFT를 하자 그가 말했다. "참 신기하네요. 두드리면서 그 당시의 제 모습이 편안하게 잘 쏘는 모습으로 자연스럽게 바뀌었어요. 그때만 생각하면 답답하고 불안했는데, 이제는 괜찮은 것 같아요."

부정적인 기억을 EFT로 지우면 종종 마음속의 이미지가 이렇게 긍정적으로 바뀐다. 그렇게 몇 개의 기억을 계속 지웠다. 이 선수는 어릴 때 외국에서 혼자 유학 생활을 한 적이 있는데, 당시 부모님과 떨어져 있으면서 외롭고 쓸쓸했던 기억이 떠올랐고, 이 기억도 EFT로 지웠다. 이렇게 아무 생각이 안 날 때까지 마음속의 생각과 감정을 지웠고, 일주일 뒤에 시합을 치르고 바로 메시지가 왔다. "저 금메달 땄습니다." 클레이 종목이라 선수들이 다른 종목에 비해 많진 않았지만, 시작한 지 겨우 6개월 만에 연속 두 개의 시합에서 대회 신기록으로 금메달을 따서 모두 깜짝 놀랐다.

이 선수는 EFT에 대해 이렇게 말했다. "EFT를 한 날과 안 한 날이 차이가 심해요. 오전, 오후 두 번씩 연습하는데, 오전에 EFT를 안 하고 들어가면 총을 쏘는 동안 집중력이 많이 떨어져요. 사실 떨어지는 것이 아니라 예전의 나의 모습인데, EFT로 좋은 상태로 있다 보니 그 전에는 어떻게 쐈나 싶더라고요. EFT를 하고 들어가면 25발 만점을 쏜 적도 많아요. 그래서 항상 연습장에 일찍 가서 30분 정도는 EFT와 함께 명상을 하고 연습에 들어갑니다." 이 선수는 원래 자신의 심리 문제를 극복하려는 의지가 많았으나 구체적인 방법을 몰라 힘들어하던 찰나에 EFT를 만나게 되어 생활의 일부로 꾸준히 잘 활용하고 있다. 현재 대학교에 입학해 2018년 창원에서 주최한 대회에 주니어대표로 나갈 만큼 뛰어난 성적을 유지하고 있다.

03

EFT로 트라우마와
기타 심리적 문제를 고치다

부상 트라우마, 다쳤던 순간을 잊을 수가 없어요

공에 맞아 코가 골절된 뒤로 아프고 위축돼요

타석에서 얼굴에 공을 맞아 코가 골절된 뒤로 타격뿐만 아니라 수비에서까지 공이 무서워 고생하는 중학교 야구 선수가 있었다. 아무래도 중학교 선수들은 아직 어려 제구가 불안정해서 얼굴에 공을 맞는 선수들이 많았다. 공에 맞았던 기억이 생생해서 또 맞지 않을까 하는 공포가 심했다. 그러다 보니 무의식적으로 타석에서 발이 빠지고 수비를 하면서도 상체를 굽힐 수 없어 공수 양면에서 제대로 경기를 할 수 없었다.

"타석에 들어설 때부터 공에 맞으면 어떡하나 불안하고 두려워요. 그래서 공이 조금이라도 몸 쪽으로 오면 화들짝 놀라고 앞발이 저도 모르게 빠져서 도저히 제 스윙을 할 수 없습니다." "수비는 어때요?" "수비도 마찬가지예요. 특히 바운드되어 오는 타구는 자세를 낮춰서 받아야 하는데, 그럴 때마다 공이 튀어서 얼굴에 맞지 않을까 하는 두려움이 커요. 그래서 상체를 무의식적으로 일으킵니다." "지금은 통증은 없어요?" "평상시에는 괜찮아요. 그런데 운동장에서 그렇게 두려움이 들 때면 코가 계속 시리고 찌릿하게 아파옵니다." "자, 그럼 EFT를 한번 해보죠. 공을 맞았을 때의 상황으로 돌아가볼게요. 아직도 생생하게 남아 있는 장면이 있으면 말해줄래요?" "공이 코에 맞았던 순간이요. 진짜 말로 표현할 수 없는 그 고통이 너무 잊히지가 않아요."

6개월이 지난 일이었지만 당시의 두려움은 아직도 머릿속에 생생하게 남아 있었고, 영화관 기법으로 그때를 떠올리며 그 기억과 감정을 하나씩 지워 나갔다.

수용확언

- 나는 공에 맞았던 그때의 고통이 아직도 잊지 못할 만큼 너무나도 아팠지만, 이제는 그런 나를 있는 그대로 이해하고 받아들인다.
- 공에 맞았던 그 순간이 아직도 너무 생생하지만, 그런 나를 마음속 깊이 받아들인다.

그때의 고통스러웠던 기억이 너무나도 컸던지 1·2회전만으로는 다 지워지지 않았고, 전후 상황을 생각하며 계속해서 두드렸다.

수용확언

- 코에서 피가 철철 흘러내리는 당시의 상황이 아직도 공포스럽지만, 이제는 그런 나를 있는 그대로 받아들이고 사랑한다.
- 응급실에 가는 길이 너무 무서웠고, 야구를 못 할지 모른다는 생각에 두려움에 벌벌 떨었지만, 이제는 그런 나를 있는 그대로 이해한다.
- 수술하고 나서 거울에 비친 내 모습이 너무 처참하고 괴로워서 쳐다

보기도 싫었지만, 이제는 있는 그대로 나를 받아들이고 사랑한다.

- 다시 공을 마주한다는 생각만 해도 맞았을 때의 아픔이 느껴져 너무 괴로웠지만, 이제는 있는 그대로 나를 받아들인다.

두 달 정도 쉬면서 치료를 했는데, 골절된 뼈도 다시 붙고 통증도 줄었지만 당시의 트라우마는 복귀를 앞두고 점점 커졌다. 운동장에 다시 들어섰을 때 공을 보면 위축감이 들었고, 자세 균형도 완전히 무너져 예전의 기량을 도저히 발휘할 수 없었다. 그러다 EFT로 일주일 만에 공에 대한 두려움이 1 이하로 떨어졌다. 그러자 수비에서도 땅볼을 끝까지 볼 수 있을 만큼 편안해졌고, 나중에는 오히려 몸에 공을 맞고 출루를 하나라도 더 했으면 하는 자신감까지 생겼다. 얼마 뒤에는 한 번도 못 쳤던 홈런까지 날렸다. 공에 대한 자신감이 타격의 정확성과 파워를 더욱 향상시킨 것이다. 얼굴이나 머리에 공을 맞고 나면 선수들에겐 큰 트라우마가 되는 경우가 많은데, 그 기억나는 장면을 쪼개어서 구체적으로 EFT를 적용하면 해결된다.

헤딩하다 코를 부딪히고 나서는 헤딩을 못 해요

한 고교 축구 선수가 세트피스 상황에서 헤딩을 하면서 상대 선수와 부딪혀 코가 골절된 뒤로 공이 날아오면 두려움에 자신도 모르게 머리를 내밀지 못하는 증상을 앓고 있었다. "저도 모르게 머리를 빼게 됩니다." "어떤 기억이 가장 생생해요?" "그때 상대 수비수 머리에 코를 부딪히고 쓰러져 멍했던 상황이 가장 기억에 남아요. 뜨거운 코피도 철철 흘러내리고." "자, 그때를 생생하게 떠올리면서 저 한번 따라 해봐요."

● 나는 코가 깨지며 피를 철철 흘리면서 띵했던 상황이 아직도 생생해서 헤딩을 하려고 할 때마다 그때처럼 다치면 어떡하나 너무 두렵지만, 그런 나를 마음속 깊이 받아들인다.

한참 두드리고 당시의 기억이 충분히 지워졌을 때 다시 물었다. "지금은 어때요?" "두드리기 전에는 헤딩하는 상황조차도 잘 그려지지 않았어요. 그런데 손가락으로 두드리는 중간 중간에 이미지가 계속 바뀌네요. 지금은 부드럽게 헤딩이 잘 되는 상상만 돼요." "상상으로 자신감 있게 머리 들이밀면서 헤딩해볼래요? 10개 정도만." "(상상한 뒤) 잘 됩니다." 이렇게 EFT로 헤딩에 대한 두려움이 훨씬 줄었고, 실제 훈련에서도 두려움 없이 헤딩이 훨씬 잘 된다고 했다.

팔꿈치 인대가 끊어진 뒤로 공을 세게 던질 수가 없어요

한 고교 야구 투수가 토미 존 수술을 받고 10개월간의 재활 기간을 거쳐 훈련에 복귀했다. 그런데 공을 세게 던지려 할수록 부상 당시의 생생한 기억이 떠오르고 통증에 대한 불안이 심해서 팔꿈치를 끝까지 뻗는 게 너무 힘들었다. "부상을 당했을 때 어땠는지 말해줄래요?" "팔꿈치 안쪽에 통증이 심해서 진통제를 먹으면서 훈련을 했어요. 그런데도 계속 아프니 한 알씩 먹던 것을 두 알, 세 알씩 늘려서 먹고 던졌습니다. 그러다가 평소보다 괜찮아진 듯싶어 라이브 피칭을 하며 최고 구속으로 계속 던졌습니다. 그러는 순간에 갑자기 팔꿈치가 찌릿하고 극심한 통증이 느껴져 소리를 지르며 쓰러졌어요. 너무 아파서 바로 병원에 가니 인대가 거의 다 파열됐다고 했고 바로 수술을 했어요."지금 그때 생각하면 아직도 생생하죠?""네, 그럼요. 아직도 그 통증은 잊히지가 않아요."어떤 느낌이 특히 생각나요?"찌릿하고 끊어질 것 같은 느낌이요."그때의 기억을 생생하게 떠올리며 그 통증의 느낌을 EFT로 지우기 시작했다.

- 나는 공을 던지면서 느낀 그 순간의 찌릿하고 끊어질 것 같은 통증이 아직도 생생하지만, 그런 나를 이제는 있는 그대로 받아들이고 사랑한다.

몇 번의 큰 한숨이 나왔고, 표정이 많이 편안해질 때까지 두드린 후 물었다. "지금은 그때의 아팠던 느낌이 어떻게 느껴져요?"음, 아무렇지 않고 멍해요. 편안해지네요."그럼, 다른 기억으로 가볼게요. 던지는 순간 말고 그 이후에도 통증에 대한 생생한 기억이 있으면 말해줄래요?" "그렇게 통증이 갑작스럽게 와서 바로 옷 갈아입고 병원에 갔어요. 가는 길이 너무 힘들고 괴로웠는데 그때의 느낌이 기억납니다."어떤 감정이 가장 컸어요?"아픈 것은 둘째치고, 다시 투수를 할 수 있을까 하는 불안함이 정말 컸습니다."

- 나는 당시 내가 다시 투수를 할 수 있을까 너무 불안하고 무서웠지만, 깊이 진심으로 나를 받아들인다.

그동안 많이 긴장했는지 그 와중에 그는 계속해서 큰 한숨을 쉬었다.

"지금은 그때 생각하면 어때요?" "아무렇지 않고 그냥 편안하게 느껴져요. 뭔가 자신 있게 던질 수 있을 것 같은 마음이 듭니다." 부정적 기억을 지우다 보면 그 이미지가 자연스럽게 긍정적으로 바뀐다. 이렇게 계속해서 부상 이후 통증과 관련된 기억을 꼼꼼하게 지워 나갔다.

수용확언

- 또 팔꿈치를 뻗으면 그때처럼 다칠까 봐 항상 두렵고 긴장하며 던졌지만, 깊이 진심으로 나를 받아들인다.
- 또 그때처럼 다치지 않을까 너무 무섭고 두려워서 제대로 팔꿈치를 뻗지 못했지만, 깊이 진심으로 나를 받아들인다.

더 이상 관련된 기억이 나지 않을 정도로 두드리자 그가 말했다. "두드릴수록 계속 편안해져요. 그리고 저도 모르게 그냥 잘 던져지는 상상이 돼요. 신기하네요." 그리고 바로 그다음 날부터 공을 던지는 것이 전보다 훨씬 편하고 쉽게 느껴졌다. "던지는 게 훨씬 편해졌어요. EFT를 하기 전에는 또 다치면 어떡하나 긴장하고 불안한 상태였는데, 그런 마음이 사라지니 그냥 맘 편하게 던집니다. 팔꿈치도 끝까지 뻗어지고요."

그렇게 통증에 대한 두려움이 줄어드니 다시 예전처럼 팔꿈치를 쭉 뻗을 수 있었고, 전보다 공을 훨씬 세게 던질 수 있었다. 구속도 무려 8km 정도가 올랐다. 이처럼 수술 후 복귀할 때쯤 많은 선수들이 통증과 부상에 대한 두려움을 가지고 있다. 그런 두려움 때문에 팔꿈치를 끝까지 뻗지 못하는 선수들이 꽤 많은데, 이렇게 EFT로 쉽게 치유할 수 있다.

십자인대가 끊어진 뒤로 무릎을 제대로 못 펴겠어요

십자인대가 두 번이나 끊어져 재활 운동을 하고 있는 20대 중반의 학생이 있었다. 어릴 때 축구 선수를 할 만큼 운동도 나름 잘했고 좋아했지만, 두 번의 십자인대 수술 이후에는 힘을 주고 발돋움도 제대로 못 할 만큼 심한 후유증을 가지고 있었다. "평소에는 괜찮은데, 힘을 주고 공을 세게 차려고 하면 저도 모르게 움츠러들어요. 무릎 통증도 조금 느껴지는 것 같고요." 먼저 차분하게 EFT를 설명하고 드러난 육체 증상부터 EFT로 다루어보았다.

> **수용확언**
>
> • 나는 공을 차려고 하면 나도 모르게 힘이 빠지고 움츠러들지만, 그런 나를 마음속 깊이 받아들인다.

이렇게 증상에 대해서만 EFT를 한 뒤에 공을 주며 다시 확인해보니 크게 나아진 것은 없었다. 그래서 더욱더 핵심 주제를 찾아 들어갔다. "처음 다쳤을 때 전후 상황들 기억나요?" "네. 아주 생생하죠." "가장 기억에 남는 순간이 있을까요?" "무릎을 돌리는 순간 인대가 끊어지는 소리를 잊을 수가 없어요." "어떤 소리였어요?" "음, 말로 표현할 순 없지만 마치 타이어 고무가 양쪽으로 잡아당겨져 찢어지는 소리?" "생생히 기억나죠?" "잊을 수가 없죠. 아직도 끔찍합니다." 이에 당시의 '끊어지는 소리'를 영화관 기법으로 지웠다.

> **수용확언**
>
> • 나는 당시 '딱' 하며 인대가 끊어지는 소리를 도저히 잊을 수가 없지

만, 그런 나를 마음속 깊이 받아들인다.

"그렇게 찢어지고 나서는 어떤 상황이었어요? 아직 기억에 남는 느낌이나 장면이 있어요?" "바로 주저앉아서 뒹굴었죠. '큰일 났구나' 생각했습니다. 그 통증도 정말 생생하네요."

수용확언

- 운동장에서 뒹굴면서 느꼈던 통증을 도저히 잊을 수가 없지만, 그런 나를 마음속 깊이 받아들이고 사랑한다.

이외에도 수술과 재활을 하면서 무릎이 아파서 고생했던 기억도 하나씩 지워 나갔다. 인대가 두 번이나 끊어져서 다시는 축구를 할 수 없겠다고 생각할 때의 좌절감도 지웠다. 마침내 아무 생각이 안 날 만큼 두드리고 나서 다시 공을 주면서 차보라고 했다. "뻥!" 그 순간 그는 반대편 사무실 유리가 깨질 만큼 강하게 공을 차버렸고, 다른 직원들이 놀라 뛰어들어오기도 했다. 그는 몇 번이나 다시 차보고는 자신도 모르게 감탄하며 말했다. "와, 정말 신기하네요. 이렇게 속 시원하게 공을 차보는 건 몇 년 만에 처음이에요. 무릎이 펴지네요."

그는 십자인대를 다친 뒤로 제대로 무릎도 펴지 못하고 몇 년 동안 운동도 못 하고 살았다. 그런데 한 시간도 안 되는 시간에 부상과 통증에 대한 나쁜 기억을 지우니 그 자리에서 자신도 모르게 무릎을 완전히 펴서 힘을 주고 찰 수 있게 된 것이다. 이 과정을 다 지켜보았던 담당 재활 트레이너도 깜짝 놀라 EFT의 효과에 감탄했다. 더불어 미세하게 남아 있던 무릎 통증도 거의 다 사라져서 그는 한층 더 수월하게 수업을 할 수 있게 되었다.

시합 트라우마, 망친 경기를 잊을 수가 없어요

많은 선수들이 시합 트라우마가 있고, 이 트라우마는 흔히 입스로 발전해 선수를 더 괴롭히고, 다시 새로운 트라우마를 만들고 결국 슬럼프로 더 악화된다. 한 투수가 고3이 되면서 실력이 한층 성장하는가 싶더니 갑자기 찾아온 제구력 불안과 구속 저하 문제까지 생겨 심한 스트레스를 받고 있었다. 시합 트라우마가 원인이었다. "2학년 때 준결승에서 이기고 있다가 9회에 제가 공을 던지는데 만루홈런 맞고 우리 팀이 졌습니다. 그 이후로 제구가 불안정해지기 시작했어요." "아직도 그 기억이 생생하죠? 어떤 장면이 가장 많이 떠올라요?" "홈런 맞는 순간이죠. 상대편 주자들이 환호하면서 뛰어 들어가는데 저는 절망하고 짜증나고 답답했죠." 이에 이 장면을 EFT로 지웠다. "나는 홈런 맞은 그 순간이 너무 생생하게 남아서 아직도 절망하고 짜증나고 답답하지만, 마음속 깊이 진심으로 나를 받아들인다." 이렇게 당시의 기억을 영화관 기법으로 깨끗이 지웠더니 공을 잘 던지는 이미지로 바뀌었다.

이렇게 EFT를 하면 부정적인 기억의 이미지가 긍정적인 것으로 바뀐다. "그 뒤로는 어땠어요?" "저 때문에 팀이 탈락하니까 정말 짜증나고 우울했습니다. 그 뒤로 더 잘해야 된다고 강박적으로 저를 다그쳤어요."

잘해야겠다는 압박감으로 자신을 혹사시켰던 기억도 많이 지웠더니 확실히 마음도 편안해지고 제구력도 좋아졌다. 그리고 2주 뒤인 2018년 9월 말부터 열린 서울시 고교야구 추계리그에서 몇 경기를 하는 내내 무실점 행진을 했다. 당시 나는 서울 목동야구장에서 그 경기를 다 지켜보았는데, 경기 내내 무심하게 투구했고 구위도 확실히 좋아져서 이제는 팀의 에이스로 완전한 활약을 하고 있다. 그 선수가 소감을 말했다. "확실히 기량이 올랐어요. 예전에는 맞으면 어떡하나 조마조마해하면서 던졌는데, 지금은 그런 생각이 들 때마다 EFT를 해요. '칠 테면 쳐봐라. 나는 그냥 던진다' 하면서 확언도 많이 하니까 이제는 마운드에서 떨리지가 않아요. 또 홈런 맞으면 EFT 하면 되니까 걱정 없어요. 이제는 경기가 기다려져요." 실제로 선수들에게 EFT를 하면 경기 전 그렇게나 불안하던 것이 기다림과 설렘으로 바뀌는 경우가 많다.

이번엔 다른 선수들의 예를 간단히 살펴보자. 한 골프 선수가 드라이브에 대해 큰 불안을 가지고 있었는데, 치기 전에 공이 다른 방향으로 휘어질 것 같은 불길한 예감으로 힘들어하고 있었다. "언제부터 그랬어요?" "몇 개월 전에 대회에서 드라이브를 치는데 계속 오비가 났어요. 시합 직전 연습 때도 계속 그랬는데, 시합에서도 못 치니까 정말 스트레스를 많이 받았습니다. 그때 이후로 공이 왼쪽으로 계속 휠 것 같은 불안이 너무 커요." 일단 이런 기억을 하나씩 EFT로 지웠다.

수용확언

- 나는 당시 계속되는 오비로 스트레스를 많이 받았지만, 마음속 깊이 진심으로 나를 받아들인다.
- 그 뒤로 나는 또 오비가 나면 어떡하나 불안해하며 쳤지만, 마음속 깊이 진심으로 나를 받아들인다.

당시 계속 공을 잘못 쳐서 시합을 망치며 스트레스 받았던 기억을 하나씩 지웠다. 그랬더니 며칠 뒤에 그런 마음이 다 사라지고 이제는 드라이브를 자신 있게 칠 수 있다고 했다. 30분도 안 되는 시간 동안 시합 트라우마만 몇 개 지워주니 자칫 큰 입스 증상으로 발전할 수 있었던 불안함이 사라진 것이다. 그 밖에도 나는 프로를 준비하는 고등학생 골퍼들을 여럿 만났는데, 첫 상담에서 시합 트라우마를 몇 개 지워주니 자신들이 가지고 있는 불안함이 다 사라져 도저히 나쁜 기억이 나질 않는다고 했던 경우도 여러 번 있었다. 성인에 비해 어린 선수들의 시합 트라우마는 빠르게 지워졌고, 그만큼 문제가 되었던 여러 심리적인 문제도 금방 사라졌다.

폭언과 폭력 트라우마, 맞고 욕먹었던 기억을 잊을 수 없어요

한 선수가 2학년 때까지 꽤 뛰어난 성적을 내다가 3학년이 되어서 타율이 2할도 안 될 만큼 성적이 급락했고, 전국대회를 앞두고 야구를 그만두고 싶다는 생각까지 들었다. 처음에는 고3에 대한 부담감이 큰 원인인 줄 알았으나, 잠시 EFT를 하고 나니 초등학교와 중학교 때 맞으면서 야구했던 기억이 바로 드러났다. 당시 공황장애 증세로 숨도 제대로 못 쉰 적이 있다고도 했다. "제가 비염이 심해서 코를 자주 훌쩍였습니다. 코치님과 선배들이 그게 싫었나 봐요. 형들이 한 번만 더 코를 훌쩍이면 죽여버린다고 해서 억지로 참았는데, 나중에는 숨도 제대로 못 쉴 만큼 힘들었습니다. 그때부터 틱이 생겨서 아직도 고생하고 있습니다. 아직도 그 기억이 너무 생생하고 생각만 해도 손이 떨려요." 이에 이 기억을 영화관 기법으로 지웠다.

- 나는 비록 그때 형들로부터 코를 훌쩍이면 죽여버린다는 말을 듣고 너무 무섭고 두려웠고, 억지로 참는다고 너무 괴로웠지만, 마음속 깊이 진심으로 나를 받아들인다.
- 나는 비록 욕하고 때리는 형들의 표정을 잊을 수가 없지만, 마음속 깊이 진심으로 나를 받아들인다.
- 나는 비록 뺨 맞고 쓰러지고 발로 까이면서 정말 괴롭고 힘들었지만, 마음속 깊이 진심으로 나를 받아들인다.
- 나는 운동장에 나가는 것조차 너무 두렵고 무서웠지만, 마음속 깊이 진심으로 나를 받아들인다.
- 나는 코치님한테 맞고 이어서 형들한테도 맞고 정말 힘들고 괴로웠지만, 마음속 깊이 진심으로 나를 받아들인다.
- 내가 그렇게 맞으면서까지 운동을 해야 하는지 정말 회의감이 들었지만, 마음속 깊이 진심으로 나를 받아들인다.
- 작은 실수에도 쌍욕을 들을 때마다 심장이 두근거리고 무서웠지만, 마음속 깊이 진심으로 나를 받아들인다.
- 시간이 지나도 경기가 잘 안 될 때마다 그때가 생각나서 너무 괴롭고 힘들었지만, 마음속 깊이 진심으로 나를 받아들인다.

이렇게 폭언과 폭력의 공포 분위기에서 바들바들 떨면서 운동했던 기억을 다 지웠고, 그 선수는 실컷 울고 감정이 풀리면서 한숨도 여러 번 내쉬었다. 그리고 그 선수는 그 직후인 전반기 주말리그 중반부터 1번 타자로 맹활약을 펼쳤다. 타율이 급등했고, 한결 가벼워진 몸과 마음으로 상대 수비를 완전히 흔들어 놓았다. 덕분에 그 학교가 소속 지역에서 돌풍의 주역이 되었다. 나는 이 선수를 보면서 다시 한 번 EFT의 효과를 실감했고, 마음이 선수가 자신의 기량을 펼치는 데 얼마나 중요한 역할을 차지하는지 다시 확인할 수 있었다.

한 고교 투수가 중학교 때부터 동기들에 비해 빠른 볼을 던지며 기대를 받아오다가 3학년이 된 후 제대로 실력을 발휘하지 못했다. "중요한 상황에서 팔이 말려서 엉뚱한 곳에 폭투하고 강판되기 일쑤입니다." "시합 말고 연습할 때도 그런 적 있어요?" "네. 예전에 형들한테 배팅볼 던지는데 그랬어요." 배팅볼은 타자가 치기 쉽게 던져주는 공을 말하는데, 긴장하면서 하는 배팅볼 훈련은 입스 증상의 단초가 되는 경우가 정말 많다.

"당시의 기억나는 상황을 하나 말해줄래요?" "전학 오기 전에 당시 1학년 때 훈련 끝나고 숙소에서 집합이 걸렸습니다. 그때 3학년 형들이 코치님에게 뺨을 맞고 야구 방망이로 피 터질 때까지 맞는 모습이 아직도 생생해요." 약간의 실수만 나와도 끝나고 맞을 준비하라는 코치와 선배들의 말에 벌벌 떨면서 운동했던 기억이 많아서 EFT를 했다.

수용확언

- 나는 당시 맞으면서 운동했던 기억이 너무 생생하지만, 마음속 깊이 진심으로 나를 받아들인다.
- 나는 실수한 후 운동 끝나고 숙소 들어갈 때까지 너무 두렵고 무서웠지만, 마음속 깊이 진심으로 나를 받아들인다.
- 나는 배팅볼도 제대로 못 던진다고 쌍욕 듣고 기합 받던 당시의 두려움이 아직도 생생하지만, 마음속 깊이 진심으로 나를 받아들인다.
- 나는 '못 하면 죽는다. 두렵다. 실수하면 안 된다. 큰일 난다'는 생각

을 했지만, 마음속 깊이 진심으로 나를 받아들인다.

그는 넋두리하듯 당시의 생생했던 기억을 하나씩 말하면서 타점을 두드린 후 펑펑 눈물을 흘렸고, 실컷 울고 나서 말했다. "지금 생각해보니 제가 이렇게 된 것이 그렇게 맞으면서 운동했을 때부터였어요. 실수하거나 조금만 잘못 던져도 심하게 질책받는 게 너무 두려웠습니다. 실수하지 말자고 할수록 팔이 더 말려 들어가고, 끝나고 혼나면 어떡하나 싶어서 마음이 조마조마했어요. 여기에는 혼내는 사람이 없는데도 저도 모르게 움츠러들었습니다."

이렇게 폭력 트라우마를 지우자 마운드 위에서 긴장하는 모습이 사라졌고, 팔이 말리는 입스 증상도 거의 다 사라졌다. 특히 입스로 구속이 120km로 떨어졌다가 다시금 130km 후반대로 올랐다. 이렇게 나쁜 기억이 사라지면 덩달아 구속이 올라가는 경우가 많다. 나는 이 선수 외에도 같은 학교의 여러 선수들에게 EFT를 했는데, 그 효과가 좋다 보니 감독님이 직접 전화를 주시고 선수들을 보내주시면서 이렇게 말했다. "애들이 EFT를 하고 오면 확실히 달라요. 표정도 밝아지고 편안하게 경기하네요. 지도하는 입장에서 아이들한테 할 수 있는 이야기는 한계가 있어요. 선수들이 감독한테 말 못 할 이야기도 있을 텐데 그런 부분들을 EFT로 잘 풀어내는 게 선수들한테 많은 도움이 돼서 기분이 좋네요."

한 초등학교 쇼트트랙 선수를 만났다. 어린 선수였지만 1학년 때부터 5년간 쇼트트랙을 타면서 많은 스트레스를 받으며 힘들어하고 있었다. "가장 힘든 게 뭐니?" "못하면 혼날까 봐 스케이트 타는 게 무서워요." 이 선수는 얼마 전까지만 해도 스케이트를 제대로 타지 못하면 뺨을 맞거나 하키채로 엉덩이를 맞았다고 했다. 또 트랙에서 조금만 뒤처지면 코치가 소리 지르고 욕하니까 너무 무서워 몸이 아파도 말도 못 하고 트랙을 탔다고 했다. 그러다 넘어져서 생긴 허리 부상이 점점 더 심해졌고, 그냥 앉아 있어도 허리가 계속 아파서 힘들어했다. 또한 몇 년 전에 왼쪽 다리가 부러졌는데, 그 뒤로 코너링을 할 때 다리를 힘 있게 차지 못했고, 넘어져서 또 다칠까 봐 두려워했다. 이렇게 작고 왜소한 어린 선수가 너무나 힘들게 훈련하고 있어서 너무 불쌍했다.

일단 폭력 트라우마부터 치유하려고 물었다. "가장 무서웠던 기억 하나만 말해줄래?" "장거리 타는데 코치님이 뒤처진다고 하키채로 때렸어요. 그때 너무 무서웠어요." 이에 코치에게 맞아가면서 운동했던 트라우마를 EFT로 지웠다. "아직도 맞던 모습이 생각나?" "아니요. 이제 그냥 웃고 있는 제 모습만 떠올라요."

"이제는 발목이랑 허리 때문에 고생했던 기억으로 가보자. 허리는 어떻게 아파?" "그냥 앉아 있는데도 쑤시고 아파요." "언제 그렇게 다쳤어?" "4학년 때 스케이트 타다가 넘어지면서 허리를 얼음에 쾅 부딪혔어요. 너무 아파서 잘 움직이지도 못했어요. 그런데 코치님이 참으라고 혼내니까 억지로 타야만 했어요." 그래서 아파도 참고 해야만 했던 몇 개의 기억을 EFT로 지웠더니 고통지수가 7에서 단숨에 0으로 떨어졌다. 앉아 있어도 아프던 허리가 일어나서 움직여도 전혀 아프지 않으니 신기하다며 웃었다.

이에 다시 발목에 대한 불안을 치유했다. "발목은 좀 어때?" "다친 이후로 탈 때마다 너무 불안해요. 3학년 때 친구가 넘어지면서 제 발을 밟았는데, 그때 뚝 하고 부러졌어요." "그때 기억 생생하지?" "네. 진짜 너무 아파서 앞으로 스케이트도 못 타겠구나 하는 생각이 들었어요. 그 뒤로는 발이 흔들릴 때마다 또 부러질까 봐 너무 무서웠어요."

이에 발이 부러질 당시의 생생한 기억과 깁스를 풀고 다시 훈련에 복귀했을 때 또 부상을 당하지 않을까 두려워했던 기억도 EFT로 지웠다. 특히 발이 흔들리면 또 부러지지 않을까 하는 두려움이 컸는데, 마지막에 스케이트를 타며 발을 흔드는 동작을 하면서 어떤지 확인했더니 이 선수가 자신감 있게 말했다. "이제 아무렇지도 않아요. 그냥 잘 탈 수 있을 것 같아요. 마음이 편안해요." "그래, 시합 가서 그냥 자신감 있게 타고 와."

나는 이 선수가 상담이 끝나고 아버지에게 달라붙어 장난치는 모습을 보고 이틀 뒤부터 열리는 시합에서 잘 탈 것 같다는 직감이 들었다. 실제로 이런 느낌이 들 때마다 선수들은 시합에서 좋은 성적을 냈다. 마침내 3일간의 대회를 치르고 난 후 선수 어머니가 흥분해서 전화를 했다. "이렇게 전국대회 와서 잘했던 적이 없었어요. 매년 예선 탈락해서 자신감도 없었는데, 이번에는 5학년인데도 6학년 형들 제치고 매 토너먼트마다 2~3등 안에 계속 들어왔네요. 또 발목이 전혀 불안하지 않았어요. 예전에는 왼쪽 다리를 차지 못해 속도가 전혀 붙지 않았는데, 이번에는 코너링하면서도 힘 있게 죽죽 나가고 훨씬 자신감 있게 타네요. 감독님이랑 다른 학부모님들도 깜짝 놀라면서 도대체 뭘 했냐고 저한테 묻는 거예요." 이렇게 어린 선수일수록 EFT는 더욱 극적인 효과를 낸다.

경기 외의 다양한 심리적 문제들이 선수를 괴롭힌다

못하면 부모님에게 너무 죄송합니다

대부분의 선수들이 뒷바라지하는 부모님에 대한 미안한 마음이 많아서 이에 보답하기 위해서라도 더욱 잘해야 한다는 부담이 많다. 이런 부담이 집착이 되어 성적이 한번 내려가면 올라오지 못하고 도리어 더 바닥을 치는 경우가 많다. 어느 고교 3학년 야구 선수가 주장이자 맏형으로 팀에서 핵심적인 역할을 맡고 있었다. 그는 2학년 때까지 매 경기 선발로 나가며 3할 중반의 타율로 프로 스카우터들의 눈도장을 확실히 받고 있었는데, 3학년이 되면서부터 타율이 2할을 갓 넘길 만큼 심한 슬럼프를 겪고 있었다. "요즘 가장 큰 어려움이 뭐예요?" "저만 바라보고 뒷바라지해주시는데 성적이 많이 떨어져서 뵐 면목이 없어요. 못할수록 더 응원해주시고 지지해주시는데 그럴수록 더욱 죄송하고 얼굴 뵐 면목이 없습니다."

이런 선수들에겐 '미안해하지 않아도 된다', '편안하게 생각해라', '부모님은 너를 그렇게 생각하시지 않는다' 등의 말로 아무리 위로를 해도 별 도움이 되지 않는다. 부모님에게 미안해서 죽고 싶다고 구체적으로 느꼈던 사건의 기억을 EFT로 지워야만 해결된다. "그런 미안함이 가장 크게 들었던 순간 하나만 말해줄래요?" "주말리그 때 4경기 연속으로 안타를 못 쳐서 친구 집에서 잔다고 하고 집에 안 들어간 적이 있어요." "그때 어떤 생각을 했어요?" "하나라도 쳐야 한다. 제발. 부모님이 보고 있다. 부모님을 행복하게 해드리겠다고 항상 다짐하면서 운동했어요. 그게 마음대로 되지 않으니까 너무 힘들고 괴로웠습니다." 이에 이런 생각과 감정을 EFT로 지웠다.

이외에도 타격에서 몸이 굳고 방망이가 잘 돌아가지 않는 느낌, 낮은 타율로 벤치에서도 심하게 힘들어했던 기억, 초등학교, 중학교 때 못할 때마다 들었던 폭언과 잔소리 등 마음속에 있는 여러 기억도 다 지웠다. 그리고 놀랍게도 첫 번째 상담 뒤에 그는 갑자기 여태 한 번도 치지 못했던 홈런까지 쳤고, 이렇게 말했다. "부모님이 보고 있다는 느낌도 안 들어서 무심하게 그냥 휘둘렀는데 넘어갔어요. 첫 홈런이에요." 첫 상담을 통해 부정적 감정이 사라진 후 이렇게 홈런을 친 경우가 종종 있었다. 부모님에 대한 미안한 마음이 사라지니 타격에서 더 이상 몸이 경직되지 않았다. 외야 수비에서 송구도 정확하고 빨라졌는데, 중견수에서 홈으로 송구할 때도 동작이 더 부드러워졌다. 이 선수를 보면서 경기 외의 부담감이 얼마나 영향을 주는지 잘 알 수 있었다.

애정 결핍이 입스의 주원인이다

선수들의 입스나 만성 불안의 원인을 추적하다 보면 애정 결핍이 원인인 경우가 많다. 어렸을 적에 부모님이 이혼했다거나, 부모님이 많이 싸웠다거나, 부모님이 폭력과 폭언을 많이 행사했다거나, 집에 혼자 있는 시간이 많아서 외로움을 많이 느꼈다거나 하는 경우다. 심한 입스로 팔이 안쪽으로 말려서 캐치볼조차 제대로 못 해 야구를 그만둘 위기에 처한 투수를 만났다. 상담해보니 입스가 생기게 된 핵심적인 원인은 애정 결핍이었다. "어떤 상황에서 입스가 심하게 나와요?" "사람들이 저를 쳐다본다는 느낌이 들 때 그래요. 특히 코치님이나 감독님이 보고 있으면 아예 팔도 제대로 들지 못할 만큼 어떻게 던져야 할지 감각이 사라집니다."

선수들이 전형적으로 겪는 증상이었다. 감독님이 보고 있으면 잘 보여야 한다는 생각에 자신도 모르게 몸에 힘이 들어가고 위축되기 때문이다. 초등학교 때부터 이런 증상을 조금씩 겪었는데, 우선 코치·감독님 앞에서 실수해서 혼나고 지적받았던 여러 기억을 지우고 한 주간 다시 지켜본 뒤 어떠냐고 물었다. "여전히 팔이 계속 안 들려요. 무겁고 감각이 없어요." "감독님이 보고 있을 때 어떤 마음이 들어요?" "실수하면 안 된다는 두려움이 있어요. 인정받아야 한다, 칭찬받아야 한다, 이런 생각이 드네요." "인정받지 못하면 어떨 것 같아요?" "쓸쓸하고 버려지는 느낌이 들어요." "어렸을 때 언제 어디서 누구에게 그런 느낌을 받았죠? 혹시 부모님인가요?" "아버지는 항상 지적을 많이 하고, 그걸 왜 못 하냐고 어릴 때부터 핀잔을 많이 줬어요. 두 분 다 맞벌이를 하셔서 집에서 쓸쓸하게 지냈던 기억이 많아요." "그때 어떤 생각과 감정을 느꼈을까요?" "외롭고 쓸쓸하고 내 마음을 아무도 몰라줘서 슬프고 답답하고, 누군가에게 사랑받고 인정받고 싶었어요."

이렇게 어린 시절을 떠올리면서 그 선수는 한참 동안 흐느껴 울었다. 남과 비교하고 간섭하는 아버지에게 느낀 서러움과 원망, 사람들의 관심과 칭찬을 받으려 애쓰던 기억, 감독님에게 인정받으려 집착하던 기억 등을 하나씩 EFT로 지웠다. 이렇게 한 달간 꾸준히 EFT를 하고 나서 그 선수가 동계훈련에 갔다 와서 다시 연락했다. "항상 나를 믿고 던진다고 생각하니 감각이 몰라보게 돌아왔어요. EFT를 하면서 꾸준히 캐치볼을 부드럽게 던지는 상상을 했는데, 어느 순간 너무 잘 되기 시작했어요." 한 달 뒤에 또 연락을 받았는데, 시합에서 구속이 137km까지 올라왔다고 자랑했다. 부상과 입스로 구속이 120km대로 떨어졌다가 다시금 올라온 것이다. 무엇보다 이제는 남들을 의식하지 않고 스스로 당당하게 공을 던질 수 있게 된 것이 가장 큰 수확이다.

아버지가 갑자기 돌아가셨어요

선수들은 경기 외의 다양한 문제로 스트레스를 받아 운동에 집중하지 못한다. 한 고3 선수는 한때 스카우터들의 주목을 받을 정도로 뛰어난 재능을 가졌지만, 2학년 때 갑자기 아버지가 돌아가시는 바람에 그 충격으로 한동안 운동을 제대로 하지 못했다. 그러자 마운드 위에서도 제대로 집중할 수 없었고, 서서히 제구력도 떨어졌다. "아버지가 돌아가셨을 때 어떤 느낌이 들었나요?" "장례식이 끝나고 훈련에 복귀했는데, 내가 뭐 하고 있나, 운동해서 뭐하나 하는 생각이 들었어요. 운동장에서 뛰는데 눈물이 나고, 가족들을 지켜야겠다는 생각에 울지 않으려고 꾹 참아가며 운동했어요. 현실이 믿기지 않아서 너무 힘들었습니다." 참고로 가까운 사람을 잃었을 때 느끼는 심리적 상처를 상실증후군^{broken heart syndrome}이라고 하는데, 이 선수는 극심한 상실증후군을 겪고 있었다. 이런 충격을 EFT를 하면서 풀어주었고, 그는 펑펑 눈물을 흘렸다. 이렇게 이 선수와 한 번 상담을 하고 헤어진 뒤 별 연락이 없다가 6개월 뒤에 그가 9월 드래프트에서 프로에 지명이 됐다는 소식을 전했다. "그때 선생님 덕분에 마음의 안정을 찾아서 다행이었어요." 이 선수는 상담을 하지 않았어도 프로에 갈 수 있는 실력이 있었으나 운동 외의 트라우마로 제 실력을 발휘하지 못하고 오랜 슬럼프를 겪었다. 그래서 그 부분을 EFT로 잘 풀어주었고, 더욱더 운동에 집중할 수 있었다. 이외에도 EFT는 이성과의 이별, 팀원들과의 교우 관계, 부모님의 다툼이나 이혼, 악성 댓글 때문에 받는 충격, 탈모 충격, 경제적인 문제 등 경기 외의 각종 일상생활 문제들에 많은 도움이 되어서 선수들이 더욱더 운동에 집중하고 제 실력을 발휘할 수 있게 해주었다.

태아기 트라우마가 선수들의 성격과 경기력을 결정한다

EFT로 어린 시절의 상처를 치유하면 선수들은 엄청나게 변화한다.*
몸에서 힘이 자연스레 빠지고 한결 편해져서 성격도 밝아지고, 갑작스레
운도 좋아진다. 하지만 떠오르는 나쁜 기억들을 많이 지워도 무언가 마
음에 어렴풋이 남아서 부정적 감정이 끈질기게 생기는 경우가 있다. 태
아기 트라우마가 있을 때 그런 경우가 많다. 이와 관련하여 우선 선수의
부모들이 하는 말을 들어보자.

- 저 녀석은 어렸을 때부터 예민하고 두려움이 많았어요.
- 쟤는 어렸을 때부터 포기도 잘하고 많이 울었어요.
- 쟤는 어렸을 때부터 한번 화가 나면 조절을 못 했어요.

운동이 잘 되지 않을 때 감정 기복이 지나치게 심하거나 쉽게 좌절하
고, 일상생활에서도 생각이 많거나 두려움을 자주 느끼는 선수들이 있
다. 그들 중의 상당수는 어렸을 때부터 그런 성격이었다고 하는 경우도
많다. 특정한 경험이나 사건을 계기로 슬럼프가 왔다면 EFT로 그 당시
의 감정만 지워주면 금방 회복된다. 그러나 심한 입스나, 운동할 때 가슴
이 철렁 내려앉는 느낌, 혹은 세상이 다 무너져 내린 듯한 좌절감, 스카
우터들에게 버려진 느낌 등과 같은 강렬한 감정이 EFT로 아무리 지워도
자꾸 다시 나타난다면, 반드시 태아기 트라우마까지 치유해야 한다. 나
도 처음에는 설마 태아기 때의 나쁜 기억이 선수들에게 영향을 줄까 의
심한 적이 있었다. 하지만 최 원장님이 책과 강의에서 줄곧 강조해온 내

*《5분의 기적 EFT》 370쪽 참고.

용을 곰곰이 생각하면서 선수들에게 적용하다 보니 태아기 트라우마의 부정적인 영향을 확실히 알 수 있었다.

실제 사례를 보자. 입스를 심하게 겪고 있는 포수를 만났다. 그는 투수한테 공을 제대로 돌려주지도 못할 뿐만 아니라 일반적인 캐치볼을 할 때조차 손가락에 감각이 없어 공의 실밥을 힘주어 잡지도 못했다. 송구에 관한 나쁜 기억을 지워서 어느 정도 괜찮아질 때가 되었는데도 자꾸 입스가 반복적으로 도지곤 했다. 그래서 원인을 더욱 깊이 찾아보기로 했다. "입스 느낌이 들 때 어떤가요?" "연습 때는 괜찮은데 시합이 딱 시작되고 포수석에 앉으면 두려움이 올라오고 사람들 시선이 계속 의식되고 가슴이 싸합니다." "그러다 실제로 공을 잘못 던지면 어떤 마음이 들어요?" "음, 절망감? 마치 세상이 무너져 내릴 것 같은 느낌, 버려질 것 같은 그런 두려움을 많이 느껴요." "입스를 앓기 전부터도 그 느낌이 조금씩 들었죠?" "네, 그랬어요. 입스가 아니어도 실수할 때나 내가 무언가 잘못했을 때 그런 마음이 계속 들었던 것 같아요." "야구를 시작하기 전 초등학교 5학년 때도 그랬던 것 같아요?" "네. 어릴 때부터 긴장과 두려움이 많았어요. 반 애들 앞에서 발표도 잘 못 하고, 특히 텔레비전이나 영화에 무서운 장면이 나오면 싸늘하고 싸한 느낌이 많이 들었는데, 그게 입스가 나올 때 느낌이랑 거의 흡사해요."

"자, 어린 시절로 한번 돌아가볼게요. 심호흡 크게 한 번 하고 어린 시절 모습을 떠올렸을 때 바로 생각나는 이미지가 있으면 말해줄래요?" "(한참 생각한 뒤) 긴장하고 있는 모습, 위축되어 있는 모습이에요." "더 어렸을 때, 3~4살 때도 그랬을 것 같죠?" "네. 똑같은 모습이에요." "그보다 전 완전히 아기였던 때도 그랬을 것 같아요?" "네. 그게 지금껏 이어져 온 것 같은 느낌이 들어요."

이 선수는 딱히 부모님이 앞에서 싸우거나 심하게 혼난 적이 없었다. 그래서 어렸을 때로 계속 돌아가면서 깜짝 놀라고 싸한 느낌을 받았을 법한 상황을 생각하며 계속 두드렸다. "혹시 엄마도 본인과 비슷한 성격을 가지고 있어요?" "네! 맞아요. 저희 어머니도 가끔씩 깜짝 놀라거나 가슴이 싸하게 불안해질 때가 있다고 하세요." "자, 그럼 엄마 뱃속에 있을 때로 한번 가볼게요. 현재 내가 가지고 있는 불안한 마음을 태아일 때도 그대로 느꼈을 것 같은지 한번 살펴봐요." "그랬을 것 같아요. 엄마가 그러니까 나도 깜짝 놀라고 불안해하고, 세상 밖으로 나가지 않으려는 느낌인 것 같아요."

선수 어머니의 이야기를 직접 듣지는 못해서 구체적인 상황은 알 수 없었으나, 분명 입스의 근원적 원인이 되었던 불안과 두려움은 태아 때 엄마로부터 시작되었으리라고 추측할 수 있었다. 그래서 그랬을 법한 상황을 자연스럽게 떠올리며 하나씩 두드렸다.

수용확언

- 그 안에서 두렵고 불안했다. 세상 밖으로 나가지 않으려고 구석에서 움츠리고 불안해했다. 세상의 전부인 엄마가 깜짝 놀라고 불안해하니까 내 온몸이 떨리고 두려웠다. '그 안에서 혼자 얼마나 두려웠니? 얼마나 깜짝 놀라고 무서웠니? 세상이 무섭게 느껴져서 얼마나 나가기 싫었니?' 나는 이렇게 힘들고 괴로웠지만, 깊이 진심으로 나를 받아들인다.

자궁 안에서 움츠리고 두려워하고 있는 내면의 아이를 생각하며 쭉 두드렸고, 그는 여러 번의 한숨을 내쉰 후 마침내 이렇게 말했다. "이제는 분위기가 밝아 보여요. 태아가 움츠리고 떠는 모습도 사라지고 그냥 편안하게 있는 모습이에요." 이렇게 몇 번 더 당시의 작고 여린 아기의 모습을 생각하며 감싸 안아주고 사랑해주는 EFT를 해 나갔다. 그랬더니 점차 편안해진 마음이 들었고, 실제 현장에서도 입스의 강도가 눈에 띄게 줄어들었다. 마지막에 그가 말했다. "코치님, 공 던지는 게 확실히 편해요. 아주 가끔씩 공이 빠지긴 해도, 깜짝 놀라면서 싸한 마음이 정말 1 이하로 줄었어요. 특히 실수할 때마다 주눅이 들고 소심하게 플레이했던 습관이 거의 다 사라졌어요. 이젠 당당하게 던집니다."

또 다른 선수를 살펴보자. 한 고교 야구 선수는 운동이 제대로 안 되면 감정 조절을 못 했다. 또한 항상 주변에 대한 짜증과 불평을 달고 살다 보니 동료들도 힘들어하고 있었다. 나는 먼저 최근 몇 년간 안 좋았던 기억을 하나씩 지워주었고, 그가 그런 성격을 가지게 된 초등학교 시절에 관해 물어보았다. "아버지가 운동선수 출신이라서 아버지가 말한 걸 따라가지 못하면 많이 맞았어요. 특히 시합에서 잘 못 했을 때는 정말 집에 들어가기가 무서웠어요." "어떤 모습이 생생해요?" "아빠는 물건을 던지고, 엄마는 그런 아빠를 말리고, 서로 싸우고." "그 사이에 있는 내 모습 보이죠?" "네. 벌벌 떨고 있어요."

이에 상처받은 기억들을 꼼꼼히 EFT를 하면서 지웠고, 그는 눈물을 평평 흘렸다. 그러자 이런 기억이 더 이상 떠오르지 않고 그 이미지도 더 이상 떠오르지 않았다. 그래서 더 깊이 들어가보기로 했다.

"더 옛날로 돌아가볼게요. 구체적인 생각이나 기억이 안 나도 괜찮아요. 그냥 편한 대로 생각해보세요. 더 옛날인 5살 때도 그렇게 벌벌 떨고 두려워했을 것 같죠?" "네." "3살 때도 그랬을 것 같죠?" "네." "자, 그럼 엄마 뱃속까지 쭉 들어가볼게요. 엄마 뱃속에 있으면서도 엄마 아빠가

막 싸웠을 것 같아요?" "네, 그랬을 것 같아요. 실제로 예전에 엄마가 제가 뱃속에 있었을 때도 힘들었다고 말하셨어요." "엄마의 자궁 안에 웅크리고 있는 내 모습이 어떤지 한번 느껴볼래요?" "벌벌 떨고 엄청 두려워하고 있어요." "엄마는 어떤 모습이에요?" "엄마도 엄청 두려워하고 그러면서도 화가 난 모습이에요." "그런 엄마 뱃속에 있는 내 모습 생생하죠?" "네. 춥고 두려워 보여요."

그는 마치 자신이 엄마 뱃속의 태아가 된 것처럼 온몸에 두려움을 느끼면서 바들바들 떨었고, 나는 바로 대화를 멈추고 타점을 두드려주었다. 이렇게 의식적으로는 기억하지 못해도 우리 몸 또는 무의식은 태아기 때부터 받은 상처와 그때의 부정적 감정을 그대로 기억하고 있다. 그래서 이렇게 과거로 돌아가는 질문을 던지면 우리 몸은 마치 그때로 돌아간 것처럼 느끼기 시작한다.

수용확언

- 너무 무서웠다. 그렇게 작은 공간 안에서 몇 달 동안 두려움에 벌벌 떨었다. 힘들어하는 엄마의 생각과 감정을 온몸으로 느끼면서 너무 외롭고 쓸쓸했다. 아무것도 모른 채 두려움이 내 온몸을 감싸서 괴로웠다. 하지만 이제는 이런 나도 다 받아들이고 사랑한다.

이렇게 EFT를 하자 그는 몇 번이나 크게 한숨을 쉬었고, 그러자 어릴 때부터 이유 없이 느꼈던 두려움, 외로움, 쓸쓸함, 분노 등의 감정이 주마등처럼 마음을 스치면서 사라졌다. 이후에도 여러 번 엄마 뱃속에 있을 때와 어린 시절의 자신의 모습을 상상하며 엄마가 느꼈던 감정까지 계속 지워 나갔다. 아버지가 폭력을 쓰는 모습, 가족을 두고 가출하는 모습, 집안 물건을 부수는 동안 엄마가 느끼는 두려움 등 말도 못 하고 벌벌 떨며 당하기만 했던 많은 기억들까지 하나씩 다 지웠다. 그러자 작은 소리에도 예민하고, 잠도 깊게 못 자며, 자신이 계획한 것이 틀어지면 엄청난 분노와 짜증을 내는 등의 여러 성격들이 확연히 좋아지기 시작했다. 실수해도 버림받지 않을 것이라는 생각이 자연스럽게 들었고, 분노 조절을 못 하고 예민했던 성격이 점차 차분하게 바뀌었다. 이렇게 성격이 바뀌니 팀에서도 동료들과 잘 지내게 되고 표정도 한층 밝아졌다.

이렇듯 선수들의 행동과 경기력에 선수들의 성격이 깊게 관여한다. 그리고 그 성격은 어린 시절, 더 멀게는 태아 때부터 부모님의 영향을 많이 받는다. 엄마로부터 사랑받지 못한다는 느낌을 태아 때부터 받으면 우리는 평생 원인을 알 수 없는 두려움과 집착과 강박 속에서 살게 된다. 특히 운동선수들에게 이 상처는 만성 불안, 완벽주의, 입스 등의 형태로 나타나며, 단순히 실력의 문제라고 치부되면서 많은 선수들이 은퇴의 기로에서 힘들어한다. 그래서 이렇게 태아기 트라우마까지 EFT로 치유하다 보면 선수들이 겪는 거의 대다수의 성격적 문제들이 확연하게 좋아지며, 선수들은 잠재력도 잘 발휘하며 뜻밖의 기회나 행운도 잘 생긴다. 참고로 태아기 트라우마에 대해 더 자세히 알고 싶다면《5분의 기적 EFT》를 보기 바란다.

왜 어떤 선수들은 EFT가 효과가 없는가?

EFT는 누구에게나 효과를 발휘한다. 하지만 그 효과가 제대로 나지 않았던 선수들의 유형을 살펴보면 다음과 같았다. 이것을 보면 왜 효과가 나지 않는지 납득이 될 것이며, 반대로 마음이 몸과 경기력에 미치는 영향력을 이해하고 충분히 마음을 훈련할 자세가 된 사람이라면 누구라도 EFT로 효과를 볼 수 있음을 깨닫게 될 것이다.

과정보다는 결과만을 바라는 선수

EFT의 궁극적인 목적은 문제를 일으키는 자신의 마음을 바로 알고 치유함으로써 내적 성장을 하는 것이다. 좋은 결과는 그 과정을 거침으로써 자연스럽게 얻어지는 것이다. 예를 들어, 입스로 고생하던 선수가 EFT를 했는데 그 증상이 사라지지 않아 EFT는 효과가 없다고 한다면 십중팔구 내면의 치유 과정을 무시하고 빨리 결과만을 바라는 마음을 가지고 있었을 것이다. 입스를 고치려면 사람들의 눈치를 보는 성격을 바꿔야 하는 경우가 많고, 그러기 위해선 끈기를 가지고 내적 평화 과정을 해야 한다. EFT를 할 때만큼은 자신의 마음을 알아차리고 그것을 치유하고 사랑하는 데 최선을 다하자. 그러다 보면 자신을 끊임없이 괴롭히는 대부분의 문제들은 저절로 사라질 것이다.

조급해서 빨리 포기하고 끈기가 없는 선수

앞에서 말한 결과만을 빨리 바라는 경우와 비슷하다. 내가 처음에 EFT로 나 자신을 치유할 때 효과를 보지 못했던 가장 큰 이유가 바로 빨리 좋아져야 한다는 조급함이었다. 그래서 감정을 제대로 의식하지도 않고 무작정 두드리기만 했고, 전략도 없이 대충 하다 포기하곤 했다. 대충 두드리면 대충 해결된다. 그래서 효과가 나지 않으면 안 된다고 금방 포기하는 것이다. 이런 마음가짐이라면 EFT가 아닌 다른 어떤 방법을 써도 문제가 잘 안 고쳐진다.

마음 챙김을 연습하지 않는 선수

스포츠에서 마음가짐의 중요성이 점점 더 커지고 있다는 것을 부정하는 선수들은 없을 것이다. 하지만 이러한 중요성을 알면서도 기술 연습은 어떤 일이 있어도 빼먹지 않으면서 정작 매일 마음을 수련하는 선수들은 찾아보기 힘들다. 심리적인 문제가 있든 없든 항상 자신을 믿고 사랑해주면서 꾸준히 자신의 마음을 챙기다 보면 슬럼프를 미리 예방할 수 있다. 이를 위해 매일 10~20분만이라도 그날의 스트레스를 EFT로 풀고 자는 것이 좋다. 자신을 믿고 사랑하는 습관을 가지자.

감정 억압이 습관이 된 선수

간혹 선수들 중에는 자신의 감정을 잘 알아차리지 못하는 선수들이 있다. 스트레스를 받으면 자버리거나 나쁜 기억을 아예 회피해버리는 경향이 있는 선수들이 더욱 그랬다. 또한 감정 표현이 서툴거나 무딘 성향을 가진 사람들도 EFT의 효과를 잘 느끼지 못했다. 분명 입스나 불안한 경기력의 원인이 된 예전 경험이 있는데, 막상 그것을 EFT로 지우려고 하면 당시의 부정적 감정을 잘 느끼지 못해서 EFT를 해도 감정의 변화를 제대로 인식하지 못했다. 또한 감정을 억압하는 것이 완전히 습관이 되어 항상 무덤덤하게 사는 선수들도 EFT를 적용하는 게 힘들었다.

"그냥 그래요. 생각은 나도 별 감정은 느껴지지 않아요."

"저는 딱히 좋아하고 싫어하는 것이 구별이 없어요. 마음속에서 짜증만 나지 막상 그것을 꺼내려고 하니 뭘 어떻게 해야 하는지 모르겠어요. 그런 표현을 한 적도 별로 없어요."

"기쁘지도 않고 슬프지도 않아요. 저는 항상 별 생각 없이 무감각하고 그래요."

"전후 감정을 비교하라고 했는데, 그 감정이 사라졌는지 아닌지 제대로 느껴지지 않아요."

간혹 부정적 감정을 느끼는 것이 자존심이 상한다고 생각해 그런 자신을 절대 받아들이지 못하는 경우도 있었다. "화내면 지는 거라 생각하고 살았어요. 운다는 것은 상상도 못 할 만큼 감정을 억압하고 살았습니다. 그게 자존심을 지키는 거라 생각했어요. 그런데 EFT를 하려고 하니 그렇게 감정을 억압하고 살았던 것이 습관이 돼서 감정이 잘 느껴지거나 받아들여지지가 않아요." 이런 선수들에게는 과거의 나쁜 기억을 억지로 끄집어내어 EFT를 적용하는 것이 잘 안 되거나 오히려 EFT에 대한 거부감을 갖는 경우도 있었다.

부모나 지도자가 심하게 간섭하고 통제하는 선수

부모나 지도자가 자신의 집착대로 선수를 바꾸고자 한다면, 이것만큼 치유가 어려운 경우도 없다. 실컷 선수의 나쁜 기억을 지워도 집이나 운동장에서 이전과 똑같은 패턴으로 대화하다 보면 다시 원상태로 돌아가는 경우가 많았다. 특히 천편일률적으로 모든 아이들에게 똑같이 가르치며 강요하는 지도법은 선수를 망치는 가장 안 좋은 방법 중 하나였다. 이런 부모와 지도자들은 다들 이렇게 말했다.

"우리 땐 다 그랬어. 그런데 너는 왜 못 해?"

"EFT? 심리? 그런 걸 왜 해? 그냥 네가 이겨내는 거야. 우리 땐 그런 건 상상도 못 했어. 이 악물고 이겨내."

"네가 하는 건 잘못된 자세야. 그런 자세는 책에도 안 나와. 그러다 성인 무대 가면 버티지도 못하고 무조건 망해."

"얘가 왜 이렇게 안 바뀌어요? 좀 바꿔주세요."

"아이의 이런 모습은 잘못된 거예요. 따끔하게 혼내서 말 잘 들을 수 있도록 해주세요."

부모님의 상처가 선수들에게 투사되어 선수를 망치는 경우를 많이 본다. 그래서 자식에 대한 집착과 강박을 부모님이 먼저 EFT로 푸는 것이 많은 도움이 된다. 선수의 자세가 문제의 원인이었다면 EFT를 하고 좋은 성적을 냈던 많은 선수들은 어떻게 설명할 것인가! 선수들은 자세나 기술의 문제로 어려움을 겪는 것이 아니라 있는 실력도 시합에서 제대로 발휘하지 못하는 마음의 문제로 힘들어하는 경우가 훨씬 많았다. 나는 선수들의 자세를 지적하거나 고쳐준 적이 한 번도 없다. 선수들의 마음을 비워주니 자신만의 최적의 자세가 자연스럽게 드러나고 만들어졌다.

입스나 만성 불안을 겪고 있는 선수들의 특징

● 시합 트라우마가 있다.

- 어린 시절에 심한 애정 결핍을 경험했다.

- 태아기 트라우마가 있다.

- 부모가 상처가 많아 부모의 상처가 자식에게 투사된다.

- 강압적이고 폭력적인 분위기에서 오랜 기간 운동했다.

- 지도자의 천편일률적인 지도법으로 오랫동안 고생했다.

- 눈치 보며 운동했던 기억이 많다. 일상생활에서도 눈치를 많이 본다.

- 남에게 인정받으려고 집착한다. 나의 가치는 타인의 평가에 달려 있다고 생각한다.

- 완벽에 대한 강박이 있다. 실수를 잘 받아들이지 못한다.

- 마음 깊은 곳에 열등감과 수치감이 가득 차 있다.

- 조급하다. 끈기가 없다.

- 자신을 사랑할 줄 모른다. 항상 자신을 혹사시키고 비난하며 몰아붙인다.

- 남에게 피해 끼치는 것을 죽도록 싫어한다.

- 사랑받지 못할 것이라는 두려움이 심하다.

- 현 상황을 받아들이지 못한다. 예전에 잘했던 느낌에 대한 집착이 심하다. 왜 그때처럼 못 하냐고 스스로를 비난한다.

PART 5

입스를 넘어서
몰입으로

Emotional

Freedom

Techniques

01

입스는
신체화 강박이다

강박증은 나의 불안한 생각에 내가 지배당하는 것이다

어느 날 한 고등학생이 찾아왔다. 그의 손은 완전히 헐어 있었다. 손에 세균이 묻어 있을까 불안해서 하루에도 몇 번이나 한 시간씩 손을 씻었다고 했다. 그러다 보니 비누 한 개를 하루에 다 쓴다고 했다. 또 한 대학생이 찾아왔다. 그는 설거지를 할 때마다 세제가 남아 있을까 불안해서 그릇 하나를 씻는 데 무려 한 시간이 넘게 걸린다고 했다. 또 어느 날은 30대 초반의 직장 여성이 찾아왔다. 높은 건물에만 들어가면 혹시 무너질까 불안해서 늘 안절부절못하다가 심지어는 낮은 건물로 직장을 옮긴 적도 있다고 했다. 또 한 대학생이 찾아왔다. 그는 어느 날 동성애에 대한 기사를 보고 난 후, 찜질방에서 잘 때 모르는 남성이 자기 곁에 누워 있는 것을 보고 문득문득 '혹시 내가 동성애자가 되면 어쩌나' 하는 생각에 불안해서 견딜 수가 없게 되었다.

이상은 실제 내게 찾아온 강박증 환자의 사례들이다. 이상의 사례에서 보듯이 강박증이란 한마디로 말해서 불안을 일으키는 생각이 머릿속에 콱 박혀서 떠나지 않는 병이다. 증세가 가벼우면 단지 불안이 심할 뿐 일상생활이 가능하지만, 심한 강박증에 걸린 사람은 늘 이 생각에 빠져서 일상생활 자체를 아예 못 하는 경우도 있다.

강박증에 걸린 사람들이 흔히 하는 불안한 생각을 예로 들면 다음과 같다. 실수하면 어떡하나, 더러운 게 묻어서 병이 생기면 어떡하나, 사고가 나면 어떡하나, 실수해서 큰일이 생기면 어떡하나, 혹시 문을 잠그지 않아 도둑이라도 들면 어떡하나, 가스 불을 잠그지 않아 불이 나면 어떡하나 등등. 이런 불안한 생각으로 문이 잠겼는지 수십 번씩 확인하고 또 확인하기도 하고, 손을 피부가 벗겨지도록 한 시간 동안 씻기도 한다. 이런 행동을 강박 행동이라고 한다.

인간은 논리가 아니라 감정에 따라 생각한다

보통 사람들이 강박증 환자들에 대해서 가장 이해하지 못하는 점이 이것이다. "도대체 그런 터무니없는 생각에 왜 그렇게 휘둘리느냐?" 그래서 강박증 환자들이 제일 많이 듣는 충고가 바로 이것이다. "쓸데없는 생각 하지 마. 그냥 생각만 바꾸면 돼!" 그런데 이 말이 또한 강박증 환자들을 제일 괴롭게 한다. 그들은 이런 말을 들을 때마다 이렇게 외친다. "하지만 내 생각을 내가 조절할 수 없어요!" 불안한 생각을 그만둘 수 있다면 강박증이 아니다. 내가 생각을 조절하는 것이 아니라 생각이 나를 지배하는 것이 강박증이기 때문이다.

그럼 왜 강박증 환자들은 이토록 자신의 생각에 휘둘릴까? 이를 설명하기 위해 먼저 이야기 하나를 해보자. 갑돌은 종로에서 누군가에게 억울하게 뺨을 맞았다. 그러다 정처 없이 한강까지 갔다. 한강을 보는 순간 문득 죄도 없는 한강에게 눈을 흘긴다. 갑돌은 왜 아무 죄도 없는 한강에게 눈을 흘겼을까? 이유는 딱 두 가지다. 갑돌은 그 순간 화가 나 있었고, 그 자리에 마침 한강이 있었기 때문이다.

강박증도 이렇게 생긴다. 원래 그는 내재된 불안이 많았다. 그러다 평소에는 그저 지나치던 일상적인 것에 그 불안이 꽂힌다. 손을 씻다가 문득 '내 손에 세균이 묻어 있으면 어떡하나?' 하는 생각이 들기도 하고, 고층 건물에 있다가 '혹시 이 건물이 무너져서 내가 갇히면 어떡하나?' 하는 생각이 들기도 한다. 그리고 일단 이런 생각이 들면, 이 생각이 마치 뇌에 박힌 것처럼 하루 종일 머릿속을 맴돈다.

왜 이런 일이 일어날까? 인간은 논리의 동물이 아니라 감정의 동물이기 때문이다. 우리는 논리적인 것을 믿는 것이 아니라 감정이 이끄는 것을 믿기 때문이다. 그래서 평소에 불안이 많았던 사람들은 쉽게 불안해할 거리를 찾게 되고, 그것에 대해서 불안한 생각을 하게 되고, 쌓인 불안의 크기에 비례해서 그 생각들이 마음에 깊이 박히는 것이다.

불안감이 신체에 집중될 때 이를 신체화 강박이라고 한다

어느 날 코 성형수술 후유증으로 안면 전체에 통증을 호소하는 40대 여성이 나를 찾아왔다. 예뻐지고 싶어서 코에 보형물을 넣고 한동안 만족했는데, 어느 날 보형물 부작용 사례를 뉴스에서 보고 나서 자신도 잘못되면 어떡하나 하는 불안감이 엄습했다. 그러다 마침내 자신의 코에서 느낌이 이상하고 심지어 통증까지 느껴졌다. 그래서 수술받은 병원에서 제거수술을 받았고 며칠 동안 씻은 듯이 편안했다. 그러나 또 의심이 생겼다. '혹시 깨끗하게 제거되지 못한 것은 아닐까?' 그러자 또 불안과 이상 감각과 통증이 재발했고, 다시 병원에 가서 검진을 받아보니 의사는 아무 이상이 없다고 했다. 그러나 이번에는 아무리 해도 의심과 불안이 사라지지 않았고, 이에 비례해서 코의 통증과 이상 감각도 갈수록 커지다가 나중에는 얼굴 전체가 욱신욱신 아려서 견딜 수 없게 되었다. 이 지경이 되자 그녀는 온 신경이 얼굴에만 쏠리고 얼굴 전체가 다 망가질 것 같은 공포심이 너무 커서 1년 넘게 육아와 가사까지 다 내팽개치고 누워만 있다가 결국 나를 찾아온 것이었다.

또 어느 날 손이 화끈거려서 죽고 싶다고 호소하는 20대 청년이 나를 찾아왔다. 통증이 너무 심해서 군대에서 의가사 제대까지 한 상태였다. 처음 증상을 호소할 때 군 간부들은 꾀병으로 보고 별다른 조치를 하지 않다가 그가 밤잠도 못 자고 손이 뜨겁다며 30분마다 찬물에 손을 씻는 것을 보고서야 마침내 의가사 제대를 허락하게 되었다고 한다. 물론 그도 통증의학과와 정형외과 몇 군데를 전전했는데 어디에서도 특별한 이상이 발견되지는 않았고, 게다가 진통제를 아무리 써도 듣지도 않았다. 그러자 한 정형외과 의사가 이렇게 말했다고 한다. "검사상 이상은 없는데 이렇게 치료가 안 되면 손을 잘라내는 수밖에 없습니다."

바로 이것이 신체화 강박이다. 육안으로도 각종 검사로도 특정 신체 부위에 아무런 이상이 없지만, 불안과 의심으로 이 부위에 계속 관심을 집중하다 보면 저림, 시림, 찌릿함, 둔함 등의 이상 감각과 심한 경우, 아림, 화끈거림, 당김 등의 통증까지 생긴다. 이 상태에 이르면 당연히 그 부위의 운동 능력도 장애가 생기고, 심지어는 위축, 염증, 변형 같은 육안으로 관찰할 수 있는 신체 손상까지 생기기도 한다.

이와 관련하여 2006년에 방영되어 전국에 화제가 되었던 KBS 특별기획 다큐멘터리 〈마음〉에 나온 실험을 소개해보자. 한 피실험자가 있다. 그는 안대로 눈이 가려지고 머리에는 뇌파 측정기가 씌워진다. 실험자가 그에게 누군가가 그의 검지손가락을 건드릴 테니 기다리라고 말한다. 그러면 피실험자는 검지손가락에 신경을 쓰고 집중하게 된다. 그런데 이렇게 주의를 집중하는 것만으로도 뇌는 실제로 손가락을 건드린 것과 같은 반응을 보인다. 실제 뇌파 측정도를 보면 이렇게 집중하는 순간 뇌파가 바뀌는 것이 나타난다. 이렇게 실제 객관적인 자극(접촉)이 없어도 생각만으로도 손가락의 운동을 담당하는 뇌의 영역이 활성화되는 것이다. 그가 말한다. "손가락에 집중하고 있으니까 전기가 오는 듯 찌릿찌릿한 느낌이 들었어요."

강박증 환자들 중에는 이렇게 신체화 강박을 호소하는 경우가 종종 있다. 팬티가 사타구니에 닿는 느낌이 너무 이상하고 불편해서 10년 이상 온갖 팬티를 입어보아도 소용이 없어서 공부에 집중할 수 없는 대학생, 20년 이상 옷깃이 목에 닿는 느낌이 너무 괴롭고 불편해서 겨울에도 벌벌 떨면서도 목이 없는 옷만 입는 40대 남성, 엉덩이가 의자에 닿는 느낌이 너무 불편하고 아파서 몇 년째 공부를 못 해 대학을 못 가고 있는 20대 고졸 남성, 가슴의 한 부분에 이상 감각이 있어서 공부도 일도 아무것도 못 해 고등학교를 중퇴한 20대 남성, 공부만 하려고 하면 머리에 음악 소리가 들려서 집중하지 못하는 학생 등.

신체화 강박증 환자들의 주된 공통점은 자신들의 주 임무, 곧 공부나 업무 등에 집중하려고 할 때 이런 증상이 더 심해져서 임무 수행을 못 한다는 것이다. 운동선수들의 입스 또는 감각 이상 증상은 이런 신체화 강박의 전형적인 범주에 들어간다고 볼 수 있다. 그럼 여기서 다시 신체화 강박이 생기는 기전을 정리해보자.

> 그동안 상처를 많이 받아서 불안이 누적되어 있음 ➡ 어느 날 특정
> 신체 부위나 신체 동작에 마음이 꽂힘 ➡ 그 부위에 이상 감각, 통
> 증, 기능 장애가 생김 ➡ 이것 때문에 더 불안해하고 안절부절못함
> ➡ 신체화 강박이 고착됨

어떤 사람들이 강박증에 잘 걸리는가?

나의 경험에 의하면 대체로 다음과 같은 조건을 가진 사람들이 강박증
에 잘 걸렸다.

첫째, 어렸을 때 상처를 많이 받았다. '부모님이 너무 엄격했다', '가정
불화가 심했다', '경제적인 위기를 겪었다', '학교에서 따돌림을 당했다',
'전학을 많이 다녔다' 등의 사례가 많았다.

둘째, 부모님이 규율과 규칙을 강요하는 집안에서 자라 비판과 지적을
많이 받았다. 엄격한 규율과 규칙 속에서 자라고 비판과 지적을 많이 받
다 보니 늘 이것들을 지켜야 한다는 긴장과 이것들을 혹시 어기게 되면
어떡하나 하는 불안이 늘 마음속에 잠재되어 있다가 결국 강박증으로 발
전하는 것이다.

셋째, 소심한 모범생 기질을 지녔다. 소심한 모범생들에게 가장 두려
운 것은 규율과 규칙을 어겨서 혼나는 것이다. 그러다 보니 늘 규율과 규
칙을 지키는 데 전전긍긍하고, 혹시나 이것들을 못 지키면 어떡하나 하
는 불안이 잠재되어 있다가 강박증으로 발전하는 경우가 많다. 실제로

경험상 개신교 쪽 사람들이 비교적 강박증에 잘 걸리는데, 십계명과 성경 말씀을 어기면 어떡하나 하는 불안이 강박증으로 발전한 경우였다. 심지어는 한 목사가 십계명을 묵상하다가 십계명을 어겨서 죄인이 되고 교회에서 쫓겨나면 어떡하나 하는 불안이 너무 커져서 나를 찾아온 적도 있었다.

넷째, 완벽주의를 고집하는 경향이 있다. 완벽이란 개념으로만 존재하는 것이지 현실에서는 존재하지 않는다. 그럼에도 완벽한 안전과 완벽한 질서와 완벽한 통제만이 존재해야 한다고 믿는다면 그는 불안할 수밖에 없다. 늘 완벽하지 못한 현실에 직면해야 하니까. 현실에서는 늘 무슨 일이 생길 것 같고, 늘 약간의 흐트러짐이 있고, 늘 약간의 때가 묻어 있으니까. 완벽한 청결과 정리정돈을 고집하는 결벽증도 강박증의 한 형태다.

다섯째, 고지식한 편이다. 강박증인 사람들의 공통적인 특징이 융통성이 없어서 고지식하다는 것이다. 그들은 늘 완벽을 고집하고, 규율과 규칙을 고집하고, 올바른 생각과 행동만을 하려고 한다. 사실 이런 집착과 고집이 강박증을 만들었는데도, 게다가 그 때문에 치료에서 현실 적응에 끊임없이 실패했는데도 이 방법을 여전히 고집하려고 한다. 그래서 나는 종종 말한다. "지금 제일 먼저 해야 할 것은 당신의 방식이 틀렸고 이제 다른 방식을 수용해야 한다는 것을 깨닫는 거예요."

어떻게 신체화 강박증에서 벗어날 것인가?

그럼 신체화 강박증에서 벗어나려면 어떻게 해야 할까?

첫째, EFT로 그동안 살아오면서 받았던 마음의 상처를 지운다.

둘째, EFT로 비판과 지적을 많이 받아서 생긴 마음의 상처를 지운다.

셋째, 되도록 규율과 규칙을 줄인다. 나는 이런 환자들에게 자주 말한다. "남에게 피해만 안 주면 뭐든 하세요!" 최소의 규칙은 마음을 편안하게 하는 법이다.

넷째, 적당주의로 사는 법을 배운다. 약간 더러워도, 약간 모자라도, 약간 어지러워도 허용하는 습관을 들이자.

다섯째, 융통성을 키운다. 여러 번 해도 듣지 않는 방법은 바꾸는 것이 좋다.

여섯째, 사랑하는 사람과 많이 소통한다. 미혼의 강박증 환자들은 사랑하는 사람을 만나면 좋아지는 경우가 많다. 연인의 사랑이 그들에게 엄청난 안정감을 주기 때문이다. 결국 사랑이 최고의 약이다.

일곱째, 모든 것을 통제하려는 마음을 버리고 내맡긴다.

여기에서 간단히 신체화 강박증에서 벗어나는 방법을 설명했는데, 선수들의 입스 또는 신체화 강박증은 어찌 보면 극단적으로 운동에 몰입하지 못하는 상태라고 볼 수도 있다. 그렇다면 입스의 해결책은 완전한 몰입이다. 과연 몰입이 무엇인지 다음 장에서 알아보자.

02

이것이 몰입이다

장자가 몰입을 말하다

〈생활의 달인〉이란 티비 프로그램을 본 적이 있는가? 여기에는 온갖 종류의 달인이 나온다. 떡 썰기 달인, 박스 접기 달인, 종이 접기 달인, 떡 만들기 달인 등. 그들의 공통점은 자신의 일을 즐기고 또 남보다 몇 배 더 잘한다는 것이다. 즐기면서 잘하는 것, 바로 이것이 몰입이다. 그런데 달인達人이라는 단어의 출처는《장자》이며,《장자》에는 달자達者(통달한 사람)라는 단어로 처음 등장하는데,《장자》에는 실제로 이런 달인들이 많이 나온다. 게다가 달인이 되는 비법, 즉 몰입의 비법까지 등장하니 한번 살펴보자.

소 도축의 달인

어느 요리사가 혜왕을 위해 소를 도축했다. 그가 커다란 소를 해체하는 것을 보니, 손놀림은 마치 쿵후를 하듯 민첩하고 절도 있었고, 발놀림은 마치 탭댄스를 추듯 경쾌하고 리듬감이 있었으며, 고기를 가르는 칼날에서는 마치 피아노 소나타와 같은 아름다운 음률이 흘러나왔다. 이에 임금이 감탄하여 말했다. "정말 대단하구나. 정녕 기술이 이런 경지까지 가능한 것인가?" 요리사가 칼을 내려놓으며 말했다.

"제가 추구하는 바는 도입니다. 단순한 기술을 넘어서 도의 경지에까지 이르러야 합니다. 제가 처음에 소를 해체할 때는 눈에 보이는 것이 온통 소밖에 없었습니다. 3년이 지나서야 소가 소로 보이지 않게 되었습니다. 방금처럼 소를 해체할 때는 집착이 사라진 텅 빈 마음으로 소를 대하면서 눈이 아닌 직관으로 보게 되고, 손이 아닌 직관으로 칼을 놀리게 되어, 소도 소를 보는 나도 모두 사라지고, 오직 저의 직관만이 저절로 가동됩니다. 이 과정을 더 자세히 말씀드리면 힘줄과 인대 사이로, 근육의 근막 사이로, 뼈와 근육 사이로, 근육과 가죽 사이로 틈이 이미 나 있는 곳에 자연스럽게 칼날을 놀립니다. 뼈와 살이 단단히 붙어 있는 곳을 억지로 자르려고 하지 않았습니다. 하물며 큰 뼈야 더 말할 나위가 있겠습니까!

이른바 일류 요리사들은 1년마다 칼을 바꿉니다. 그들도 무리한 칼질로 칼날을 손상하기 때문입니다. 보통의 요리사들은 매달 칼을 바꿉니다. 아예 부러지기 때문입니다. 제가 칼을 잡은 지는 19년이고 해체한 소도 수천 마리가 넘습니다. 그러나 칼날이 막 숫돌에 간 것처럼 여전히 예리합니다. 소의 뼈마디에는 틈이 있고, 이 칼날은 두께가 없을 정도로 얇습니다. 뼈와 살의 넓은 틈으로 종잇장같이 얇은 칼날이 들어가니 자유자재로 놀게 됩니다. 그래서 19년이 넘어도 칼날이 항상 예리합니다.

그렇다고는 하나 아직도 근육과 뼈가 닿은 곳에서는 어려움을 느끼고 조심합니다. 우물쭈물하는 듯하다가 눈으로 보기를 멈추고 몸짓이 느려지면서 직관이 발휘되기 시작하면 칼날의 미묘한 움직임이 시작됩니다. 그러다 어느새 젖은 흙더미가 무너지듯 고기 조각들이 바닥에 쌓이고 정신이 들면 엉거주춤 칼을 든 채로 머뭇머뭇 주위를 둘러보게 됩니다. 마침내 일이 끝났음을 알고서는 마음이 충만하여 주변 정리를 하고 잘 갈무리하게 됩니다."

임금이 말했다. "뛰어나구나. 너의 말을 듣고서 양생養生(생명을 북돋우고 키움)의 비결을 깨달았도다."

도축 달인의 비결을 정리하면 다음과 같다.

- 집착도 버리고 소(목적 대상)도 잊고 나도 잊어라.
- 마음을 비우면 직관이 발휘되어 저절로 신기가 발휘된다.

매미 잡기의 달인

공자가 초나라로 가다가 숲에 들어서게 되었다. 그때 마침 한 꼽추 노인이 마치 돌을 줍듯 손쉽게 매미를 잡고 있었다. 공자가 신기해서 물었다. "재주가 대단하십니다. 거기에도 무슨 도가 있나요?"

"당연히 있지. 5~6개월 동안 훈련하여 장대 끝에 구슬 두 개를 포개 놓고 장대를 움직여도 구슬이 안 떨어지면 매미를 놓치는 일이 드물지. 세 개를 포개 놓고서도 잘 되면 실패율이 10% 이하가 되지. 다섯 개를 쌓고도 잘 되면 매미를 그저 물건처럼 줍게 되지. 내가 매미를 잡을 때의 몸가짐을 보면, 나무 그루터기처럼 무심하게 웅크리고 앉아 고목이 가지를 뻗듯 팔을 쭉 내밀지. 이 너른 우주에 온갖 만물이 있지만 이 순간만은 그저 매미의 날개만 문짝처럼 커다랗게 보인다네. 설사 하느님이 온 세상을 준다 해도 이 순간에는 그저 매미 날개만 보일 뿐이네. 그러니 어찌 매미를 못 잡겠는가?"

이에 공자가 제자들을 보며 말했다. "정신이 흐트러지지 않으면 신기神技(신묘한 기술)에 이른다고 했는데, 바로 이 노인을 두고 하는 말이구나."

매미 잡기 달인의 비결을 정리해보자.

- **무심하게 행위하라.**
- **마음의 흐트러짐이 없이 목표에만 온전히 집중하면 신기가 발휘된다.**

노 젓기의 달인

안연이 공자에게 물었다. "일찍이 제가 배를 타고 상심이라는 깊은 연못을 건넌 적이 있는데, 그때의 뱃사공이 노를 젓는 솜씨가 신기에 가까웠습니다. 그래서 '이렇게 노 젓는 것도 배울 수 있겠는가?'라고 물었습니다. 뱃사공이 '헤엄을 잘 치면 빨리 배울 수 있습니다. 게다가 잠수를 잘한다면 배를 본 적이 없어도 바로 잘할 수 있습니다'라고 말했습니다. 그래서 그 까닭을 물었으나 아무 말도 하지 않았습니다. 선생님께 다시 이에 관해 묻고 싶습니다."

공자가 말했다. "헤엄을 잘 치는 사람이 빨리 배우는 것은 물을 의식하지 않기 때문이다. 게다가 잠수의 명인은 깊은 연못도 그저 언덕 보듯 보고, 배가 뒤집어져도 수레가 후진하는 것 정도로 여기게 되니, 어찌 빠르지 않겠느냐. 눈 앞에서 물이 시퍼렇게 깊어지고, 배가 확 뒤집어져도 마음에 들어오지 않으니, 어디서든 마음이 여유롭지 않겠느냐. 내기 활쏘기를 하는데 기와 조각 정도를 걸고 하면 잘 쏘다가도, 명품 허리띠 고리를 걸면 떨려서 실수가 잦아지고, 황금 덩어리를 걸면 정신이 멍해져서 아예 못 맞히게 된다. 본래의 솜씨는 변함이 없지만 내기를 건 물건에 따라 마음의 걸림이 생긴다. 이렇게 외부의 것에 마음이 걸리기 시작하면 내면의 신기는 쪼그라든다."

노 젓기 달인의 비결을 정리하면 다음과 같다.

> ● 실패의 두려움과 성공에 대한 집착도 다 사라지면 신기가 발휘된다.

나무 조각의 달인

나무 장식을 만드는 장인인 경이 나무를 깎아 쇠종의 거치대를 만들게 되었다. 이윽고 그것이 완성되었다. 그 거치대에 조각된 상이 꼭 살아서 꿈틀거리는 것 같아서 보는 사람들마다 귀신을 보듯 깜짝 놀랐다. 노나라의 왕이 이에 소문을 듣고 경을 만나 물었다. "도대체 자네는 어떤 기술로 이것을 만들었는가?"

"저는 미천한 장인인데 무슨 기술이 있겠습니까? 굳이 있다고 한다면 조각을 할 때 억지스러운 마음으로 기를 소모시키는 짓을 하지 않는 것입니다. 일단 시작하기에 앞서 목욕재계하고 마음을 가다듬습니다. 3일 정도 재계하면 상 받을 욕심이 사라집니다. 5일 정도 재계하면 타인의 평가를 의식하지 않게 됩니다. 7일 정도 재계하면 손과 발과 몸이 있다는 사실조차 문득 까맣게 잊게 됩니다. 이때에는 엄숙한 조정에 있다는 것도 모릅니다. 저의 마음은 오로지 기교에만 집중될 뿐 그 밖의 어떤 것도 모두 사라집니다. 이 상태에서 산으로 들어가면 조각을 하기에 가장 좋은 나무가 보이고, 그 나무에서 이미 조각할 대상의 모습이 보입니다. 바로 이 상태에서 조각을 하기 시작합니다. 이런 상태가 아니면 조각을 하지 않습니다. 이렇게 저는 나무의 천성이 저의 천성을 통해 드러나게 할 뿐입니다. 아마도 그래서 귀신을 보는 듯한 생동감과 신비함이 나타나는 듯합니다."

나무 조각 달인의 비결을 정리해보자.

> ● 욕심과 타인의 평가를 의식하는 것과 자신의 몸을 의식하는 것이 사라지면 신기가 발휘된다.

활쏘기의 달인

열어구(열자)가 백혼무인에게 활쏘기를 자랑했다. 활을 쥔 왼 팔꿈치 위에 가득 채운 물잔을 올린 채 활을 쏘았는데 물을 전혀 흘리지 않았다. 더욱이 연이어 화살을 날리는 것을 보면 기계로 활을 쏘듯 끊이지 않고 나가는 것이 마치 단 하나의 긴 화살을 쏘는 것 같았다. 그때 열어구는 마치 조각상인 듯 일체의 감정도 미동도 드러나지 않았다.

이윽고 백혼무인이 말했다. "자네는 활쏘기를 위한 활쏘기는 하지만 활쏘기를 넘어서는 활쏘기는 못 하고 있군. 다시 말해, 활쏘기의 술은 얻었으나 활쏘기의 도는 아직 얻지 못했어. 시험 삼아 나를 따라오게."

백혼무인은 열어구를 데리고 높은 산에 올라 깎아지른 듯한 바위 끝에

서서 그 아래 수심이 수십 미터가 넘는 연못을 함께 내려다보면서 과녁을 정했다. 열어구가 이윽고 활을 들고 자세를 잡는데, 무서워서 뒷걸음질만 치다가 식은땀이 발뒤꿈치를 다 적실 때까지 부들부들 떨기만 했다.

이에 백혼무인이 말했다. "지인포人(지극한 경지에 이른 사람)은 위로는 푸른 하늘 끝까지 엿보고, 아래로는 지구 끝까지 들어가고, 천지 팔방에 자유자재로 날아다니면서도 그 정신이 조금도 변함이 없네. 그런데 겨우 이 정도에서 눈이 가물거리고 벌벌 기다니. 보이는 활은 잘 다룬다지만 활을 쏘는 내 마음을 다루는 것은 아직 멀었군."

활쏘기 달인의 비결을 정리해보자.

> ● 생사의 두려움과 외부 상황의 어떤 변화에도 마음이 흔들리지 않으면 신기가 발휘된다.

장자가 말하는 몰입의 비결을 총정리해보자

장자가 말하는 몰입에는 크게 두 가지 요소가 있다. 하나는 몰입의 조건이고, 다른 하나는 몰입 상태에서 발휘되는 능력이다.

먼저 다음 조건이 충족될 때 몰입 상태에 들어간다.

- 집착도 버리고 목적 대상도 잊고 나도 잊어라.
- 마음의 흐트러짐이 없이 목표에만 온전히 집중하라.
- 실패의 두려움과 성공에 대한 집착도 다 버려라.
- 욕심, 타인의 평가에 대한 의식, 자신의 몸을 의식하는 것을 버려라.

- 생사의 두려움과 외부 상황의 어떤 변화에도 마음이 흔들리지 않게 하라.

이렇게 몰입 상태에 들어가면 다음과 같은 능력이 발휘된다.

- 직관과 영감이 발휘되어 자신도 모르게 저절로 해결 능력이 생긴다.
- 이런 해결 능력은 너무나 탁월해서 신기라고 부른다.
- 이 상태에서는 애쓴다는 느낌이 전혀 없이 모든 것이 저절로 술술 잘 된다.
- 마음 또는 의식이 세상과 자기 자신마저 초월하여 미묘하게 작동한다.

'몰입의 아버지'가 몰입을 말하다*

앞에서 몰입의 조건과 몰입 상태를 설명했는데, 과연 이 설명이 얼마나 타당하고 또 현실에 실제로 적용할 수 있을까? 독자 여러분도 다들 이런 의문이 들 것이다. 다행히 이런 의문에 답을 주는 사람이 있으니 '몰입의 아버지'라 불리는 미하이 칙센트미하이Mihaly Csikszentmihalyi다. 그는 헝가리 출신 미국 심리학자로 그가 '몰입flow'이라고 부르는 심리적 상태를 인식하고 명명하고 학문적으로 정립하는 데 평생을 바쳤다. 그는 시카고대 심리학대학 학장을 지내기도 했고, 미국심리학회 회장도 역임했으며, 긍정심리학 분야에서 가장 주도적인 학자로 평가받고 있다.

---

* 2004년 2월 TED에서 미하이 칙센트미하이가 강의한 내용을 참고했다.

그가 말하는 몰입이란 고도의 생산성과 창의성이 발휘되는 고도의 집중 상태라고 정의할 수 있으며, 그는 이 연구로 전 세계적인 명성을 얻었다. 하지만 그의 애초의 연구 의도는 행복한 인간의 비결을 찾는 것이었다. 그는 수만 명 이상의 사람들을 연구한 결과 현재 자신이 하고 있는 활동에 완전히 빠져 있거나 집중해 있을 때 가장 행복하다는 사실을 발견했고, 이 발견이 '몰입'을 연구하는 계기가 되었다.

그는 몰입 상태를 명명하는 단어로 'flow'라는 전문 용어를 만들었고, 그의 연구가 전 세계적으로 유명해짐에 따라 'flow'라는 전문 용어가 이제는 몰입을 의미하는 일상어가 될 정도로 흔히 쓰이게 되었다. 그가 'flow'라는 단어를 쓰게 된 것은 모든 몰입 상태에서 초고도의 능력이 물 흐르듯이 자연스럽게 발휘되기 때문이다. 이것은 앞에서 장자가 말한 몰입 상태인 '모든 것이 저절로 술술 잘 된다'와 일맥상통한다.

그는 30년 넘게 수만 명 이상의 사람들을 대상으로 몰입에 대한 연구를 하느라 수많은 경험담을 듣고 기록했는데, 그중 몇 개만 여기에 옮겨보자.

음악가의 몰입

자기 초월 상태에 너무 빠져서 나 자신이 거의 존재하지 않는 것처럼 느낀다. 나는 이런 상태를 여러 번 경험했다. 내 손은 내가 없어져서 나와 분리된 것 같고, 내 앞에서 일어나는 일은 나와 아무런 관련이 없는 것 같다. 나는 그저 놀라움과 경이감에 빠져서 앉아서 바라볼 뿐이다. 그리고 음악은 저절로 스스로 흘러나온다.

시인의 몰입

이 세상 어디에도 없는 어딘가에 둥둥 떠 있는 문을 여는 것 같다. 나는 그저 그 문으로 가서 손잡이를 돌리고 문을 열어서 나 자신을 그 안으로 슥 넣는다. 억지로 내 몸을 밀어 넣을 필요도 없다. 나는 그저 떠 있으면 된다. 뭔가 나를 당기는 중력이 있다면 그것은 내가 그 속으로 들어가지 못하게 막는 바깥세상에서 오는 것이다.

피겨스케이팅 선수의 몰입

모든 것이 순탄했고, 모든 것이 기분 좋게 느껴졌다. 그것은 엄청난 희열이었고, 영원히 그 상태에 머물러서 빠져나오고 싶지 않았다. 모든 것이 너무나 순탄하게 돌아갔다. 아무런 생각을 하지 않아도 모든 것이 저절로 돌아간다. 그것은 마치 비행기가 자동항법장치를 켠 것과 같다. 나는 아무런 생각을 할 필요가 없다. 음악을 들어도 의식하지 못한다. 나는 이 모든 것과 온통 하나가 되고, 음악은 그저 그 일부분이기 때문이다.

몰입 상태의 기준

그는 수많은 사람들의 몰입 경험을 듣고 기록하면서 정확한 몰입 상태의 기준을 다음과 같이 정했다.

1. **집중** - 자신이 하고 있는 것에 완전히 몰입한다.
2. **초월감**(엑스터시) - 의식이 일상적 현실에서 벗어나 있는 상태.
3. **거대한 내적 명료함** - 해야 할 것과 그것을 어떻게 잘할 수 있는지를 안다.

4. **당면 과제가 할 만하다는 것을 안다** – 나의 능력이 과제를 감당할 수 있다.

5. **고요함** – 자기 자신에 대한 걱정이 없어지고 에고의 한계를 벗어난 느낌.

6. **시간의 소멸** – 완전히 현재에 집중하여 몇 시간이 몇 분처럼 지나간다.

7. **내적 동기** – 몰입 상태에 빠질 수 있게 하는 모든 것은 그 자체로 엄청난 희열감을 주어 그 자체가 최고의 보상이 되어 삶의 목적이 된다.

이 7가지 기준과 앞에 나온 장자의 몰입 상태를 비교해보자. 거의 유사하다는 느낌이 들지 않는가! 그는 몰입 상태의 가장 큰 심리적 특징으로 엑스터시ecstasy를 말하는데, ecstasy란 어원을 분석하면 'ex(ecs) + stand(stasy)'이며 'stand outside(넘어서서 존재하다)'라고 풀이할 수 있다. 이것은 자신의 신체 감각과 온갖 판단과 생각을 완전히 벗어나서 시간관념까지 잊어버리고 그저 존재하되 존재하지 않는 듯 자연스럽게 초능력을 발휘하는 심리 상태다. 장자는 이것을 '망아忘我(자신의 몸과 마음을 잊어버림)'라고 표현하는데, 칙센트미하이의 엑스터시와 거의 같은 개념이라고 볼 수 있다.

스티븐 코틀러가 몰입이 슈퍼맨이 되는 법임을 밝히다

최근 스포츠계에는 혁명이 일어나고 있다

파도타기는 아주 오래된 스포츠다. 그것의 기원은 거의 기원후 400년까지 거슬러 올라간다. 그런데 400년부터 1996년까지 거의 1,500년 동안 파도타기 기술의 진보는 사실 너무 느렸다. 기껏해야 8m 높이 정도의 파도가 최고 한계였고 그 이상은 다들 불가능하다고 여겼다. 심지어 8m 이상의 파도를 타는 것은 불가능함을 증명하는 물리학 논문까지 나올 정도였다. 그러나 20여 년이 지난 요즘에는 30m 정도의 파도를 타는 것은 흔히 볼 수 있는 일이 되었다. 20여 년의 발전이 1,500년의 발전을 압도하는 일이 벌어진 것이다.

또 다른 예를 보자. 아주 오랫동안 요세미티 공원의 엘카피탄이라 불리는 900m 수직 암벽은 그 누구도 절대로 오를 수 없는 신성불가침의 영역이었다. 그러다 1958년에 워런 하딩Warren Harding이 세 명으로 팀을 짜서 18개월 동안 끈질기게 암벽에 볼트를 박고 밧줄을 연결해 마침내 등반에 성공했다. 그런데 겨우 54년 후인 2012년에 똑같은 경로를 알렉스 호놀드Alex Honnold와 한스 플로린Hans Florine이 겨우 세 시간 만에 등반했다. 이제 엘카피탄은 정상급 암벽 등반가들이라면 다 오르는 교과서 같은 경로가 되었다. 최근 10년의 발전이 과거 60년의 발전을 완전히 압도하는 일이 벌어진 것이다. 어떻게 이런 일이 일어났을까?

이런 현상이 스티븐 코틀러Steven Kotler의 관심을 끌었다. '불가능한 것을 가능하게 만드는 것은 무엇일까? 전혀 본 적이 없던 패러다임의 변화를 지속적으로 일으키기 위해서 필요한 것은 무엇일까?' 그는 이런 의문을 풀기 위해 1990년대 말에 직접 기자가 되었다. 당시에는 액션 어드벤처 스포츠, 즉 파도타기, 스키, 암벽 등반, 스노보딩 같은 것들이 크게 유행했다. 그는 이런 익스트림 스포츠를 취재하느라 10여 년을 산과 바다를 누볐고, 수십 번의 부상, 더 구체적으로 무려 82번의 골절상을 경험했다. 그때마다 몇 달씩 쉬어야 했는데, 그가 복귀할 때마다 이들 분야는 불과 몇 달 만에 눈부시게 발전하고 있었다. 상상마저 불가능했던 동작과 기술이 서너 달 만에 거듭 실행되고 있었다.

스포츠 혁명의 원동력은 또다시 몰입이었다

그는 익스트림 스포츠뿐만 아니라 문명의 패러다임을 바꾸는 사업가나 혁신가들까지 조사해 그 비결을 찾아보았다. 그는 어떤 분야건 간에 유례없는 엄청난 성취에는 동일한 특징이 있음을 발견했다. 바로 전문가들이 '몰입flow'이라 부르는 의식 상태였다. 사실 플로우라는 말이 널리 알려지기 이전부터 각 분야에서는 이에 해당하는 일종의 전문 용어가 자기들 사이에서 통용되고 있었다. 예를 들어, 달리기에서는 '주자의 희열감runner's high', 스포츠에서는 '거기에 들어가다being in the zone', 농구에서는 '무의식 상태로 들어가다being unconscious', 재즈에서는 '주머니 속에 들어가다being in the pocket', 스탠드업 코미디에서는 '영원의 상자에 들어가다in the forever box'라고 표현한다.

몰입은 앞서 말한 대로 원래 심리학 전문 용어로 '최상의 기분을 느끼면서 최상의 능력을 발휘하게 되는 최적화된 의식 상태'라고 정의할 수 있다. 더 구체적으로 말하면, 이것은 완전히 집중해서 넋이 빠진 것 같은 상태로, 이 상태에서 우리는 주어진 과제에 완전히 집중해서 그 밖의 것은 완전히 우리의 의식에서 사라진다. 의식과 행동이 하나로 완전히 합쳐지고, 자의식이 사라져서 자신을 아예 의식하지 않게 되고, 시간은 아주 늘어지거나 아주 빠르게 간다. 마음과 몸의 모든 능력은 한계를 넘어서 엄청나게 향상된다.

몰입 상태를 만들어주는 신경화학물질과 뇌파

미하이 칙센트미하이는 전 세계를 돌아다니면서 수만 명에게 최상의 기분을 느끼면서 동시에 최상의 능력을 발휘한 순간에 대해서 물었다. 그가 발견한 바에 따르면, 공통적으로 몰입 상태에서는 모든 행동과 모든 결정이 완벽하게 매끄럽게 저절로 물처럼 흘러간다. 말 그대로 흐름[flow]이 되는 것이다. 그런데 이렇게 되려면 몰입 상태는 거의 완벽하게 초고속으로 창의적인 결정을 하는 상태여야만 한다. 그런데 어떻게 이런 것이 가능할까? 스티븐 코틀러는 탐사 전문 기자답게 이를 알기 위해서 심리학자, 뇌과학자, 익스트림 스포츠 선수 등 다양한 전문가들을 만나 묻고 토론해 마침내 답을 찾는다. 지금부터 그가 발견한 답을 정리해보자.[*]

보통 사람은 평생 동안 자신의 뇌의 능력 중에서 10%밖에 못 쓰고 오직 천재만이 그 이상을 쓴다고들 말하는데, 사실 이것은 완벽한 미신이다. 이런 믿음이 맞는다면 몰입 상태에서 인간은 뇌를 완전히 100% 총가동해야 할 것이다. 그러나 실제 연구 결과에 따르면 그 반대 현상이 일어나는데, 이를 '일시적 전두엽 기능 저하증[transient hypofrontality]'이라고 부른다. 전전두엽은 이마에 해당하는 뇌 부위로 복잡한 논리적 결정과 장기 계획과 도덕성과 의지력을 담당한다. 몰입 상태에서는 바로 이 전전두엽의 기능이 확 억제된다.

몰입 상태에서는 시간관념이 늘어나거나 줄어든다. 한마디로 말해서 시간이 너무 빨리 가거나 너무 느리게 간다. '신선놀음에 도낏자루 썩는 줄 모른다'는 속담이 바로 이를 표현한 것이다. 너무 재미있게 놀다 보니 하루가 한 시간처럼 지나간 기억이 누구나 있을 것이다. 전전두엽이 시

---

[*] Steven Kotler, *The Rise Of Superman*, Amazon Publishing, 2014.

간의 흐름을 계산하는데, 전전두엽의 기능이 억제되니 더 이상 과거와 현재와 미래의 구분이 사라지게 되는 것이다. 연구자들은 이런 시간관념 상태를 '깊은 현재deep now'라고 부른다. 이 깊은 현재 상태는 인간의 능력 발휘에 엄청난 영향을 준다. 걱정과 불안은 전부 과거와 미래에 대한 것이다. 우리는 과거에 일어났던 나쁜 일을 기억하면서 그것이 미래에 일어날까 봐 두려워하고 걱정하면서 피하려고 한다. 몰입 상태에 빠지면 시간관념이 사라지고 걱정과 불안도 따라서 사라진다.

이 상태에서는 스트레스 호르몬도 체내에서 확 줄어들고 뇌신경계도 자아 관념도 재설정된다. 사실 자아라는 것은 전전두엽 내에 존재하는 다양한 신경 연결망network 덩어리 그 자체라고 할 수 있다. 다시 말해서 전전두엽은 수시로 뇌에 들어오는 모든 정보들, 즉 신체 감각, 관련된 기억, 외부 자극, 이와 관련된 판단과 생각 등을 종합해 이 모든 것을 '나 또는 나의 것'이라고 간주하게 된다. 모든 연결망이 그러하듯이 전전두엽의 연결망의 일부가 차단되면 전체 연결망이 붕괴된다. 그 결과로 자아 관념 자체가 붕괴되는데, 이것이 능력 발휘에 엄청난 영향을 준다. 자아 관념이 사라지면 늘 우리 안에서 잔소리를 해대는 내면의 비판자inner critic 가 잠잠해지고, 이때 우리는 엄청난 자유와 해방감을 얻게 된다. 그 결과 창의성과 위험 감수성이 대폭 올라간다. 내면의 비판자가 더 이상 우리의 행동에 의문과 비판을 제시하지 못하기 때문이다. 바로 이것이 앞에서 말한 엑스터시 또는 망아 상태다.

몰입 상태에서 뇌는 5가지의 가장 강력한 신경화학물질neurochemicals을 한꺼번에 대량 분비한다. 신경화학물질은 뇌가 신경 세포나 신체와 소통하기 위해 사용하는 신호 전달 분자다. 그런데 놀랍게도 오직 몰입 상태에서만 이 5가지가 한꺼번에 생성된다. 이 5가지가 분비되면 최고도의 능력을 발휘하게 만들고, 신체 능력도 월등하게 향상시킨다. 근력이 증가하고, 고통을 느끼지도 않게 되고, 근반응 시간도 단축된다. 이 5가지 신경화학물질은 또한 엄청난 쾌감을 느끼게 한다. 그 쾌감은 마약보다도 강력해서 엄청난 중독성이 있다. 바로 이것이 동기 유발의 강력한 요소가 된다. 도파민dopamine, 노르에피네프린norepinephrine, 엔도르핀endorphin, 아난다마이드anandamide, 세로토닌serotonin이 바로 그것인데, 이 물질들에 관해 간단히 설명해보자.

도파민은 모험을 하거나 새로운 것에 직면할 때 분비되면 탐험 활동을 보상하고 탐험 활동에서 살아남도록 돕는 기능을 한다. 주의력, 정보 유입량, 뇌의 패턴 인식 능력, 심박동수, 혈압, 근육 반응 속도를 증가시켜 어마어마하게 능력을 향상시킨다.

노르에피네프린은 체내에서 심박동수, 근력, 호흡량을 올리고 혈당 분비를 촉진해 더 많은 에너지를 생산하게 한다. 또 뇌에서는 주의력, 집중력, 신경의 효율성, 감정 통제를 촉진한다. 몰입 상태에서 노르에피네프린은 우리가 목표에 집중하게 하고 정신이 산만해지는 것을 막는다. 게다가 쾌감 유도 물질이어서 엄청난 쾌감을 준다.

엔도르핀은 사실 'endo(체내) + morphine(아편)'에서 유래한 용어인 만큼 강력한 쾌감 물질이다. 이것은 실제로 아편류의 마약처럼 통증을 줄이고 쾌감을 주는데, 의료용 마약인 모르핀보다 100배 더 강할 정도로 강력하다. 이렇게 우리는 체내에 가장 강력한 마약을 갖고 있다고 할 수 있다.

아난다마이드는 원래 산스크리트어의 기쁨에 해당하는 'ananda'에서 유래한 용어로 실제 작용도 그러하다. 이것은 체내에서 분비되는 카나비노이드cannabinoid(대마의 주성분 물질)로 실제로 대마초와 비슷한 작용을 한다. 신체 운동을 하면서 몰입할 때 분비되는 것으로 알려져 있는데, 기분을 좋게 하고, 통증을 줄여주고, 혈관과 기관지를 확장시켜 호흡에 도움을 주며, 병행 사고력(전혀 별개의 것을 묶어서 생각하는 능력, 일종의 창의력)을 키워준다. 또한 공포를 느끼는 능력을 억제하고, 심지어 오래된 공포의 기억도 지워준다.

세로토닌은 사람들이 역경 속에서 꿋꿋이 버티고 시도해 결국 이겨내도록 하는 데 도움을 주며, 몰입 상태의 마지막 단계에서 분비된다.

이들 5종 물질은 각각 그 자체로도 강력하지만, 한꺼번에 결합되어 분비되면 핵폭탄이 되어 몰입 상태를 만들어낸다. 노르에피네프린은 집중력을 올려 정보 습득 능력을 향상시키고, 도파민은 패턴 인식 능력, 즉 정보 처리 능력을 키우며, 아난다마이드는 병행 사고력을 촉진시켜 패턴 인식 능력으로 확장된 데이터베이스를 대폭 확장시킨다. 그리고 그 결과는 마치 종교적 경험 같은 신비 경험이 된다. 농구의 전설 빌 러셀[Bill Russell]이 쓴 자서전《두 번째 바람[Second Wind]》에는 이런 과정이 아주 생생하게 잘 드러난다.

"경기는 아주 빈번하게 고조되어서 단순히 육체적이거나 심리적 차원이 아니라 신비적 차원이 되기도 했다. 이 느낌은 설명하기 어려운데, 사실 경기 중에는 이에 관해 말해본 적은 없다. 이런 현상이 발생하면 나는 나의 경기력이 새로운 차원으로 상승하는 것을 느낄 수 있었다. 이 특별한 차원에서는 온갖 특이한 현상들이 일어났다. 그것은 마치 내가 슬로 모션으로 경기하는 것 같았다. 이 상태에서 나는 다음 경기가 어떻게 펼쳐지고 다음 슛이 어디로 갈지 거의 정확하게 알 수 있었다. 다른 팀이 튀어나오는 공을 미처 잡기도 전에 나는 미리 알고서 나의 동료들에게 '공이 저쪽으로 갈 거야!'라고 소리 질렀다. 나의 예감은 꾸준히 적중했고, 나는 내 팀원들과 심지어 상대 팀원들까지 다 꿰뚫어 알고 있다고 늘 느꼈다."

앞에서 몰입과 관련된 신경화학물질에 대해서 설명했는데, 여기에서는 몰입과 관련해 뇌의 활동을 측정하는 뇌파기electroencephalography, EEG에 관해 알아보자. 우리가 자극에 직면하거나 생각할 때마다 뇌는 전기적 반응을 일으킨다. 뇌파기는 천분의 일 초 단위로 이 반응을 기록한다. 이것으로 우리는 시간에 따라 뇌의 활동이 어떻게 변화하는지 추적할 수 있다. 예를 들어, 운동선수가 어려운 동작을 할 때나 바둑 선수가 기묘한 수를 낼 때 뇌 활동이 어떻게 바뀌는지 알 수 있는 것이다. 이런 전기 반응은 일종의 파형을 이루는데, 이것을 뇌파라고 하며, 뇌파기는 뇌파를 측정하고 기록하는 것이다. 뇌파에는 베타, 알파, 세타, 델타, 감마 5종류가 있고, 이것은 각각 서로 다른 의식 상태와 관련된다.

- **델타파**: 1~3.9Hz(헤르츠, 초당 진동수) 사이의 가장 느린 뇌파다. 꿈을 안 꾸는 깊은 수면 상태에 있을 때 관찰되는 무의식 상태의 뇌파다. 그런데 깨어 있는 상태에서 다른 파와 함께 나타난다면 델타파는 일종의 레이더로서 작용한다. 무의식 깊은 수준까지 들어가서 일상적 사고 과정에서 찾지 못하는 정보들을 찾는 것이다. 그래서 델타파는 직관, 공감, 본능적 통찰력을 제공하며, EFT와 같은 에너지 힐링과 관련된다.
- **세타파**: 4~7.9Hz 사이의 뇌파다. 렘수면, 깊은 명상, 영감, 새로운 정보를 처리하는 상태 등에서 나타나는 뇌파로, 곧 무의식 상태다. 세

타파는 또한 창의적 영감을 저장하며, 영적인 연결성(일체감)을 느낄 때 나타나기도 한다.

- **알파파**: 8~13.9Hz 사이의 뇌파다. 이 파는 기본적으로 뇌가 휴식을 취할 때 나타나며, 구체적으로 우리가 이완되고 고요하고 마음이 맑아지면서 아무 생각을 하지 않을 때 나타난다. 알파파는 명상 상태로 이끄는 파이며, 의식과 무의식 사이의 연결 다리 역할을 한다.
- **베타파**: 14~30Hz 사이의 뇌파다. 저진동 베타파는 학습하고 집중할 때 나타나며, 고진동 베타파는 두려워하고 스트레스가 많을 때 나타난다. 우리가 일상적으로 생각할 때 적극적으로 외부 대상을 의식하고 생각을 처리할 때 나타난다.
- **감마파**: 30~100Hz 이상의 뇌파다. 이 파는 뇌가 완전히 별개의 생각을 묶어서 하나의 개념을 만들(병행 사고를 할) 때만 나타난다.

특히 몰입 상태에서는 세타파와 알파파에 걸치는 뇌파 영역이 두드러지게 나타나서 연구자들은 이것을 몰입 상태의 특징 뇌파라고 본다. 또한 아주 창의적인 생각이나 행동을 할 때는 알파파와 감마파가 폭발적으로 나타난다. 여기서 간단히 정리하면, 몰입 상태에서 뇌의 전전두엽의 기능이 대폭 억제되고, 베타파가 현저히 줄어든다. 우리가 의식적으로 생각할 때 전전두엽을 많이 쓰고 그때 베타파가 많이 나타나는데, 몰입 상태에서는 의식적인 생각이 줄고 무의식적으로 판단하고 행동하기 때문에 이런 현상이 나타나는 것이다. 바로 이것이 장자가 말하는 망아 또는 내맡김인데, 이것이 몰입의 필수 조건임을 다시 한 번 여기서 알게 된다.

그 밖에 몰입 상태가 주는 이점을 열거해보자. 창의성이 400~700% 증가하고, 학습 능력도 470% 증가하며, 맥킨지의 10년 연구 결과에 따르면, 정상급 경영자들은 몰입 상태에서 5배 이상의 생산성을 발휘한다. 또한 말콤 글래드웰Malcolm Gladwell의 《아웃라이어Outliers》라는 책에서 유명해진 전문가가 되는 데 필요한 '1만 시간의 법칙'도 깨진다. 몰입하면 오천 시간 만에 전문가가 될 수도 있다. 이렇게 몰입은 한마디로 초능력자가 되는 비결이다.

EFT는 최고의 몰입 방법이다

EFT는 이미 유효성이 검증되었다

미국심리학회는 각종 치료법의 유효성을 판단하기 위해서 가장 엄밀하고 객관적인 수준의 평가 기준을 마련해왔고, 이 세상에 수많은 치료법이 있지만 이 기준을 통과하는 것은 결코 쉬운 일이 아니다. 그런데도 EFT는 미국심리학회 기준에 비추어 불안, 우울증, 공포증과 PTSD 등을 포함한 많은 증상에 효과가 있음이 증명되었다.[*] 다음이 미국심리학회의 유효성 기준인데, 보다시피 상당히 엄밀해서 어지간한 치료법과 노력으로는 통과가 거의 불가능하다.

1. 무작위 대조 실험으로 효과가 검증되었다.
2. 표본의 크기가 실험군과 대조군을 비교했을 때 통계적으로 의미 있는 차이를 검증할 수 있을 만큼 컸다($p < .05$ 이상).
3. 실험 대상 치료법을 설계해 시행한 대상이 된 인구 집단이 명확히

---

[*] Dawson Church, *Clinical EFT Handbook 1*, Eergypsychology Press, 2013.

정의되었다.

4. 선행 실험에서 평가 도구가 타당성[validity]과 신뢰도[reliability]가 있음이 증명되었다.

5. 면접 평가원들은 평가 대상자가 어떤 집단에 속하는지 알지 못했다.

6. 실험 대상이 되는 치료법의 본질을 명확히 밝히는 매뉴얼이 있었다.

7. 연구 보고 논문이 충분한 자료를 제공해서 이 연구가 적합성(표본의 크기, 적절한 평가 도구의 사용, 통계학적으로 의미 있는 표본의 크기 등)에 부합하는지 검토할 수 있다.

불안

EFT는 여러 개의 무작위 대조 실험에서 유효한 효과가 있음이 밝혀졌다. 한 연구에서 발표 불안이 있는 학생들이 45분간 EFT를 한 후 유의미하게(통계학적으로 효과가 있다고 인정할 수 있는 기준을 통과해서) 좋아졌다. 또 다른 연구에서 시험 불안이 있는 고등학생들에게 대입 시험을 앞둔 불안 정도를 평가했는데, EFT를 배운 학생들은 유의미하게 불안이 줄었다. 대조군에 배정된 학생들은 일종의 근육 이완법[progressive muscular relaxation]을 했는데, EFT를 배운 집단이 이 대조군 집단보다 훨씬 좋아졌다. 이 밖에도 여러 연구에서 다양한 대상에서 EFT가 불안을 줄여주는 효과가 있음이 증명되었다. 섬유근통 환자들의 불안이 줄어들었고, 외상후 스트레스 장애가 있는 참전 용사와 입원 환자들의 불안이 줄었다. 콩고에서는 트라우마를 겪는 여성 생존자들에게 EFT 효과와 인지행동치료의 효과를 비교하는 실험을 했는데, 불안과 우울과 외상후 스트레스 장애를 치료하는 데 서로 비슷한 수준의 효과가 난다는 것이 증명되었다. 참고로 인지행동치료는 의료계에서 일찍이 효과가 검증된 방법이다.

우울

여러 개의 무작위 대조 실험에서 EFT를 하기 전과 후의 상태를 비교하면 후에 우울감이 상당히 줄어든다는 것이 증명되었다. 한 연구에서 상당히 심각한 수준의 우울증을 앓고 있는 대학생들에게 EFT를 하고 나니 정상 수준으로 줄어들었다. 또 섬유근통 환자들의 우울감이 유의미하게 줄었고, 외상후 스트레스 장애가 있는 참전 용사와 입원 환자들의 우울감도 유의미하게 줄었다. 또 체중 감소 프로그램 참가자들에게 이중맹검실험을 해본 결과 우울감이 유의미하게 줄었다.

공포증

세 건의 무작위 대조 실험에서 EFT가 공포증 치료에 효과가 있음이 증명되었고, 특히 단 한 번의 상담이나 교육만으로도 대체로 충분히 공포증을 고친다는 것이 밝혀졌다. 세 건 모두에서 추적 조사를 했는데, 치료 효과가 유지되고 있음도 밝혀졌다.

외상후 스트레스 장애(PTSD)

세 건의 무작위 대조 실험에서 EFT가 외상후 스트레스 장애에 효과가 있음이 증명되었다. 한 연구에서는 59명의 참전 용사가 6회전의 EFT 상담을 받고 정상 수준으로 좋아졌고, 추적 조사해보니 그 수준이 유지되었다. 영국 보건국National Health Service에 소속된 한 병원에서 EFT와 이미 의료계에서 PTSD 치료에 효과가 검증된 EMDR을 비교하는 실험을 했는데, 둘 다 평균 4회전 만에 PTSD를 정상 수준으로 치료했다. 또 다른 연구에서는 청소년 남자 학대 피해자들이 단 1회전 만에 치유되었고, 추적 조사해보니 여전히 효과도 유지되었다.

통증

참전 용사들이 EFT를 하고 난 뒤에 신체 통증이 유의미하게 줄어들었고, 섬유근통 환자들도 통증이 유의미하게 줄었다. 아테네 적십자 병원에서 긴장성 두통 환자를 대상으로 무작위 대조 실험을 한 결과, EFT를 하고 나니 통증의 빈도와 강도가 절반 이하로 줄었다.

운동 능력 향상

운동 능력 향상과 관련해 두 건의 무작위 대조 실험이 시행되었다. 한 실험에서 농구의 자유투 성공률에 EFT가 미치는 영향을 조사했는데, 짧게 EFT를 한 선수들이 대조군에 비해 무려 38% 높은 성공률을 보였다. 축구에서도 이와 비슷하게 프리킥 성공률을 조사한 결과, 유사한 결과가 나왔다.

생리학적 변화

EFT를 하고 나면 뇌파가 어떻게 바뀌는지를 뇌파도^{electroencephalogram, EEG}를 활용해 조사한 세 건의 연구가 있다. 한 연구에서는 자동차 사고 희생자들의 EFT를 하기 전과 후의 뇌파도를 비교했고, PTSD와 관련된 뇌파가 줄어드는 것이 증명되었다. 또 다른 연구에서는 폐쇄공포증 환자들에게 타점을 두드리게 했더니 안정감과 관련된 세타파가 증가하고, 승모근이 대폭 이완된다는 것도 밝혀졌다. 이 환자들은 불안이 상당히 줄었고, 그 효과는 2주 뒤의 추적 조사에서도 유지되었다. 또 다른 연구에서는 EFT가 발작성 경련에 효과가 있다는 것이 밝혀졌다.

한 삼중맹검실험에서는 83명의 실험군을 대상으로 EFT를 하기 전과 한 시간 동안 한 후의 코르티솔^{cortisol} 수치를 측정했다. 그동안 한 대조군은 일반 상담 치료를 받았고, 또 다른 대조군(관찰 집단)은 그냥 쉬었다. 두 대조군에 비해 EFT 집단은 코르티솔 수치가 유의미하게 줄었고, 전반적으로 심리 증상의 강도도 50.5%까지 떨어졌다. 이 연구는 불안과 우울 같은 심리 증상과 코르티솔 수치에 중요한 상관성이 있음을 보여주었다.

이런 최신 실험 결과들과 관련해 EFT의 효과를 과학적으로 검증하는 데 선구적인 역할을 하고 있는 도슨 처치는 한 강연*에서 이렇게 말했다.

"델타파는 우주와 연결된 느낌 또는 편안함을 느낄 때 발생하는 기본 뇌파다. 오랫동안 명상을 한 사람들이 합일감을 느낄 때 그들의 뇌파는 알파파, 세타파, 델타파가 된다. 이들 뇌파는 낮은 진동수의 저주파인데, 일상 상태의 뇌파는 베타파라고 불리는 고주파다. 명상을 하면 델타파의 비중이 증가하고 베타파의 비중이 대폭 준다. 타점을 두드리면 델타파가 대폭 증가한다. 사람들이 공황발작을 겪을 때 베타파의 비중이 폭발적으로 증가한다. 2006~2008년 200명을 설문지로 조사해 결과를 내보니 불안, 우울, 적대감, 공포증 등의 심리적 문제가 하루 만에 뚝 줄어들었다. 불안과 우울감이 하루 동안 두드리니 45% 감소했고, 온갖 음식에 대한 충동도 불과 30분 두드리니 83%까지 감소했으며, 통증의 68%가 30분 만에 감소했다."

'깨어난 마음' 뇌파가 몰입 상태다

원래 최초의 뇌파 연구는 영국의 저명한 생물물리학자[biophysicist]이자 선

---

* Dawson Church on the Latest EFT Research, https://youtu.be/s14SwwsTaAU

수행자였던 맥스웰 케이드Maxwell Cade가 시작했다. 그는 여러 치유사들과 영적 스승들과 앞선 수행자들의 뇌파를 측정했고, 그의 학생들 300명의 뇌파도 측정했다. 그는 명상 상태를 넘어선 단계라고 규정하는 패턴을 발견했는데, 이 상태에서는 명상 상태의 '명료한 의식lucid awareness'과 '사고 과정thought processes'이 공존한다. 그는 이런 놀라운 발견을 1979년 발간된 그의 책**에서 발표했다.

그리고 그 뒤 30년 동안 그의 후계자인 안나 와이즈Anna Wise는 2010년 지병으로 사망할 때까지 모든 분야에서 최고의 창의성을 보이는 사람들의 뇌파를 측정했다. 그녀는 그들에게서 공통적으로 나타나는 뇌파를 발견해서 이를 '깨어난 마음Awakened Mind'이라고 명명했는데, 베타파와 알파파와 세타파와 델타파가 적당한 비율과 관계로 나타나는 것이 그 특징이다. 안나 와이즈는 구체적으로 이를 이렇게 설명한다.***

"깨어난 마음 뇌파는 델타파의 직관과 공감력, 세타파의 창의적 영감과 개인적 통찰과 영적 깨달음, 알파파의 의식과 무의식을 연결하는 능력과 이완되고 초연한 의식 상태, 베타파의 외부를 의식하고 의식적으로 사고를 처리하는 능력을 동시에 결합해 쓰는 상태다. 이것은 어떤 철학과 종교와 명상 기법을 따르는지에 상관없이 높은 의식 수준에 있는 사람들이 공유하는 뇌파 상태다. 또한 이 뇌파 상태는 몰입 상태 또는 모든 종류의 창의적이고 높은 성취 활동에서 발견될 수 있다. 이것은 또한 문제를 풀다가 '아하' 하고 깨닫거나 통찰

** Maxwell cade, Nona, Coxhead, *The Awakened Mind: Biofeedback and the Development of Higher States of Awareness*, Wildwood House, 1979.
*** https://eftgathering.com/more-about-brainwaves/

이 생기는 바로 그 순간에 나타나기도 한다."

그녀에 따르면, 깨어난 마음 상태에서 마음은 일상적인 상태에서보다 맑아지고 명석해지고 빨라지고 유연해진다. 더 구체적으로 다음과 같은 현상이 나타난다.

- 생각하는 것이 경직되지 않고 유연해진다.
- 감정은 더 유용해지고 쉽게 이해되어서 감정을 처리하고 바꾸는 것이 쉬워진다.
- 정보는 의식, 잠재의식, 무의식 사이로 더 쉽게 유통된다.
- 직관, 통찰, 공감 능력은 그 수준이 향상되어서 일상 의식 상태에 더 많이 융합된다.

이번에는 뇌파도를 직접 보면서 뇌파와 EFT의 상관성에 대해 다시 설명해보자. 5개의 기본적인 뇌파가 있고, 뇌파도에서는 보통 이 5가지 파가 다 나타난다. 그러다 특정한 순간에 하나의 파가 뇌의 특정 영역에서 압도하는 경향이 있다. 각 뇌파는 각각 다른 뇌 활동과 관련이 있고, 특정한 뇌 활동이 있을 때 그와 관련된 뇌파가 압도하게 된다. 예를 들어, 뉴로피드백 요법에서는 참가자들이 알파파를 키우도록 훈련하는데, 알파파는 이완되고 스트레스가 없는 상태이기 때문이다. 베타파는 우리가 고난이도의 일에 집중할 때 증가한다. 반면에 우리가 심란하고 불안하고 부정적인 생각을 할 때도 베타파는 대폭 증가한다. 낮은 수준의 베타파는 집중 상태를 의미하지만, 너무 높은 수준의 베타파는 두려움의 징표다.

EFT를 하면 베타파가 줄어 몰입이 쉬워진다

개리 그로스백Gary Groesbeck은 안나 와이즈와 오랫동안 공동 연구를 했다. 그는 EFT 전문가들과 협동으로 EFT를 하는 동안 뇌파를 측정해 분석하는 연구를 했다. 개리 그로스백은 뇌파와 EFT의 상관성에 대해 이렇게 말한다.* "EFT를 하면서 감정이 풀어지는 동안 급격하고도 중요한 변화가 뇌파 전역에서 일어남이 관찰되며, EFT를 하는 동안 뇌 기능이

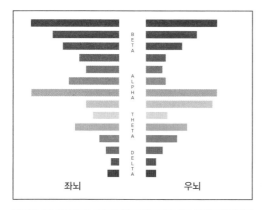

EFT를 하는 도중에 감정의 해소가 일어나면서 알파파가 폭발적으로 증가한다. 물론 베타파가 아직 많이 나타나서 불안은 여전히 높은 수준이다. 또한 세타파가 좌우의 불균형이 있지만 대폭 증가하고 있다.

'깨어난 마음' 뇌파도다. 델타파와 세타파가 대폭 강화되고, 베타파는 약화된다. 알파파도 충분하여 의식적인 마음과 무의식적인 마음 간의 연결 다리를 제공한다.

---

* https://efthelps.com/brainwave-monitoring-and-eft/

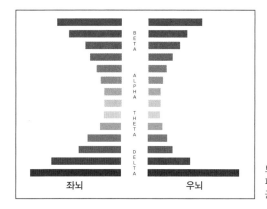

보통 상태의 뇌파도다. 5종의 모든 뇌파가 다 나타나고 좌반구와 우반구가 균형을 이루고 있음에 주목하라.

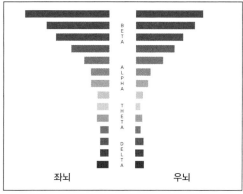

불안한 사람의 뇌파도다. 베타파가 많고 알파파와 세타파와 델타파가 적음에 주목하라.

확실히 개선됨을 보여주는 중요한 변화가 뇌파상으로 나타난다." 그에 따르면 구체적으로 다음 네 가지의 변화가 나타난다.

첫째, 뇌파 전역에서 에너지 소비가 감소한다. 두드리면서 감정이 해소되는 동안에 단순한 휴식보다 훨씬 빨리 에너지 소모율이 감소하는데, 심지어 종종 EFT를 한 번, 몇 분만 하는 것만으로도 그렇다. 뇌가 훨씬 효율적으로 일하게 되면서 대뇌 피질에서 소비하는 에너지의 양이 줄어서 그렇다고 뇌파 전문가들은 생각한다.

둘째, 대뇌 좌우 반구의 뇌파 대칭성이 늘어나는데, 이것은 좌뇌와 우

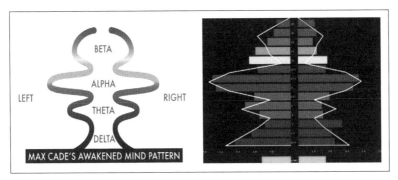

'깨어난 마음' 뇌파의 일반적인 모습이다.

뇌가 협동하여 균형을 맞춰서 활동함을 의미한다. 많은 사람들이 종종 좌뇌형 또는 우뇌형 같은 틀린 개념을 갖고 있는데, 사실 우리는 좌뇌와 우뇌를 모두 갖고 있으며, 양쪽 뇌가 협응해야 최상의 건강과 능력 수준을 얻을 수 있다. 실제로 EFT를 하면 좌우 뇌의 대칭성과 균형이 좋아지는 것을 관찰할 수 있다.

셋째, 베타파 영역이 약해지는 것이 발견된다. 베타파는 종종 감정의 강렬한 정도, 불안, 스트레스, 부정적 생각을 곱씹는 상태, 중독의 과거력과 관련 있다. 두드리는 동안 심리적 문제가 해소되면서 베타파 영역이 약해지는 것이다.

넷째, 핵심 주제가 해결되는 순간에 일부 사람들에게서 이른바 '깨어난 마음'이라 부르는 뇌파 패턴이 나타난다. 이 패턴은 감정적·개인적·창조적·영적 통찰을 얻는 순간에 발생하는데, 오랜 시간 명상을 한 사람들에게서 보이는 패턴이다. 마치 잘 조율된 엔진처럼 뇌가 최상의 능력을 발휘하며 최상의 조건에 있을 때 나타나는 패턴이다. EFT는 오래된 심리적 문제를 해소해주는 동시에 뇌가 최고의 능력을 발휘하도록 조율해주는 것 같다.

워크숍에서 EFT를 하면서 뇌파를 측정하는 모습이다.*

---

* https://efthelps.com/brainwave-monitoring-and-eft/

한두 번의 EFT 상담만으로도 갑자기 슬럼프에서 벗어나서 홈런을 친 사례가 많은데, 이것이 바로 EFT의 강력한 효과로 '깨어난 마음' 상태에 들어가서 몰입하게 되기 때문인 것으로 보인다. 야구 선수들과의 첫 상담에서 그들은 여태까지 쌓인 스트레스를 EFT로 풀어내니 몸과 마음이 한결 가벼워지는 것을 많이 느낀다고 말했다. 잘 치려고 하는 집착이 사라지니 자연스레 몸에 힘도 빠지고 공도 더 잘 보인다고 했다.

여기서 한두 번의 상담으로 바로 홈런을 날린 선수들의 이야기를 들어 보자. 먼저 앞에 나온 사례들을 다시 보자.

- "가까운 곳으로 공을 던질 수가 없어요."(본문 180쪽)
- "공에 맞아 코가 골절된 뒤로 아프고 위축돼요."(본문 205쪽)
- "못하면 부모님에게 너무 죄송합니다."(본문 220쪽)

이번에는 앞에서 언급하지 않은 사례들을 보자.

"가까운 거리의 공을 못 던지는 송구 문제 때문에 너무 스트레스를 받고 있었어요. 그런데 EFT로 긴장감이 사라지니 타격할 때 맘껏 휘두르게 됩니다."   - 두 번째 상담 이후 연타석 홈런을 날린 고교 선수

"못 치면 부모님에게 너무 죄송하고 미안한 마음이 EFT로 사라지니 공을 훨씬 더 무심하게 볼 수 있었어요. 정말 오랜만에 아무 생각 없이 타석에 설 수 있었어요." - 첫 상담 후 선수 생활 처음으로 홈런을 친 고교 선수

"입스 증상이 사라져 수비와 송구에서 많은 칭찬을 받았어요. 그

러니 자연스레 타격에서도 좋은 흐름을 이어 나가는 것 같습니다."
- 고교 야구 선수

"얼굴에 공을 맞았던 기억이 없어지니까 공이 전혀 무섭지 않았어요. 그래서 휘둘렀더니 홈런이 되었습니다."
- 중학교 야구 선수

"더그아웃에서부터 쇄골을 두드리면서 쳐야겠다는 욕심을 계속 내려놨어요. 그러다 타석에 들어갔더니 저도 모르게 콧노래가 나오더라고요. 그렇게 흥얼거리면서 그냥 아무 생각 없이 쳤는데, 연타석 홈런이 나왔어요."
- 퓨처스리그 프로 선수

선수들은 EFT로 '깨어난 마음', 즉 몰입 상태에 훨씬 더 잘 들어가게 됨을 직접 경험하고서 또 이렇게 말했다.

"실수하거나 잘 못 하는 모습 때문에 사랑받지 못할 것이라는 두려움을 EFT로 내려놓으니 손에서 무언가 풀려 나가는 느낌이 들었어요. 그리고 그 느낌으로 공을 던졌는데, 정말 여태까지 제가 힘주고 던졌던 때와는 전혀 다른 느낌이었습니다. 배트를 잡아도 너무 가볍게 느껴졌어요. 코치님들도 진작 왜 그렇게 못 했냐고, 이대로만 하면 무조건 성공할 거라고 하더군요. 그때 기술적으로 연습하는 것도 중요하지만 마음을 풀어내는 것이 가장 중요하다는 것을 깨달았습니다."
- 프로야구 선수

"마음이 가벼울 때는 총을 잡을 때부터 느낌이 달라요."
- 사격 선수

프로야구 선수가 대화 도중 쉬면서 무의식중에 그린 마인드맵이다. 그림을 그리면서 결국 사랑받지 못할 것이라는 생각이 경기력에 가장 큰 문제를 일으킨다는 것을 깨달았다. 주변의 눈이 자신을 계속 쳐다보고 있다. 몰입하지 못하는 마음 상태, 즉 베타파가 너무 많은 상태를 잘 표현하고 있다.

"EFT로 마음을 풀고 필드에 들어가면 골프채를 잡는 순간부터 잘 맞겠다는 직감이 들어요."

- 골프 선수

마지막으로 앞에서 장자가 말한 몰입의 2대 요소를 다시 보자. 하나는 몰입의 조건이고, 다른 하나는 몰입 상태에서 발휘되는 능력이다. 먼저 다음 조건이 충족될 때 몰입 상태에 들어간다.

- 집착도 버리고 목적 대상도 잊고 나도 잊어라.
- 마음의 흐트러짐이 없이 목표에만 온전히 집중하라.
- 실패의 두려움과 성공에 대한 집착도 다 버려라.
- 욕심, 타인의 평가에 대한 의식, 자신의 몸을 의식하는 것을 버려라.
- 생사의 두려움과 외부 상황의 어떤 변화에도 마음이 흔들리지 않게 하라.

EFT는 이렇게 장자가 말하는 몰입의 조건을 만들어주는 데 탁월한 효과가 있음을 충분히 설명했고, 이런 몰입의 조건이 충족되지 않는 마음 상태, 즉 불안, 걱정, 두려움, 집착이 가득한 마음의 뇌파가 바로 베타파가 너무 많고 뇌의 좌우 균형이 맞지 않는 상태임을 앞에서 설명했다.

그다음에 장자는 몰입 상태에 들어가면 다음과 같은 현상이 벌어진다고 말했다.

- 직관과 영감이 발휘되어 자신도 모르게 저절로 해결 능력이 생긴다.
- 이런 해결 능력은 너무나 탁월해서 신기라고 부른다.
- 이 상태에서는 애쓴다는 느낌이 전혀 없이 모든 것이 저절로 술술

잘 된다.

● 마음 또는 의식이 세상과 자기 자신마저 초월하여 미묘하게 작동한다.

앞에서 몰입 상태에서 실제로 이런 현상이 당연히 자연스럽게 일어난다는 것을 확실한 근거로 제시했고, 이런 몰입 상태의 뇌파가 '깨어난 마음'이라고 불리는 상태라는 것도 설명했다. 노자는 이 모든 것을 한 문장으로 요약하는 명언을 남겼다. "무위이무불위無爲而無不爲", 즉 '애쓰지 않고 하면 안 되는 것이 없다'는 뜻이다. 이제 나는 이 말을 현대에 맞게 다음과 같이 고쳐서 말하고 싶다.

"EFT로 애쓰지 않고 하면 다 되리라!"

66

이제 인생 자체에
몰입하라.
무한한 삶을
살게 되리라!

99

스포츠
멘탈 코칭
EFT

초판 1쇄 발행	2019년 12월 15일
초판 2쇄 발행	2024년 1월 10일

지은이	김병준 · 최인원
펴낸이	김지연
펴낸곳	몸맘얼
출판등록	2015년 3월 3일 / 제2015-000018호
주소	서울시 송파구 잠실로 62
전화	02-3406-9181
팩스	02-3406-9185
홈페이지	blog.naver.com/hondoneft
이메일	mbsbook100@naver.com

© 김병준 · 최인원, 2019

ISBN 979-11-955432-9-8